轨道交通装备制造业职业技能鉴定指导丛书

# 汽车修理工

中国中车股份有限公司　编写

中国铁道出版社

2016年·北　京

**图书在版编目(CIP)数据**

汽车修理工/中国中车股份有限公司编写.—北京:中国铁道出版社,2016.3

(轨道交通装备制造业职业技能鉴定指导丛书)

ISBN 978-7-113-21394-7

Ⅰ.①汽… Ⅱ.①中… Ⅲ.①汽车－车辆修理－职业技能－鉴定－自学参考资料 Ⅳ.①U472.4

中国版本图书馆 CIP 数据核字(2016)第 020080 号

轨道交通装备制造业职业技能鉴定指导丛书

书　　名:**汽车修理工**

作　　者:中国中车股份有限公司

---

策　　划:江新锡　钱士明　徐　艳

责任编辑:徐　艳　　　　编辑部电话:010-51873193

封面设计:郑春鹏

责任校对:孙　玫

责任印制:陆　宁　高春晓

---

出版发行:中国铁道出版社(100054,北京市西城区右安门西街 8 号)

网　　址:http://www.tdpress.com

印　　刷:北京尚品荣华印刷有限公司

版　　次:2016 年 3 月第 1 版　2016 年 3 月第 1 次印刷

开　　本:787 mm×1 092 mm　1/16　印张:13　字数:314 千

书　　号:ISBN 978-7-113-21394-7

定　　价:40.00 元

---

## 中国中车职业技能鉴定教材修订、开发编审委员会

**主　任：** 赵光兴

**副主任：** 郭法娥

**委　员：**（按姓氏笔画为序）

于帮会　王　华　尹成文　孔　军　史治国

朱智勇　刘继斌　闫建华　安忠义　孙　勇

沈立德　张晓海　张海涛　姜　冬　姜海洋

耿　刚　韩志坚　詹余斌

**本《丛书》总　编：** 赵光兴

**副总编：** 郭法娥　刘继斌

**本《丛书》总　审：** 刘继斌

**副总审：** 杨永刚　娄树国

**编审委员会办公室：**

**主　任：** 刘继斌

**成　员：** 杨永刚　娄树国　尹志强　胡大伟

# 序

在党中央、国务院的正确决策和大力支持下，中国高铁事业迅猛发展。中国已成为全球高铁技术最全、集成能力最强、运营里程最长、运行速度最高的国家。高铁已成为中国外交的金牌名片，成为高端装备“走出去”的大国重器。

中国中车作为高铁事业的积极参与者和主要推动者，在大力推动产品、技术创新的同时，始终站在人才队伍建设的重要战略高度，把高技能人才作为创新资源的重要组成部分，不断加大培养力度。广大技术工人立足本职岗位，用自己的聪明才智，为中国高铁事业的创新、发展做出了杰出贡献，被李克强同志亲切地赞誉为“中国第一代高铁工人”。如今在这支近 9.2 万人的队伍中，持证率已超过 96%，高技能人才占比已超过 59%，有 6 人荣获“中华技能大奖”，有 50 人荣获国务院“政府特殊津贴”，有 90 人荣获“全国技术能手”称号。

高技能人才队伍的发展，得益于国家的政策环境，得益于企业的发展，也得益于扎实的基础工作。自 2002 年起，中国中车作为国家首批职业技能鉴定试点企业，积极开展工作，编制鉴定教材，在构建企业技能人才评价体系、推动企业高技能人才队伍建设方面取得明显成效。

中国中车承载着振兴国家高端装备制造业的重大使命，承载着中国高铁走向世界的光荣梦想，承载着中国轨道交通装备行业的百年积淀。为适应中国高端装备制造技术的加速发展，推进国家职业技能鉴定工作的不断深入，中国中车组织修订、开发了覆盖所有职业(工种)的新教材。在这次教材修订、开发中，编者基于对多年鉴定工作规律的认识，提出了“核心技能要素”等概念，创造性地开发了《职业技能鉴定技能操作考核框架》。试用表明，该《框架》作为技能人才综合素质评价的新标尺，填补了以往鉴定实操考试中缺乏命题水平评估标准的空白，很好地统一了不同鉴定机构的鉴定标准，大大提高了职业技能鉴定的公平性和公信力，具有广泛的适用性。

相信《轨道交通装备制造业职业技能鉴定指导丛书》的出版发行，对于推动高技能人才队伍的建设，对于企业贯彻落实国家创新驱动发展战略，成为“中国制造2025”的积极参与者、大力推动者和创新排头兵，对于构建由我国主导的全球轨道交通装备产业新格局，必将发挥积极的作用。

中国中车股份有限公司总裁：

二〇一五年十二月二十八日

# 前　言

鉴定教材是职业技能鉴定工作的重要基础。2002年，经原劳动保障部批准，原中国南车和中国北车成为国家职业技能鉴定首批试点中央企业，开始全面开展职业技能鉴定工作。2003年，根据《国家职业标准》要求，并结合自身实际，我们组织开发了《职业技能鉴定指导丛书》，共涉及车工等52个职业(工种)的初、中、高3个等级。多年来，这些教材为不断提升技能人才素质、满足企业转型升级的需要发挥了重要作用。

随着企业的快速发展和国家职业技能鉴定工作的不断深入，特别是以高速动车组为代表的世界一流产品制造技术的快步发展，现有的职业技能鉴定教材在内容、标准等诸多方面，已明显不适应企业构建新型技能人才评价体系的要求。为此，公司决定修订、开发《轨道交通装备制造业职业技能鉴定指导丛书》。

本《丛书》的修订、开发，始终围绕打造世界一流企业的目标，努力遵循"执行国家标准与体现企业实际需要相结合、继承和发展相结合、质量第一、岗位个性服从于职业共性"四项工作原则，以提高中国中车技术工人队伍整体素质为目的，以主要和关键技术职业为重点，依据《国家职业标准》对知识、技能的各项要求，力求通过自主开发、借鉴吸收、创新发展，进一步推动企业职业技能鉴定教材建设，确保职业技能鉴定工作更好地满足企业发展对高技能人才队伍建设工作的迫切需要。

本《丛书》修订、开发中，认真总结和梳理了过去12年企业鉴定工作的经验以及对鉴定工作规律的认识，本着"紧密结合企业工作实际，完整贯彻落实《国家职业标准》，切实提高职业技能鉴定工作质量"的基本理念，以"核心技能要素"为切入点，探索、开发出了中国中车《职业技能鉴定技能操作考核框架》；对于暂无《国家职业标准》、又无相关行业职业标准的38个职业，按照国家有关《技术规程》开发了《中国中车职业标准》。自2014年以来近两年的试用表明：该《框架》既完整反映了《国家职业标准》对理论和技能两方面的要求，又适应了企业生产和技术工人队伍建设的需要，突破了以往技能鉴定实作考核缺乏水平评估标准的"瓶颈"，统一了不同产品、不同技术含量企业的鉴定标准，提高了鉴定考核的技术含量，提高了职业技能鉴定工作质量和管理水平，保证了职业技能鉴定的公平性和公信力，已经成为职业技能鉴定工作、进而成为生产操作者综合技术素质评价的新标尺。

本《丛书》共涉及99个职业(工种),覆盖了中国中车开展职业技能鉴定的绝大部分职业(工种)。《丛书》中每一职业(工种)又分为初、中、高3个技能等级,并按职业技能鉴定理论、技能考试的内容和形式编写。其中:理论知识部分包括知识要求练习题与答案;技能操作部分包括《技能考核框架》和《样题与分析》。本《丛书》按职业(工种)分册,已按计划出版了第一批75个职业(工种)。本次计划出版第二批24个职业(工种)。

本《丛书》在修订、开发中,仍侧重于相关理论知识和技能要求的应知应会,若要更全面、系统地掌握《国家职业标准》规定的理论与技能要求,还可参考其他相关教材。

本《丛书》在修订、开发中得到了所属企业各级领导、技术专家、技能专家和培训、鉴定工作人员的大力支持;人力资源和社会保障部职业能力建设司和职业技能鉴定中心、中国铁道出版社等有关部门也给予了热情关怀和帮助,我们在此一并表示衷心感谢。

本《丛书》之《汽车修理工》由原唐山轨道客车有限责任公司《汽车修理工》项目组编写。主编王伟,副主编赵永强;主审张晓海,副主审刘鹏、李江;参编人员刘立顺、董贺超。

由于时间及水平所限,本《丛书》难免有错、漏之处,敬请读者批评指正。

中国中车职业技能鉴定教材修订、开发编审委员会

二〇一五年十二月三十日

# 目　　录

# 汽车修理工(职业道德)习题

## 一、填 空 题

1. 职业道德是人们在从事职业的过程中形成的一种内在的、(　　)的约束机制。

2. 汽车维修职业信誉是指汽车维修职业的信用和名誉,表现为社会对汽车维修职业的(　　)和汽车维修在社会生活中的声誉。

3. 汽车维修职业道德规范是指汽车维修从业人员在汽车维修生产活动中必须遵循的道德准则和(　　)。

4. 诚实守信是市场经济法则,是企业的无形(　　)。

5. 所谓劳动合同是指用人单位的行政方面和劳动者之间为了确立劳动关系,明确相互间的(　　)所达成的协议。

## 二、单项选择题

1. 企业生产经营活动中,促进员工之间平等尊重的措施是(　　)。

(A)加强交流,平等对话　　(B)只要合作,不要竞争

(C)互利互惠,平均分配　　(D)人心叵测,谨慎行事

2. 职业纪律是企业的行为规范,职业纪律具有(　　)的特点。

(A)通用性　　(B)自愿性　　(C)高度的强制性　　(D)明确的规定性

3. 职业道德是(　　)的约束机制。

(A)非强制性　　(B)随意性　　(C)强制性　　(D)自发性

4. 在市场经济条件下,(　　)是职业道德社会功能的重要表现。

(A)促进员工行为的规范化　　(B)增强决策科学化

(C)遏制牟利最大化　　(D)克服利益导向

5. 职业道德是一种(　　)的约束机制。

(A)强制性　　(B)非强制性　　(C)随意性　　(D)自发性

6. 在企业的经营活动中,下列选项中的(　　)不是职业道德功能的表现。

(A)激励作用　　(B)决策能力　　(C)规范行为　　(D)遵纪守法

7. 职业道德通过(　　),起着增强企业凝聚力的作用。

(A)协调员工之间的关系　　(B)增加职工福利

(C)为员工创造发展空间　　(D)调节企业与社会的关系

8. 正确阐述职业道德与人的事业的关系的选项是(　　)。

(A)没有职业道德的人不会获得成功

(B)要取得事业的成功,前提条件是要有职业道德

(C)事业成功的人往往并不需要较高的职业道德

(D)职业道德是人获得事业成功的重要条件

9. 在商业活动中,不符合待人热情要求的是(　　)。

(A)严肃待客,表情冷漠　　(B)主动服务,细致周到

(C)微笑大方,不厌其烦　　(D)亲切友好,宾至如归

10. 企业诚实守信的内在要求是(　　)。

(A)维护企业信誉　　(B)增加职工福利

(C)注重经济效益　　(D)开展员工培训

11. 办事公道是指从业人员在进行职业活动时要做到(　　)。

(A)追求真理,坚持原则　　(B)有求必应,助人为乐

(C)公私不分,一切平等　　(D)知人善任,提拔知己

12. 下列关于勤劳节俭的论述中,不正确的是(　　)。

(A)企业可提倡勤劳,但不宜提倡节俭　　(B)一分钟应看成是八分钟

(C)勤劳节俭符合可持续发展的要求　　(D)节省一块钱,就等于净赚一块钱

13. 职业纪律是企业的行为规范,职业纪律具有(　　)的特点。

(A)明确的规定性　　(B)高度的强制性　　(C)通用性　　(D)自愿性

14. 企业生产经营活动中,促进员工之间平等尊重的措施是(　　)。

(A)互利互惠,平均分配　　(B)加强交流,平等对话

(C)只要合作,不要竞争　　(D)人心叵测,谨慎行事

15. 职业道德是指从事一定职业劳动的人们,在长期的职业活动中形成的(　　)。

(A)行为规范　　(B)操作程序　　(C)劳动技能　　(D)思维习惯

16. 下列选项中属于职业道德范畴的是(　　)。

(A)企业经营业绩　　(B)企业发展战略

(C)员工的技术水平　　(D)人们的内心信念

17. 在市场经济条件下,职业道德具有(　　)的社会功能。

(A)鼓励人们自由选择职业　　(B)遏制牟利最大化

(C)促进人们的行为规范化　　(D)最大限度地克服人们受利益驱动

18. 在市场经济条件下,(　　)是职业道德社会功能的重要表现。

(A)克服利益导向　　(B)遏制牟利最大化

(C)增强决策科学化　　(D)促进员工行为的规范化

19. 市场经济条件下,职业道德最终将对企业起到(　　)的作用。

(A)决策科学化　　(B)提高竞争力

(C)决定经济效益　　(D)决定前途于命运

20. 下列选项中属于企业文化功能的是(　　)。

(A)体育锻炼　　(B)整合功能　　(C)歌舞娱乐　　(D)社会交际

21. 为了促进企业的规范化发展,需要发挥企业文化的(　　)功能。

(A)娱乐　　(B)主导　　(C)决策　　(D)自律

22. 职业道德对企业起到(　　)的作用。

(A)决定经济效益　　(B)促进决策科学化

(C)增强竞争力　　(D)树立员工守业意识

23. 职业道德通过(　　),起着增强企业凝聚力的作用。
(A)协调员工之间的关系　　(B)增加职工福利
(C)为员工创造发展空间　　(D)调节企业与社会的关系
24. 职业道德是人的事业成功的(　　)。
(A)重要保证　　(B)最终结果　　(C)决定条件　　(D)显著标志
25. 职业道德与人的事业的关系是(　　)。
(A)职业道德是人成功的充分条件　　(B)没有职业道德的人不会获得成功
(C)事业成功的人往往具有较高的职业道德　　(D)缺乏职业道德的人往往更容易获得成功
26. 职业道德活动中,对客人做到(　　),符合语言规范的具体要求。
(A)言语细致,反复介绍　　(B)语速要快,不浪费客人时间
(C)用尊称,不用忌　　(D)语气严肃,维护自尊
27. 在商业活动中,不符合待人热情要求的是(　　)。
(A)严肃待客,表情冷漠　　(B)主动服务,细致周到
(C)微笑大方,不厌其烦　　(D)亲切友好,宾至如归
28. 爱岗敬业作为职业道德的重要内容,是指员工(　　)。
(A)热爱自己喜欢的岗位　　(B)热爱有钱的岗位
(C)强化职业责任　　(D)不应多转行
29. 爱岗敬业的具体要求是(　　)。
(A)看效益决定是否爱岗　　(B)转变择业观念
(C)提高职业技能　　(D)增强把握择业的机遇意识
30. 对待职业和岗位,(　　)并不是爱岗敬业所要求的。
(A)树立职业理想　　(B)干一行爱一行专一行
(C)遵守企业的规章制度　　(D)一职定终身,不改行
31. 下列关于诚实守信的认识和判断中,正确的是(　　)。
(A)一贯地诚实守信是不明智的行为
(B)诚实守信是维持市场经济秩序的基本法则
(C)是否诚实守信要视具体对象而定
(D)追求利益最大化原则高于诚实首信
32. 下列关于勤劳节俭的论述中,不正确的是(　　)。
(A)勤劳节俭能够促进经济和社会发展
(B)勤劳是现代市场经济需要的,而节俭则不宜提倡
(C)勤劳和节俭符合可持续发展的要求
(D)节俭是维持人类生存的必需
33. 下列关于勤劳节俭的论述中,正确的是(　　)。
(A)勤劳是人生致富的充分条件　　(B)节俭是企业持续发展的必要条件
(C)勤劳不如巧干　　(D)节俭不如创造
34. 在企业的经营活动中,下列选项中的(　　)不是职业道德功能的表现。
(A)激励作用　　(B)决策能力　　(C)规范行为　　(D)遵纪守法
35. 企业诚实守信的内在要求是(　　)。

(A)维护企业信誉　(B)增加职工福利
(C)注重经济效益　(D)开展员工培训

36. 下列事项中属于办事公道的是(　　)。
(A)顾全大局,一切听从上级　(B)大公无私,拒绝亲戚求助
(C)知人善任,努力培养知己　(D)坚持原则,不计个人得失

37. 下列关于勤劳节俭的论述中,正确的是(　　)。
(A)勤劳一定能使人致富　(B)勤劳节俭有利于企业持续发展
(C)新时代需要巧干,不需要勤劳　(D)新时代需要创造,不需要节俭

38. 企业生产经营活动中,促进员工之间平等尊重的措施是(　　)。
(A)互利互惠,平均分配　(B)加强交流,平等对话
(C)只要合作,不要竞争　(D)人心叵测,谨慎行事

39. 企业创新要求员工努力做到(　　)。
(A)不能墨守成规,但也不能标新立异　(B)大胆地破除现有的结论,自创理论体系
(C)大胆地试大胆地闯,敢于提出新问题　(D)激发人的灵感,遏制冲动和情感

## 三、判 断 题

1. 职业道德是指从事一定职业的人们在长期职业活动中形成的操作技能。(　　)
2. 职业道德具有自愿性的特点。(　　)
3. 职业道德不倡导人们的牟利最大化观念。(　　)
4. 在市场经济条件下,克服利益导向是职业道德社会功能的表现。(　　)
5. 职业道德对企业起到增强竞争力的作用。(　　)
6. 职业道德是人的事业成功的重要条件。(　　)
7. 员工在职业交往活动中,尽力在服饰上突出个性是符合仪表端庄具体要求的。(　　)
8. 职业道德活动中做到表情冷漠、严肃待客是符合职业道德规范要求的。(　　)
9. 市场经济条件下,应该树立多转行多学知识多长本领的择业观念。(　　)
10. 市场经济条件下,根据服务对象来决定是否遵守承诺并不违反职业道德规范中关于诚实守信的要求。(　　)
11. 企业文化对企业具有整合的功能。(　　)
12. 服务也需要创新。(　　)
13. 向企业员工灌输的职业道德太多了,容易使员工产生谨小慎微的观念。(　　)

# 汽车修理工(职业道德)答案

## 一、填 空 题

1. 非强制性　2. 信任感　3. 行为规范　4. 资本
5. 权利和义务

## 二、单项选择题

| | | | | | | | | |
|---|---|---|---|---|---|---|---|---|
| 1. A | 2. D | 3. A | 4. A | 5. B | 6. B | 7. A | 8. D | 9. A |
| 10. A | 11. A | 12. A | 13. A | 14. B | 15. A | 16. D | 17. C | 18. D |
| 19. A | 20. D | 21. D | 22. B | 23. A | 24. A | 25. C | 26. A | 27. A |
| 28. C | 29. C | 30. D | 31. B | 32. B | 33. A | 34. B | 35. A | 36. D |
| 37. B | 38. B | 39. D | | | | | | |

## 三、判 断 题

| | | | | | | | | |
|---|---|---|---|---|---|---|---|---|
| 1. × | 2. √ | 3. × | 4. √ | 5. √ | 6. √ | 7. × | 8. × | 9. × |
| 10. × | 11. √ | 12. √ | 13. × | | | | | |

# 汽车修理工(初级工)习题

## 一、填 空 题

1. 选用汽油牌号时,压缩比高的发动机,应选用较高汽油牌号,即(　　)。

2. 发动机润滑系主要由(　　)、机油集滤器、机油粗滤器、机油细滤器、机油散热器以及机油压力表和感应塞等组成。

3. 汽车修理常用的扳手有开口扳手、(　　)扳手、套筒扳手、活动扳手和管子扳手。

4. 常用的起子有木柄起子、(　　)起子、偏置起子、梅花起子以及专用起子。起子又称螺丝刀或改锥,它是旋紧或旋松有槽口螺栓(钉)的工具。

5. 使用活动扳手时应注意:让扳手的(　　)部分承受"推力",固定部分承受"拉力",且用力必须均匀。

6. JN150 型汽车型号的含义是:JN 为汽车厂企业代号,"1"表示(　　),"5"表示载重量在 5～9 t 之间,"0"表示它是该厂生产的同类同级汽车最先生产的一种车型。

7. 在机械工业中,常用的长度单位是(　　)。

8. 汽车修保作业中常用工具有起子、钳子、(　　)、扳手、刮刀、手锯、锉刀、铰刀、丝锥、板牙等。

9. 锯条根据锯齿的形状来分,可分为交叉式、(　　)式与波浪式三种。

10. 汽车发动机包括曲柄连杆机构、(　　)、供油系、润滑系、冷却系等。

11. 汽车电气设备包括(　　)、启动装置和点火系,以及汽车照明、信号等用电设备。

12. 汽油机的燃料供给系由下列五大装置组成:燃油供给装置、空气供给装置、(　　)形成装置、可燃混合气供给装置和废气排出装置。

13. 气门装置形式,根据安装位置不同,可分为(　　)置式和顶置式两种。

14. 目前汽车发动机上用的空气滤清器多为(　　)或油浴复合式。

15. 火花塞由外壳、(　　)、旁电级、绝缘体等部分组成。

16. 转向器根据传动副的结构型式可分为球面蜗杆滚轮式、螺杆曲柄(　　)式、蜗杆蜗轮式和循环球式。

17. 前轮定位包括前轮(　　)、前轮前束、转向节主销内倾和转向节主销后倾。

18. 发动机润滑系将机油不断地供给各运动机件的摩擦表面,起到(　　)、清洁、散热和密封的作用。

19. 检查前轮前束时,(　　)应符合规定,待转向机构和轮毂轴承调整正常后,将汽车停放在水平地面上进行。

20. 一级保养:以润滑紧固为中心,其保养间隔里程一般为(　　)km。

21. 二级保养:以检查、调整为中心,其保养间隔里程为(　　)km。

22. 三级保养:以全面解体、(　　)为中心,其保养间隔里程为 40 000～45 000 km。

23. 东风 EQ140 型汽车制动蹄摩擦片与制动鼓间的正常间隙是,制动凸轮端为(　　)mm。

24. 柴油发动机与汽油发动机其不同点是:(1)使用燃料不同;(2)(　　)形成不同;(3)点火方式不同、压缩比不同。

25. 分电器的作用是,接通或切断(　　),使点火线圈产生高压电流,并将高压电流按发动机的点火顺序轮流分配给各气缸的火花塞上。

26. 容电器的作用是增强高压电路电压,防止分电器(　　)烧损。

27. 电路就是电流所流经的路径,它由电源、(　　)、连接导线和开关四个基本部分组成。

28. 交流电是指(　　)和方向都随着时间作周期变化的电流。

29. 电流在单位时间内所作的功称为(　　),以 W 表示,单位是瓦特。

30. 直流电发电机主要由外壳、磁极、(　　)线圈、电枢轴、电枢线圈、电枢铁芯、整流子、端盖、皮带轮等机件组成。

31. 节温器有醇或醚式、(　　)。

32. 真空增压器主要由动力缸、增压缸、(　　)阀、单向阀、空气阀、空气滤清器及连接管路等组成。

33. 减速器有(　　)减速器和双级减速器两种形式。

34. 汽油泵按驱动方式的不同,可分为机械驱动(　　)式和电驱动式两种。

35. 现代汽车所用的发电机可分为两类,即(　　)发电机和硅整流发电机。

36. 硅整流发电机主要由转子总成、(　　)、整流部分、皮带轮、风扇、元件板等机件组成。

37. 汽车发动机上的点火提前装置有离心调节器、(　　)调节器、辛烷值选择器三种。

38. 目前,各类汽车所用的车轮制动器,可划分(　　)和鼓式两种

39. 脚制动传力介质分为(　　)式和气压式两种。

40. 气压制动系主要由空气压力表、空气压缩机、(　　)、制动阀、制动气室、车轮制动器以及输气管路、制动踏板等机件组成。

41. 液压制动系主要由制动踏板、制动总泵、(　　)、储液缸及输油管路等组成。

42. 目前汽车车架的结构型式基本上有两种,即(　　)式、中梁式。

43. 汽车的车轮是由轮胎和(　　)、轮辋以及这两个元件之间的连接部分所组成。

44. 转向系主要由转向器和(　　)装置、转向节三部分组成。

45. 前桥按其作用不同,分为(　　)前桥和驱动前桥。

46. 行驶系主要由车架、车桥、(　　)、轮胎、悬挂装置及减振器等部件组成。

47. 驱动桥主要由减速器、(　　)、半轴和驱动桥壳等部分组成。

48. 万向节一般有(　　)万向节、等速万向节两种形式。

49. 驱动桥壳的结构形式,一般可分为(　　)式和分开式两种。

50. 离合器(摩擦式)常用的有三种形式,即单片式、(　　)式、中央弹簧式。

51. 现代汽车发动机的冷却方式有(　　)和水冷两种。

52. 发动机水冷系主要由散热器、(　　)、分水管风扇、节温器、水温表等机件组成。

53. 蓄电池点火系由蓄电池、(　　)、分电器、火花塞、高压导线、点火开关等机件组成。

54. 润滑脂使用范围很广,工作条件差别很大,不同(　　)对润滑脂性能要求很不相同。

55. 抗水性表示润滑脂遇水后(　　) 和乳化的程度。

56. 稠度牌号与(　　)及转速、负荷等因素有关。

57. 标准规定,石油添加剂的类别名称用汉语拼音字母(　　)表示。

58. 早燃防止剂又叫(　　)。

59. 金属钝化剂,能防止(　　)对汽油的催化氧化作用。

60. 汽车燃料用(　　)主要是防常温化学腐蚀添加剂。

61. 有些增粘剂还具有一定的(　　)和清净分散作用。

62. 汽车用冷却液用来冷却水冷发动机,一般取用(　　)。

63. 作为发动机冷却水,溶解的盐类中最有害的是(　　)和镁盐。

64. 乙醇、(　　)和甘油都可用作防冻液。

65. 液力传动油产生泡沫对(　　)危害极大。

66. 普通轮胎有3个主要件,即(　　)、内胎、衬带。

67. 轿车轮胎用于(　　)和轻型载货汽车。

68. 有内胎轮胎配套体包括外胎、(　　)和垫带。

69. 轮胎的负荷能力是指在一定(　　)和相应充气压力时的最大载质量。

70. 生产编号是由(　　)和连续生产编号的一串数字组成。

71. 胎面花纹有(　　)的,应标有行驶方向标志。

72. 轮胎的(　　)与轮胎所承受的负荷有直接对应关系。

73. 发现轮胎有不正常的(　　)或损坏,应查明原因,予以排除。

74. 分离(　　)和变速器挂空挡都可以防止发动机动力和转动向后传递。

75. 离合器分离不彻底也称之为(　　)。

76. 离合器发抖的原因经常是发动机(　　),或是离合器与缸体的固体螺栓松动。

77. 汽车安全气囊开始膨胀到瘪气的时间约为(　　)s。

78. 为了使缸盖螺母紧固符合规定要求,应当选用(　　)。

79. 液压传动装置中的辅助装置是(　　)。

80. 齿轮式机油泵中的主从动齿轮作(　　)方向的旋转。

81. 发动机机械喷射系统供油压力比电控燃油喷射系统供油压力(　　)。

82. 电控燃油喷射发动机最突出的优点是能提供(　　)的燃料。

83. 汽车直线行驶时,对转向系的一个很重要的要求是(　　)。

84. 齿轮齿条式转向器多用(　　)的轻型及微型汽车上。

85. 整体式动力转向装置中的控制阀控制着液压(　　)。

86. 在摩擦式离合器的主、从动两元件是利用摩擦牌片的摩擦作用来传递发动机(　　)。

87. 汽车直线行驶时,行星齿轮没有自转,只随差速器壳(　　),使左右半轴按等速旋转。

88. 在(　　)离合器的主、从动两元件是利用摩擦牌片的摩擦作用来传递发动机输出扭矩。

89. 汽车直线行驶时,行星齿轮(　　),只随差速器壳公转,使左右半轴按等速旋转。

90. 差速器中(　　)半轴齿轮的转速之和等于差速器壳转速的两倍。

91. 汽车车轮是由(　　)和轮辋以及这两个元件之间的连接部分所组成的。

92. 汽车(　　)是利用发动机的动能驱动空气压缩机,并把压缩机空气储存起来,作为动力的来源。

93. 液压制动系管路(　　)如不及时将故障排除,则该管路中的制动液重复踩制动板时将会全部漏失。

94. 在分电器断电器触点断开的瞬间点火线圈次级感应出电流的是(　　)点火系。

95. 在行驶中(　　)的大小是驾驶员通过制动阀控制。

96. 发动机大修后,(　　)压力正常、发动机温度正常后,机油压力低的原因是机油黏温性不好。

97. 柴油机工作时,怠速运转及无负荷轰车运转正常,大负荷时无高速的原因是(　　)。

98. 汽车转向时,转动转向盘时感觉沉重费力的原因是(　　)。

99. 汽油发动机中等负荷,(　　)的混合气的主要装置是主供油装置。

100. 转向器在结构参数,质量要求一样的前提下,(　　)转向器的正效率高。

101. 蜗杆曲柄双销式转向器要比蜗杆曲柄单销式转向器转向角(　　)。

102. 发动机前置前驱动布置方案的缺点是在(　　),由于重量前移,使前轮负荷过重易发生翻车,故主要用于小轿车。

103. 汽车转弯时,内轮半轴齿轮的转速等于公转转速与自转转速之差,从而保证(　　)按不同转速前进。

104. 采用断开式车桥,发动机总成的位置可以降低和前移,使汽车(　　),提高了汽车行驶的平稳性。

105. 汽车前轮定位是指转向车轮、转向节和前轴三者之间安装要具有一定的(　　)。

106. 为了能充分利前后轮的附着力,使车轮制动时不滑拖,有些汽车增设了前后轮制动力(　　)。

107. ABS 系统在汽车制动时,速度高于(　　)时,ABS 系统才起做用。

108. 用佛分 FBYI 半自动柴油机烟度计测量发动机的烟度时,应测 3 次,取算术平均值即为该发动机(　　)。

109. 车轮不平衡所产生的(　　)是以力的形式作用在离车式硬支承电测式平衡机支承装置上,只需测得车轮的不平衡量。

110. 电子控制汽油喷射系统主要由燃油供给系统、(　　)及控制电路系统三大部分组成。

111. 汽车在不转向时,液压式动力转向系统内工作油是(　　),而分配阀又处于关闭状态,此种液压式转向助力器为常压式。

112. 必须由两段组成(　　)汽车前驱桥的半轴。

113. 在非独立悬架中大多数采用钢板弹簧作为(　　)。

114. 差速器用以连接(　　),可使两侧车轮以不同角度速度旋转同进传递扭矩,当汽车转弯时,行星齿轮既有自转又公转。

115. 盘式制动器在重型汽车和小客车上采用的主要原因和作用是(　　)。

116. 液压感载比例阀装置按(　　)在制动主缸到后轮缸间的管路里。

117. 电容传感器是将被测非(　　)成相应的电容量的传感器。

118. 在行驶中气制动的(　　)是驾驶员通过制动阀控制。

119. 大修竣工检验单是企业按照质量规定、合同要求对大修竣工车辆的(　　)结果的记录。

120. 整流电路是利用二极管的(　　)把交流电变为直流电的电路。

121. 三极管基极开路时在集射极之间的最大允许电压,称为(　　)。

122. 曲轴主轴颈和连杆轴颈的修理尺寸根据轴颈中(　　)轴颈确定。

123. 在确定工时定额时,旧件修复工时可以按(　　)的 30%比例计算。

124. Diagnostic Test Mode 的中文意思是(　　)。

125. 00668 Vehicle Voltage terminal 30 signal outside toleran 的中文含义是(　　)。

126. Open in sequential ignite circuit 的中文意思是(　　)。

127. 当发电机的双极电磁振动式调节器中高速触点烧蚀时,发电机将(　　)。

128. 柴油机中的调速器能自动根据转速的变化而改变供油量,当转速增大时,供油量应(　　)。

129. 在换挡瞬间,自动变速器的主油路油压将会(　　)。

130. 喷油的闭环控制是指用(　　)作为反馈信号,将 A/F 控制在 14.7 左右。

131. 四轮转向系统,为保证高速时转向的稳定性前后车轮的偏转方向应(　　)。

132. 满足 OBD Ⅱ标准的车型主要是根据(　　)信号来判断发动机是否启动。

133. 混合气过稀会使点火电压(　　)正常值。

134. 大多数安全气囊系统线束的颜色为(　　)。

135. 全电控动力转向系统的动力源是(　　)。

136. 我国提高汽车排放控制实行 I/M 制度,即检测和(　　)。

137. 在速度控制回路中,节流阀安装在回油路上,限制液压卸荷的回油量来控制执行元件运动速度的回路称为(　　)回路。

138. 电子控制单元 ECU 主要由输入通道、(　　)、输出通道三部分组成。

139. 大修时,常用气缸修理尺寸为+0.50 mm,(　　),+1.50 mm 三级。

140. 发动机二级维护前密封性能检测项目包括:气缸压缩压力、(　　)、进气歧管真空度和气缸漏气量。

141. 能够控制液压系统液流的压力、流量和(　　)的元件总称为液压控制阀。

142. Electronic Spark Advance Control 的中文意思是(　　)。

143. Three Way Catalytic Converter Failure 的中文意思是(　　)。

144. Open in Cylinder Identification Sensor Circuit 的中文意思是(　　)。

145. 对汽车前照灯的基本要求是发光强度和(　　)。

146. 化油器上平衡管的作用是防止因空气滤清器堵塞而使化油器供油量(　　)。

147. 柴油机高压管内(　　)的变化,可以用来检测柴油机燃油供给系统的技术状况。

148. 装有步进电机型 ISCV 的发动机主继电器由(　　)控制。

149. 四轮转向系统,为保证低速时的机动性,前后车轮的偏转方向应(　　)。

150. 自动变速器在怠速工况下,油平面高度过高可能会使测得的主油路油压(　　)。

151. 在汽车修理企业设计中最重要的是(　　)设计。

152. 在检修安全气囊系统之前要将蓄电池负极拆下一段时间是为了让 ECU 内的(　　)充分放电,防止气囊误引爆。

153. ABS 系统工作时,制动踏板以一定的频率产生上下振动的现象称作(　　)。

154. 柴油机高压油泵循环喷油量过大,使(　　),应测三次,取算术平均值即为该发动机烟度值。

155. 汽车液压制动系中,制动蹄与制动鼓的间隙消除前与消除后相比制动力(　　)。

156. 检测车轮动平衡时,内、外侧要(　　),平衡块装卡要牢固。

157. 齿轮式机油泵是在机油泵壳体内装有(　　)齿轮。

158. 气压制动系统的制动气压压力由(　　)控制。

159. 活塞环开口间隙(端间)过小,应采取(　　)。

160. 液压制动总泵装配前各零件应用(　　)彻底清洗。

## 二、单项选择题

1. 用游标卡尺测量工件某部位时,卡尺与工件应垂直,记下(　　)。

(A)最小尺寸　(B)最大尺寸　(C)平均尺寸　(D)任意尺寸

2. 用游标卡尺测量工件,读数时先读出游标零刻线对(　　)刻线左边格数为多少毫米,再加上游标上的读数。

(A)尺身　(B)游标　(C)活动套筒　(D)固定套筒

3. 利用量缸表可以测量发动机气缸直径、曲轴轴承的圆度和圆柱度,其测量精度为(　　)。

(A)0.05　(B)0.02　(C)0.01　(D)0.005

4. 用百分表测量工件时,应先校表,使百分表量头(　　)。

(A)与工件有一微小间隙

(B)与工件刚接触但指针不偏转

(C)抵住工件表面使量头产生一定位移,即指针有一定偏转

(D)与工件可以接触,也可以不接触

5. 用量缸表测量气缸直径时,当大指针逆时针转动离开"0"位,表示气缸直径(　　)标称尺寸的缸径。

(A)小于　(B)等于　(C)大于　(D)小于等于

6. 常用的台虎钳有(　　)和固定式两种。

(A)齿轮式　(B)回转式　(C)蜗杆式　(D)齿条式

7. 划线的基准工具是(　　)。

A. 划针　(B)样冲　(C)角尺　(D)划线平板

8. 锯削薄板时用(　　)钢锯条。

(A)细齿　(B)一般齿　(C)粗齿　(D)超粗齿

9. 锯削薄壁管子时用(　　)钢锯条。

(A)粗齿　(B)超粗齿　(C)超细齿　(D)细齿

10. 为了使缸盖螺母紧固符合规定要求,应当选用(　　)。

(A)活动扳手　(B)套筒扳手　(C)梅花扳手　(D)扭力扳手

11. 主视图是从(　　)观察物体所得到的图形。

(A)从前向　(B)从上向下　(C)从左向右　(D)从后向前

12. 国家标准中图纸幅面有(　　)种。

(A)3　(B)6　(C)5　(D)不限

13. 尺寸线用(　　)绘制。

(A)粗实线　(B)点划线　(C)虚线　(D)细实线

14. 重合剖面的轮廓线用(　　)绘制。

(A)虚线　(B)细实线　(C)点划线　(D)粗实线

15. 零件表达方法中,只画出切断处断面的图形叫(　　)。

(A)局部视图　(B)斜视图　(C)剖面图　(D)剖视图

16. 允许零件尺寸的变动范围是指(　　)。

(A)上偏差　(B)下偏差　(C)公差　(D)极限尺寸

17. 下列答案中,(　　)是配合的基准制之一。

(A)基孔制　(B)间隙配合　(C)过盈配合　(D)过渡配合

18. 下列符号中表示形状公差的是(　　)。

(A)∥　(B)∠　(C)⊥　(D)◎

19. 基本视图中,投影关系反映宽相等的两视图是(　　)。

(A)左视图和主视图　(B)俯视图和主视图

(C)右视图和后视图　(D)俯视图和左视图

20. 基本视图中,投影关系反映高平齐的两视图是(　　)。

(A)左视图和主视图　(B)俯视图和主视图

(C)仰视图和左视图　(D)俯视图和右视图

21. 液压控制阀是液压系统中的重要(　　)。

(A)动力元件　(B)控制元件　(C)执行元件　(D)辅助装置

22. 液压传动装置中的辅助装置是(　　)。

(A)液压缸　(B)油箱、油管　(C)单向阀　(D)液压泵

23. 液压泵是液压系统中的(　　)。

(A)执行元件　(B)动力元件　(C)控制元件　(D)辅助装置

24. 液压缸是将油液(　　)。

(A)机械能转化为压力能　(B)储存

(C)压力能转化为压力能　(D)压力能转化为机械能

25. 单向阀的作用是(　　)。

(A)接通电路　(B)关闭油路

(C)控制油路　(D)允许油液按一个方向流动,不能反向流动

26. 液压传动是以(　　)作为工作介质。

(A)油液　(B)水　(C)气体　(D)液体

27. 对液压系统中的油液压力、流量、流动方向进行控制和调节的装置为(　　)。

(A)控制元件　(B)能源装置　(C)执行元件　(D)辅助装置

28. 控制油液流动方向以改变执行机构的运动方向的阀为(　　)。

(A)流量控制阀　(B)方向控制阀　(C)压力控制阀　(D)控制阀

29. 压力控制回路是控制整个系统或某条支路中(　　)的单元回路。

(A)油液压力　(B)油液速度　(C)油液流量　(D)油液方向

30. 汽车上的液力耦合器属于动力式液压传动(　　)。

(A)液压传动 (B)容积式液压传动 (C)动力式液压传动 (D)能量转换

31. 下列是柴油机排放的主要有害成分之一的是(　　)。

(A)CO (B)HC (C)$NO_X$ (D)炭烟

32. 在轻型车排放物中,CO 含量不大于(　　)。

(A)4.5% (B)6% (C)7% (D)8%

33. 适当推迟汽油机点火时间,可使(　　)在排气过程中燃烧掉。

(A)CO (B)HC (C)$NO_X$ (D)炭烟

34. 以下废物中,不属于特种垃圾的是(　　)。

(A)废机油 (B)制动液 (C)防冻液 (D)电线

35. 从事技术工种的劳动者上岗前必须经过(　　)。

(A)培训 (B)训练 (C)培养 (D)教育

36. 关于汽车修理工艺过程的进厂验收目的,说法不正确的是(　　)。

(A)掌握技术状况 (B)确定更换零部件

(C)确定工时、费用及修竣时间 (D)确定汽车零件清洗方法

37. 汽车修理工艺规程对生产对象要求具体分析内容,不包括(　　)。

(A)工效 (B)成本 (C)质量 (D)工序如何操作

38. 确定汽车修理工艺规程的原则不包括(　　)。

(A)技术上的先进性 (B)经济上的合理性

(C)质量上的可靠性 (D)性能上的稳定性

39. 汽车零件或总成的检、修、装、试的卡片属于(　　)形式。

(A)装配工艺卡片 (B)技术检验卡片

(C)综合工艺卡片 (D)修复工艺卡片

40. 对于发动机汽缸盖上气门座的裂纹,最好的修理方法是(　　)。

(A)无机粘结剂法 (B)焊接法

(C)堵漏剂法 (D)堵漏剂法和粘结剂法均可

41. 金属材料受到外力作用时产生显著的永久性变形而不断裂的能力,称为金属材料的(　　)。

(A)塑性 (B)韧性 (C)强度 (D)疲劳

42. 金属材料在无限多次交变载荷作用下,不致发生断裂的最大应力,称为金属材料的(　　)。

(A)塑性 (B)韧性 (C)强度 (D)疲劳强度

43. 指金属材料在冷状态或热状态下,承受锤锻或压力,发生塑性变形的能力,称为金属材料的(　　)。

(A)可铸性 (B)可锻性 (C)可焊性 (D)切削性

44. 铸铁具有良好的可铸性、耐磨性和(　　)。

(A)淬透性 (B)可锻性 (C)可焊性 (D)切削性

45. 目前汽车上较为常用的玻璃主要有钢化玻璃和(　　)。

(A)隔热玻璃 (B)隔音玻璃 (C)夹层玻璃 (D)防爆玻璃

46. 橡胶可制成常用的(　　)。

(A)密封制品 (B)隔热衬垫 (C)滤芯 (D)夹层玻璃膜片

47. 汽油抗爆性能的指标是(　　)。

(A)蒸发性 (B)辛烷值 (C)清洁性 (D)十六烷值

48. 国产轻柴油的牌号是根据柴油的(　　)来划分的。

(A)黏度 (B)闪点 (C)馏程 (D) 凝点

49. 发动机润滑油使用性能级别(使用级)的选择,在没有说明书的情况下主要是根据(　　)选择。

(A)发动机的强化程度 (B)气温

(C)发动机的工况 (D)发动机技术状况

50. 在选用防冻液时,其冰点要比车辆运行地区的最低气温低(　　)。

(A)1℃ (B)2℃ (C)3℃ (D)5℃

51. SI 制质量单位的基本单位是(　　)。

(A)毫克 (B)克 (C)吨 (D)千克

52. 火花塞的正常间隙一般为(　　)mm。

(A)0.60～0.80 (B)0.35～0.45 (C)0.20～0.25 (D)0.25～0.30

53. 转向(　　)的主要原因是:(1)转向器装配过紧或间隙过小;(2)各转向传动机构连接松动、间隙过小或润滑不良;(3)前轮胎气压不足;(4)前束调整不当。

(A)摇摆 (B)沉重 (C)跑偏 (D)掉落

54. 气缸(　　)容积与最小容积的比值叫压缩比。

(A)工作 (B)最大 (C)有效 (D)最小

55. 可根据柴油机的负荷量变化,自动调节喷油泵的供油量,稳定怠速或稳定全程转速,并限制最高转速的是(　　)。

(A)化油器 (B)调速器 (C)汽油泵 (D)喷油泵

56. 侧置式配气机构的主要部件是(　　)。

(A)挺杆 (B)推杆 (C)摇臂轴 (D)摇臂

57. 调整 CA10B 型汽车气门间隙,把第一缸活塞摇到上止点位置,可以顺车前往后一次调完(　　)六只气门。

(A)1、2、4、5、8、9 (B)4、6、8、10、11、12

(C)1、2、3、5、7、9 (D)1、2、4、8、9

58. 检查 CA10B 型发动机风扇皮带张力时,在风扇皮带轮与发电机皮带轮之间的皮带中段,用大拇指以 3～4 公斤力,迫使皮带下移(　　)mm 为合适。

(A)2～3 (B)10～15 (C)15～20 (D)4～5

59. CA10B 型发动机的断电器触点间隙标准是(　　)mm。

(A)0.20～0.35 (B)0.60～0.80 (C)0.35～0.45 (D)0.3～0.35

60. 润滑分电器总成时,需要润滑的部分是(　　)。

(A)分电器轴 (B)凸轮轴和分电器轴套连接处

(C)凸轮面 (D)活动触点臂销钉

61. 使用启动机每次的时间不应超过(　　)s。

(A)6 (B)10 (C)60 (D)5

62. 交流发电机调节器的特点只有(　　),取消了电流限制器和逆流继电器。
(A)整流器　　(B)换相器　　(C)电压调节器　　(D)变压器
63. 四冲程发动机曲轴,当其转速为3000 r/min时,则同一个气缸的进、排气门开闭次数应该是(　　)。
(A)3 000次　　(B)1 500次　　(C)750次　　(D)1 000次
64. 四冲程六缸发动机,各同名凸轮之间的相对位置的夹角应该是(　　)。
(A)120°　　(B)90°　　(C)60°　　(D)30°
65. 曲轴箱通风的目的主要是(　　)。
(A)排出水和液体汽油　　(B)排出蒸发的水分和燃油气
(C)冷却润滑油　　(D)活动触点臂销钉
66. 汽车耗油量最少的行驶速度是(　　)。
(A)低速　　(B)中速　　(C)全速　　(D)超速
67. 汽油发动机冷却水的温度应保持在(　　)。
(A)70°～80℃　　(B)80°～90℃　　(C)85°～95℃　　(D)60°～70°
68. EQ140型汽车发动机采用的是(　　)。
(A)干式缸套　　(B)湿式缸套　　(C)无缸套结构　　(D)以上都正确
69. 气缸垫的作用是(　　)。
(A)封闭气缸　　(B)保证气缸和燃烧室的密封
(C)防止气缸盖螺栓松动　　(D)防止汽缸泄露
70. 曲轴的平衡重一般设在(　　)。
(A)曲轴前端　　(B)曲轴后端　　(C)曲柄臂上　　(D) 曲柄臂末端
71. 当CA141型汽车发动机由作功行程上止点向后转动720°时,第五缸处于(　　)。
(A)进气　　(B)压缩　　(C)作功　　(D)排气行程
72. EQ140型汽车发动机支承采用的是(　　)。
(A)前一后二支承方式　　(B)前二后一支承方式
(C)前二后二支承方式　　(D)前一后一支承方式
73. EQ140型汽车发动机的配气机构形式属于(　　)。
(A)顶置式　　(B)侧置式　　(C)下置式　　(D)上置式
74. 顶置式气门的气门间隙的调整部位是在(　　)。
(A)挺杆上　　(B)推杆上　　(C)摇臂上　　(D)以上都不是
75. 曲轴正时齿轮与凸轮轴正时齿轮的传动比是(　　)。
(A)1∶1　　(B)1∶2　　(C)2∶1　　(D)3∶1
76. 柴油机混合气的形成装置是由(　　)组成。
(A)化油器　　(B)燃烧室　　(C)喷油泵　　(D)喷油器
77. 柴油机在气缸内燃烧压力达到最高时在(　　)。
(A)备燃期　　(B)速燃期　　(C)缓燃期　　(D)后燃期
78. 运转的汽车发动机中最普通的摩擦形式是(　　)。
(A)干摩擦　　(B)半干摩擦　　(C)液体摩擦　　(D)半液体摩擦
79. EQ140型汽车发动机的机油泵的形式是(　　)。

(A)齿轮式 (B)活塞式 (C)转子式 (D)柱塞式

80. 发动机润滑系统的两种形式中的主要形式是(　　)。

(A)压力式 (B)机油泵 (C)飞溅式 (D)喷射式

81. 润滑系中旁通阀的作用是(　　)。

(A)保证最小压力 (B)防止过大压力

(C)防止机油粗滤器堵塞 (D)机油粗滤器堵塞后仍能使机油进入油路

82. 使冷却水在散热器和水套之间进行循环的水泵旋转部件,叫做(　　)。

(A)叶轮 (B)风扇 (C)壳体 (D)旁通管

83. 节温器中使阀门自动开启的部件是(　　)。

(A)阀座 (B)压力阀 (C)真空阀 (D)乙醚或醇

84. 如果节温器阀门打不开,发动机将会出现(　　)。

(A)温升慢 (B)过热 (C)不能启动 (D)怠速不稳定

85. 越野汽车的前桥属于(　　)。

(A)转向桥 (B)驱动桥 (C)转向驱动桥 (D)支承桥

86. 转向轮绕着(　　)摆动。

(A)转向节 (B)主销 (C)前梁 (D)支承桥

87. 北京 BJ130 型汽车的车轮制动器是采用(　　)。

(A)简单非平衡式 (B)平衡 (C)自动增力式 (D)手动增力式

88. 点火系中容电器的作用是(　　)。

(A)提高初级电压 (B)防止“白金”烧损

(C)提高初级电流 (D)提高高级电流

89. 个别制动鼓失圆,会造成(　　)。

(A)制动失效 (B)制动跑偏 (C)制动不灵 (D)制动磨损

90. 节温器损坏,在冷车启动发动机后冷却水温度(　　)。

(A)不能降低 (B)不能很快提高 (C)可以很快提高 (D)不能提高

91. 化油器三角针阀关闭不严,会造成浮子室油面(　　)。

(A)过高 (B)过低 (C)无影响 (D)偏高

92. 若蓄电池经常因充电电压过低而亏电,可采用(　　)。

(A)调紧节压器弹簧的张力 (B)调松节压器弹簧的张力

(C)调紧节流器弹簧的张力 (D)调松节流器弹簧的张力

93. 冬季向蓄电池加蒸馏水时,只能在(　　)。

(A)充电前进行 (B)充电后进行 (C)在充电时进行 (D)以上都不正确

94. 汽车巡航控制系统简称(　　)。

(A)CCS (B)VCS (C)CSC (D)CVS

95. 汽车空调储液干燥器的功用是(　　)。

(A)防止系统中的水分与制冷剂发生化学作用

(B)防止膨胀阀处结冰和堵塞

(C)随时间向系统补充制冷剂

(D)防止系统中的水分与制冷剂发生化学作用,防止膨胀阀处结冰和堵塞

96. 汽车车速传感器一般安装在(　　)。
(A)车轮　(B)轮毂　(C)发动机　(D)变速器
97. 电控汽油喷射发动机喷油器喷油量由(　　)决定。
(A)喷油时间　(B)进气管真空度　(C)系统油压　(D)驱动电压或电流
98. 汽车修理挤压强化用于(　　)的加工。
(A)连杆　(B)气门　(C)内孔　(D)曲轴曲柄圆角
99. 发动机根据《机动车安全运行条例》要求,动力性能功率不得低于出厂功率的(　　)。
(A)70%　(B)85%　(C)80%　(D)75%
100. 汽车独立热源取暖系统(　　)。
(A)依靠废气取暖　(B)热量来源于燃烧的燃料
(C)都为气暖装置　(D)热量来源于电热丝
101. 客车大修送修标志是(　　)。
(A)以发动机为主,结合车架总成　(B)以车厢为主,结合两个总成
(C)以车厢为主,结合发动机总成　(D)只以车厢为标志
102. 汽车空调转速控制的信号取自(　　)。
(A)凸轮轴位置传感器　(B)曲轴位置传感器
(C)发动机转速传感器　(D)点火线圈
103. 自动变速器失速转速标准一般为(　　) rpm 左右。
(A)2 300　(B)2 000　(C)2 600　(D)1 800
104. 东风 EQ1090E 型汽车用机械双销式转向器,蜗杆轴承紧度是利用(　　)。
(A)装在下盖上的调整螺栓　(B)下盖与壳体间的调整垫片
(C)装在上盖上的调整螺栓　(D)上盖与壳体间的调整垫片
105. 门电路有(　　)输入端。
(A)多　(B)两　(C)一　(D)一个或多个
106. 内燃机排放的氮氧化物主要是(　　)。
(A)$NO_2$　(B)NO　(C)$N_2O_3$　(D)$N_2O$
107. 车辆纵横梁腐朽,底板、栏板破损面积大,这是(　　)。
(A)货车车身总成　(B)客车车身总成　(C)挂车　(D)车架
108. 汽车在制动过程中横向附着系数随滑移率增加而(　　)。
(A)先变小而后增加　(B)逐渐变大　(C)先变大而后变小　(D)逐渐变小
109. 可作为发放、审核营运证的主要依据之一的是(　　)。
(A)市场行情　(B)驾驶员驾龄　(C)车辆技术档案　(D)汽车生产厂家
110. 汽车离合器液压操纵系统漏油或有空气,会引起(　　)。
(A)离合器异响　(B)离合器分离不彻底
(C)离合器接合不柔和　(D)离合器打滑
111. 下列说法中正确的是(　　)。
(A)汽车驱动力等于附着力　(B)汽车驱动力小于附着力
(C)汽车驱动力大于行驶阻力　(D)汽车驱动力小于或等于附着力
112. 用百分表检查启动机启动轴是否弯曲,如摆差太大,超过(　　)mm 应进行校正。

(A)0.2 (B)0.5 (C)0.1 (D)0.15

113. 汽车安全气囊开始膨胀到瘪气的时间约为(　　)s。

(A)2 (B)3 (C)1 (D)0.1

114. 电控汽油喷射发动机步进电机的作用是(　　)。

(A)测量进气量 (B)自动调整怠速 (C)冷起动 (D)海拔高度补偿

115. 柴油发动机曲轴中心线径向跳动的大修标准是(　　)。

(A)≤0.01 (B)≤0.50 (C)≤0.05 (D)≤0.02

116. 汽车制动器制动气室推杆连接叉与制动调整臂的孔可通过(　　)连接。

(A)拉动连接叉，拧动连接叉两者均可 (B)拧动连接叉

(C)敲击 (D)拉动连接叉

117. 检测诊断汽车的主要技术性能一般不包括(　　)。

(A)经济性 (B)乘座舒适性 (C)可靠性 (D)安全性

118. 汽车气压制动排气缓慢或不排气，应检查(　　)。

(A)制动阀 (B)制动操纵机构

(C)制动操纵机构和制动阀 (D)制动凸轮轴的配合间隙

119. 汽车模拟示波器波形的亮度取决于(　　)。

(A)信号的强弱 (B)电压信号的速度

(C)调整情况 (D)电压信号的速度和波形的重现率

120. 在用车前照灯远光光束的发光强度应大于(　　)cd。

(A)10 000 (B)8 000 (C)5 000 (D)1 000

121. 正常情况下发动机氧传感器 10 s 内电压变化不应少于(　　)次。

(A)8 (B)5 (C)10 (D)2

122. 汽油发动机的不正常燃烧的形式有(　　)。

(A)爆燃和表面点火 (B)补燃 (C)表面点火 (D)爆燃

123. 汽车减振器伸张行程的阻力应(　　)压缩行程的阻力。

(A)小于或等于 (B)等于 (C)小于 (D)大于

124. 汽车修理工艺过程不应包括(　　)。

(A)外部清洗 (B)总成装配与调试

(C)总成件的采购 (D)出厂检验

125. 汽油机(　　)可以将电源供给的 12 V 低压电变为 15～30 kV 的高压电。

(A)充电系 (B)灯系 (C)点火系 (D)启动系

126. 客车内座椅间距可用(　　)测量。

(A)卷尺 (B)米尺 (C)钢直尺 (D)千分尺

127. 电阻 $R_1$ 与 $R_2$($R_1>R_2$)串联时，则有(　　)。

(A)$I_{21}>I_{22}$ (B)$I_{21}<I_{22}$ (C)$U_{21}>U_{22}$ (D)$U_{21}<U_{22}$

128. 1kW · h 电可供一只“220V、25W”的灯泡正常发光的时间是(　　)h。

(A)20 (B)25 (C)40 (D)45

129. 全电路欧姆定律的表达式为(　　)。

(A)$I=U/R$ (B)$I=E/(R+r)$

(C)$I=U^2/R$　　(D)$I=E^2/(R+r)$

130. 具有单向导电性的是(　　)。

(A)二极管　(B)三极管　(C)稳压管　(D)电容

131. 实现液压放大的回路是(　　)回路。

(A)调压　(B)减压　(C)增压　(D)换向

132. 液压传动系统中,(　　)是动力元件。

(A)液压泵　(B)液压缸　(C)液压控制阀　(D)液压辅件

133. 自卸车的举升系统属于(　　)式液压传动。

(A)动力式　(B)容积式　(C)压力式　(D)体积式

134. “”表示(　　)。

(A)减压阀　(B)溢流阀　(C)顺序阀　(D)平衡阀

135. (　　)扳手能显示扭矩的大小。

(A)开口　(B)梅花　(C)扭力　(D)活动

136. 平衡机按静平衡原理工作是(　　)。

(A)就车式　(B)离车式　(C)液压式　(D)A 或 B

137. 开磁路点火线圈内充满沥青的作用是(　　)。

(A)绝缘　(B)防潮　(C)散热　(D)绝缘、防潮和散热

138. 发动机(　　)时,必须暂时将附加电阻短路。

(A)启动　(B)加速　(C)减速　(D)运转

139. 常用的滤波电路是在负载两端并联一个(　　)。

(A)电阻　(B)电感　(C)滤波电容　(D)电源

140. 常用三极管电流放大系数为(　　)。

(A)6～10　(B)6～100　(C)10～60　(D)60～100

141. 整流电路是利用二极管的(　　)把交流电变为直流电的电路。

(A)单向导电性　(B)热敏特性　(C)光敏特性　(D)电阻特性

142. 超大规模集成电路是指每片上集成度达(　　)个元器件以上的集成电路。

(A)100　(B)1 000　(C)10 000　(D)100 000

143. 汽车车速传感器一般安装在(　　)上。

(A)车轮　(B)轮毂　(C)发动机　(D)变速器

144. 从传感器输出的信号输入 ECU 后,首先通过(　　)。

(A)存储器　(B)CPU　(C)输入回路　(D)A/D 转换器

145. 只适用于暂时保留过程中的数据的是(　　)。

(A)CPU　(B)ROM　(C)RAM　(D)EPROM

146. 汽油机分电器轴向间隙不得大于(　　)mm。

(A)0.25　(B)0.50　(C)0.75　(D)1.25

147. 试验发动机时,(　　)在车下工作。

(A)可以　(B)必须　(C)不得　(D)不必

148. 全面质量管理简称(　　)。

(A)TQC (B)TQU (C)TCO (D)TOQC

149. 全面质量管理的四个环节是(　　)。

(A)PDCA (B)DPCA (C)CDPA (D)ACDP

150. 决定了相关总成、部件和汽车的工作平衡程度的是(　　)。

(A)振动 (B)噪声 (C)总成清洁度 (D)动、静平衡程度

151. 汽车车速表的允许误差范围为(　　)。

(A)＋20％～－5％ (B)＋5％～－20％ (C)＋5％～－5％ (D)＋20％～－5％

152.(　　)燃烧室是与侧置气门配套的。

(A)楔形 (B)L 形 (C)盆形 (D)半球形

153. 活塞裙部膨胀槽一般开在受(　　)的一面。

(A)侧压力大 (B)离心力大 (C)离心力小 (D)侧压力小

154.(　　)的作用是加速解除制动,使制动不拖滞。

(A)快放阀 (B)加速阀 (C)复合阀 (D)制动阀

155. 安装转向垂臂时,应将转向车轮处于(　　)位置,取方向盘总圈数的(　　)将转向垂臂装上。

(A)中间,1/2 (B)中间,1/3 (C)两边,1/2 (D)两边,1/3

156. 差速器的运动特性为(　　)。

(A)$n_1-n_2=2n_0$ (B)$n_1+n_2=n_0$ (C)$n_1+n_2=2n_0$ (D)$n_1-n_2=n_0$

157. 柴油机调速器的作用就是在柴油机的负荷改变时,自动地改变(　　)的供油量来维持柴油机的稳定运转。

(A)喷油器 (B)柴油泵 (C)喷油泵 (D)输油泵

158. 柴油机在燃烧过程中,如果(　　)过长,会引起柴油机工作粗暴。

(A)着火延迟期 (B)急燃期 (C)补燃期 (D)缓燃期

159. 储气筒内压缩空气不足,汽车制动时,会造成(　　)。

(A)制动失效 (B)制动拖滞 (C)制动不良 (D)制动跑偏

160. 锉削方法基本上都采用交叉锉法和(　　)锉法等。

(A)顺向 (B)逆向 (C)斜向 (D)侧向

161. 当汽油发动机汽车需要超速行驶时,起供油作用的是(　　)装置。

(A)主供油 (B)主供油和怠速 (C)主供油和加浓 (D)主供油、加速和加浓

**三、多项选择题。**

1. 游标卡尺的读数有(　　)3 种。

(A)0.01 mm (B)0.02 mm (C)0.10 mm (D)0.05 mm

2. 对大气臭氧层有破坏作用的制冷剂为(　　)。

(A)R12 (B)CFC(氯氟制冷剂)

(C)FREON(氟里昂) (D)R22

3. R134a 制冷剂中含(　　)元素。

(A)氯 (B)氢 (C)碳 (D)氟

4. 汽车空调系统需要定期补充制冷剂的原因不正确的是(　　)。

(A)压缩机的转速不稳定 (B)系统中使用膨胀阀
(C)系统中使用橡胶管路 (D)系统中使用储液干燥罐

5. 视图中能保证“高平齐”、“宽相等”的视图是(　　)。
(A)主视图 (B)右视图 (C)左视图 (D)仰视图

6. R134a 制冷系统在正常工作时低压端的压力,以下合适的是(　　)。
(A)2.1 kgf/cm (B)0.15 MPa
(C)0.16 MPa (D)0.25 kgf/cm
(E)1.37 MPa

7. 以下(　　)是制冷系统高压侧的零部件。
(A)制冷剂玻璃观察窗 (B)储液干燥罐
(C)压缩机与蒸发器之间的管路 (D)冷凝器
(E)压缩机与冷凝器之间的管路

8. 以下(　　)是制冷系统低压端的零部件。
(A)高低压开关 (B)蒸发器
(C)压缩机与蒸发器之间的管路 (D)膨胀阀的温度感应包

9. 以下不是 R134a 的储液干燥罐中吸收水分的材料的是(　　)。
(A)沸石 (B)活性碳 (C)硅胶 (D)乙二醇

10. 机件具有倾斜的外部形状或内部形状时可选用(　　)。
(A)斜剖视图 (B)局部视图 (C)斜视图 (D)局部剖视图

11. 金属材料的剖面符号应画(　　)。
(A)细实线 (B)间隔均匀 (C)互相平行 (D)粗实线

12. 空调压缩机非正常磨损的原因通常为(　　)。
(A)润滑油不足 (B)制冷剂中的灰尘 (C)制冷剂中的水分 (D)以上都正确

13. 倒角常加在(　　)。
(A)轴端 (B)孔口 (C)轴肩处 (D)凸台处。

14. 以下(　　)是 R134a 空调压缩机使用的润滑油。
(A)矿物油 (B)PAG 润滑油
(C)聚脂润滑油(ESTER) (D)以上都不是

15. R134a 空调系统的蒸发器能使用(　　)材料制造。
(A)钢 (B)铝 (C)铜 (D)以上都正确

16. 制冷系统的玻璃观察窗通常位置,以下说法不正确的是(　　)。
(A)冷凝器 (B)蒸发器 (C)压缩机的人口
(D)膨胀阀 (E)低压管路中

17. 全自动空调的膨胀阀的开度通常由(　　)控制。
(A)日光传感器 (B)电磁离合器 (C)电磁阀
(D)计算机 (E)压缩机

18. 某汽车暖风系统工作时发出液体流动噪声,以下不正确的是(　　)。
(A)发动机冷却系中有空气 (B)空调控制板上的冷暖风操纵钮应当检查和调整
(C)以上都正确 (D)液体泄漏

19. R134a制冷管路上的维修阀通常是(　　)型式。

(A)管螺纹接头　(B)快装接头　(C)弹簧偶合　(D)以上都正确

20. 歧管压力表的用途包括(　　)。

(A)制冷系统抽真空　(B)清洗制冷系统内部

(C)向制冷系统内补充润滑油　(D)从制冷系统中排出制冷剂

21. 通过玻璃观察窗检查制冷剂时,以下(　　)是制冷剂不足的现象。

(A)空调开启时出现泡沫,然后变清晰　(B)空调系统工作过程中始终看到小气泡

(C)空调系统工作过程中始终出现泡沫　(D)以上都不正确

22. 基孔制间隙配合是(　　)。

(A)H6/n5　(B)H7/f6　(C)H8/S7　(D)H8/f8

23. 如果制冷剂中有空气,以下正确的是(　　)。

(A)低压管路会结霜或有大量露水　(B)高、低压侧的压力均会过高

(C)低压管路会发热　(D)以上都不正确

24. 某汽车R134a空调系统制冷不足,经检测低压侧的压力有时降到0 MPa以下,以下不正确的是(　　)。

(A)制冷剂正常　(B)制冷剂不足　(C)制冷剂过量　(D)制冷剂有水分

25. 基孔制过盈配合是(　　)。

(A)H6/n5　(B)H7/p6　(C)E8/s8　(D)H8/r7

26. 电磁式汽油喷射器的喷油量由(　　)确定。

(A)开启时间　(B)脉冲信号宽度　(C)汽油压力　(D)以上都不正确

27. 关于电磁式汽油喷射器前端的密封圈的作用,以下正确的是(　　)。

(A)防止汽油泄漏　(B)防止真空度泄漏　(C)隔热　(D)以上都不正确

28. 基轴制过盈配合是(　　)。

(A)HT/t6　(B)H8/k7　(C)P6/h5　(D)H8/r7

29. 某汽油喷射发动机冷启动后易熄火,以下正确的原因是(　　)。

(A)氧传感器失效　(B)水温传感器故障　(C)汽油压力过低

(D)进气温度传感器故障　(E)节气门传感器故障　(F)进气流量传感器故障

30. 以下(　　)存储器的内容不能进行修改或重新输入。

(A)ROM　(B)PROM　(C)RAM　(D)以上都不可以

31. 倒角常加在(　　)。

(A)轴端　(B)孔占　(C)全延槽处

(D)阶梯轴轴肩处　(E)凸台处

32. 空气流量计的结构型式为(　　)。

(A)MAP　(B)热线式　(C)风门式　(D)以上都正确

33. 性能途中应标注(　　)。

(A)性能(规格)尺寸　(B)装配尺寸　(C)安装尺寸　(D)总体尺寸

34. 装配图的内容包括(　　)。

(A)图形　(B)尺寸　(C)技术要求

(D)标题栏　(E)明细栏

35. 钳工划线的步骤应是(　　)。

(A)看图样明确加工部位　　(B)涂色

(C)选用工具　　(D)划线

36. 计算机中存储的故障码可以用(　　)读取。

(A)试灯　　(B)外液晶显示万用表

(C)MIL(仪表盘的故障指示灯)　　(D)手提式诊断仪

37. 某汽车车身的某部位需要电焊,以下操作正确的是(　　)。

(A)应事先拆下蓄电池的电缆　　(B)应事先拆下汽车中的各种计算机

(C)以上都正确　　(D)以上都不正确

38. 以下(　　)是自动变速器油。

(A)DEXRON II　　(B)MERCON　　(C)GL—580W—90　　(D)B 和 C

39. 铸铁具有良好的(　　)。

(A)耐磨性　　(B)减振性　　(C)物理性能

(D)铸造性　　(E)切削加工性

40. 以下(　　)是自动变速器行星齿轮组的零部件。

(A)中心(太阳)轮　　(B)行星架　　(C)差速齿轮

(D)行星齿轮　　(E)齿圈

41. 使行星齿轮组有不同的转速输出的是(　　)。

(A)离合器片组　　(B)制动带　　(C)执行活塞　　(D)以上都不正确

42. 离合器片组安装后的间隙通常由(　　)调节。

(A)离合器片组中钢片的厚度　　(B)摩擦片的厚度

(C)卡环的厚度　　(D)以上都正确

43. 以下(　　)驱动制动不带接合。

(A)蓄压阀　　(B)真空调制阀　　(C)调速阀

(D)伺服活塞　　(E)延时阀

44. 以下(　　)不是由发动机进气歧管真空度控制。

(A)调制阀(MODULATOR)　　(B)手动阀(MANUAL)

(C)蓄压阀(ACCU MULATOR)　　(D)伺服阀(SERVO)

(E)节气门阀(THROTTLE)　　(F)调速阀(GOVERNER)

45. 关于计算机控制的自动变速器,以下说法正确的是(　　)。

(A)提高了自动变速器的动力传递效率　　(B)降低了换挡时的冲击

(C)使液压控制阀体的结构更为复杂　　(D)以上都不正确

46. 以下(　　)是自动变速器计算机控制系统输入端的零部件。

(A)液压阀体压力开关组　　(B)车速传感器

(C)自动变速器输入轴转速传感器　　(D)ATF 温度传感器

(E)驱动模式开关　　(F)故障诊断接口

47. 以下(　　)是自动变速器计算机控制系统输出端的零部件。

(A)节气门开度传感器　　(B)发动机转速传感器

(C)空调开关　　(D)挡位电磁阀

48. 属于自动变速器的控制计算机的是(　　)。
(A)ECM　(B)PCM　(C)ECT　(D)TCM
49. 自动变速器内执行活塞的密封圈磨损后,(　　)。
(A)会使离合器片组磨损　(B)自动变速器会发生较强的换挡冲击
(C)ATF 将变成黑色　(D)以上都不正确
50. 下列说法正确的是(　　)。
(A)如果发动机温度过高,会损坏自动变速器
(B)如果 ATF 温度过高,会使发动机过热
(C)以上都不正确
(D)以上都正确
51. 汽车空调储液干燥器的功用是(　　)。
(A)防止系统中的水分与制冷剂发生化学作用
(B)防止膨胀阀处结冰和堵塞
(C)随时间向系统补充制冷剂
(D)以上都不对
52. 双向作用筒式减振器上装有(　　)。
(A)伸张阀　(B)导向阀　(C)补偿阀
(D)流通阀　(E)压缩阀
53. 电控点火装置主要是对(　　)的控制。
(A)点火提前角　(B)点火正时　(C)通电时间
(D)断电时间　(E)爆振
54. 下列属于位置公差的是(　　)。
(A)平行度　(B)平面度　(C)圆度
(D)同轴度　(E)圆跳动
55. 活塞头部的作用是(　　)。
(A)承受气体压力　(B)承受摩擦力　(C)密封
(D)传热　(E)隔热
56. 起动机不运转或运转速度低而无力是由于(　　)。
(A)起动开关失调　(B)蓄电池电压低
(C)起动接线柱的并联电路短路　(D)发电机电压低
(E)蓄电池接线柱接触不良
57. 按传动比变化方式,汽车变速器分为(　　)。
(A)有级式　(B)两级式　(C)无级式
(D)多级式　(E)综合式
58. 双向作用筒式减速振器可以(　　)行程。
(A)压缩　(B)减压　(C)膨胀
(D)伸张　(E)加压
59. 在柴油机的燃烧过程中,如在后燃期继续燃烧,将使(　　)。
(A)发动机功率提高　(B)发动机过热　(C) 发动机振抖严重

(D)排气冒黑烟　(E)经济性下降

60. 下列燃烧室中,属于喷油器直接喷入燃烧室的有(　　)。

(A)涡流室式燃烧室　(B)盆型燃烧室　(C)球型燃烧室

(D) W 型燃烧室　(E)预燃室式燃烧室

61. 对柴油机喷油泵进行油泵试验台试验的内容包括(　　)。

(A)供油时刻　(B)供油压力　(C)供油量

(D)调速器　(E)喷油泵转速

62. 型号为 6-QA-105G 的蓄电池,表示该蓄电池为(　　)。

(A)电压为 6 V　(B)电压为 12 V　(C)额定容量为 105 A·h

(D)启动型　(E)高起动功率

63. 柴油的使用性能指标主要是(　　)。

(A)流动性　(B)发火性　(C)蒸发性

(D)黏度　(E)凝点

64. 喷油泵出油阀减压环带的作用有(　　)。

(A)使高压油管的油压迅速降低　(B)防止喷油器滴漏

(C)保持高压油管的残余压力　(D)导向作用

(E)刮油作用

65. 如发动机冷却系冷却不足,将使(　　)。

(A)气缸充气量减少　(B)发动机零件加速磨损　(C)发动机功率下降

(D)发动机爆振　(E)发动机怠速不稳

66. 发动机中采用飞溅润滑的部位有(　　)。

(A)气缸壁　(B)配气机构的凸轮表面　(C)主轴承

(D)连杆轴承　(E)曲轴表面

67. 喷油器试验的内容主要包括(　　)。

(A)喷油时刻　(B)喷油量　(C)喷油压力

(D)喷雾质量　(E)密封性

68. 发动机过热可能原因是(　　)。

(A)点火时间过早　(B)点火时间过迟　(C) 排气门脚间隙过大

(D)燃烧室积碳过多　(E)风扇皮带松弛

69. 机油压力过低可能的原因是(　　)。

(A)机油黏度小　(B)机油黏度大

(C)机油油路泄漏　(D) 主轴承、连杆轴承的轴承间隙过小

(E)限压阀调整不当

70. 曲轴主轴颈或轴承磨损严重,间隙过大,将造成(　　)。

(A)机油压力过高

(B)机油压力过低

(C)气缸上部有金属敲击声

(D)突然加速或减速时,出现低沉、钝哑的"噹噹"声

(E)单缸断火时响声无变化,相邻两缸断火响声减弱或消失

71. 发动机负荷加大时响声明显,通过以下特征,可以判断是连杆轴承出现异响:(　　)。

(A)发动机由怠速加速时,有明显连续的"嗒嗒"敲击声,转速越高,响声越大,急加速时,响声更突出

(B)相邻两缸同时断火,响声明显降低

(C)单缸断火,响声明显降低

(D)机油压力偏低

(E)温度低时响声明显,温度正常时,响声减弱

72. 活塞敲缸的可能原因是(　　)。

(A)活塞环折断　(B)活塞与气缸壁间隙过大　(C)连杆弯曲

(D)活塞销与衬套配合过紧　(E)连杆轴颈磨损过大

73. 从以下特征,可以判定是活塞敲缸响:(　　)。

(A)温度低时响声明显,温度正常时,响声减弱

(B)与发动机温度变化无关

(C)单缸断火,响声减弱

(D)排气管烟色发蓝

(E)打开加机油口盖,加油口冒烟

74. 当活塞销与销座孔或与连杆衬套配合松旷时,将会(　　)。

(A)单缸断火时,原来的响声不减轻

(B)怠速或中低速时出现明显、清晰、有节奏的"嗒嗒"声

(C)怠速加速时,响声更大

(D)发动机温度升高,响声减弱

(E)钝哑的"啪啪"声

75. 当活塞环折断,环与环槽磨损,气缸磨损严重,都会使活塞环部位出现异响,该异响特征为(　　)。

(A)钝哑的"啪啪"声,随转速的增高而增大　(B)清晰、有节奏的"嗒嗒"声

(C)单缸断火,响声减轻但不消失　(D)发动机温度升高,响声减弱

(E)单缸断火,响声不变

76. 如果气门间隙调整过大,气门脚位置将出现异响,该异响的特征为(　　)。

(A)怠速时出现有节奏的"嗒嗒"声　(B)转速升高,响声增大

(C)单缸断火,响声不变　(D)发动机温度升高,响声减弱

(E)单缸断火,响声减弱

77. 发动机动力不足的原因可能是(　　)。

(A)气缸漏气　(B)排气歧管漏气　(C)个别缸不工作

(D)点火正时不正确　(E)燃油路堵塞

78. 冷却系水泵常见的故障有(　　)。

(A)堵塞　(B)漏水　(C)轴承松旷

(D)泵水量不足　(E)水泵轴锈死

79. 发动机大修竣工验收,必须保证(　　)。

(A)不得有漏水、油、气、电现象　(B)最大功率不低于标准值的 75%

(C)气缸压力正常　　(D)机油压力正常

(E)怠速平稳,中高速亦平稳运转。

80. 发动机总成大修送修标志为(　　)。

(A)气缸孔圆柱度误差达 0.05~0.10 mm　　(B)最大功率较标准值降低 25%以上

(C)水温明显偏高　　(D) 燃料、润滑油消耗量显著增加

(E)排气管冒黑烟

81. 喷油泵各柱塞的供油量差别要求为(　　)。

(A)高速时差别<3%　　(B)中速时差别<5%　　(C)低速时差别<7%

(D)高速时差别<1%　　(E)中速时差别<3%　　(F)低速时差别<5%

82. 发动机磨合时要求(　　)。

(A)负荷应从大到小逐渐减少　　(B)负荷应从小到大逐渐增加

(C)转速由高到低变化　　(D)在一定负荷下适当增加转速

(E)转速由低到高线性变化

83. 发动机磨合时使用的机油应具有(　　)。

(A)较高的黏度　　(B)较低的黏度　　(C)较好的油性

(D)较好的导热性　　(E)较好的流动性

84. 关于量缸表,下列说法正确的是(　　)。

(A)量缸表是一种比较性的间接测量仪表

(B)一般的,表盘刻度为 100 格,指针转动 1 格为 0.1 mm,转动 1 圈为 10 mm

(C)量缸时当大指针顺时针方向离开"0"位,表示所测气缸直径大于标准尺寸缸径

(D)量缸时,前后摆动量缸表,指针指示最小刻度,即为标准读数

(E)测量气缸同一横断面纵向和横向直径,测得最大和最小两者之差二分之一即为圆柱度偏差

85. 关于化油器的说法,下列说法错误的是(　　)。

(A)化油器属于汽油发动机燃料供给系中的一个重要部件

(B)理论上 1 kg 的汽油完全燃料需要 15 kg 空气,则标准空燃比为 15

(C)空气流高速通过化油器喉管时(变小截面),则流速增大,压力降低

(D)在怠速起动过程中,主喷孔不参与任何供油

(E)化油器机械加浓装置,节气门在 60%~65%开度下即开始起作用

86. 属于发动机的重要指标有(　　)。

(A)有效扭矩　　(B)最大扭矩　　(C)有效功率

(D)耗油率　　(E)最大转速

87. 曲柄连杆机构由(　　)等机组组成。

(A)缸体曲轴箱组　　(B)气门传动组　　(C)活塞连杆组

(D)曲轴飞轮组　　(E)活塞

88. 关于铅蓄电池,下列说法正确的是(　　)。

(A)在单格电池中,正极板比负极板数量少 1 片

(B)正极板的活性物质为 $PbO_2$ 呈棕红色,负极板物质为 Pb 呈深灰色

(C)铅蓄电池的内电阻主要取决于电解液电阻

(D)铅蓄电池的内电阻主要取决于极板电阻
(E)铅蓄电池的充电方法有定电流、定电压、混合充电三种方法

89. 气门损伤有(　　)。
(A)杆部弯曲　(B)杆部磨损　(C)杆端磨损
(D)主要工作面磨损　(E)杆部破裂

90. 在点火系中,高压电流经的部件有(　　)。
(A)点火初级线圈　(B)点火次级线圈　(C)点火白金
(D)火花塞　(E)分电器

91. 离合器打滑的主要原因是(　　)。
(A)离合器踏板自由行程过小或没有　(B)离合器踏板行程过大
(C)压盘弹簧过软或折断　(D)压盘弹簧过硬
(E)磨擦片磨损弯薄、老化或沾有油污

92. 关于普通齿轮变速器,下列说法正确的是(　　)。
(A)第一轴与第二轴固连　(B)倒挡是依靠两对齿轮传动副组成
(C)中间轴常啮合齿轮一般与中间轴固连　(D)第二轴接离合器的从动轴
(E)变速器一般具有自锁、互锁以及倒挡锁三种装置

93. 变速器的异常声响一般是由(　　)引起的噪声。
(A)轴承磨损松旷　(B)齿轮间不正常啮合
(C) 第一轴齿轮的润滑油过多　(D)常啮合齿轮副磨损过多
(E)一、二轴不同心

94. 关于差速器的原理,下列说法正确的是(　　)。
(A)当行星齿轮公转不自转时,左右两侧车轮直线行驶,没有转速差
(B)当行星齿轮既自转又公转时,则左右两侧车轮转速相同,但旋向相反
(C)当行星齿轮既自转又公转时,则车轮两侧存在转速差,汽车在转弯行驶
(D)左右两半轴与行星齿轮固连一起
(E)普通行星齿轮差速器在行星齿轮没有自转时,总是将扭矩 $M_0$ 平均分配给左右两半轴车轮

95. 汽车行驶跑偏的可能原因是(　　)。
(A)两前轮轮胎气压不均匀或轮胎直径不等　(B)前束过大或过小
(C)前钢板弹簧挠度不等　(D)车架变形,铆钉松动
(E)减振器失效或折断

96. 关于废气涡轮增压器说法,下列说法正确的是(　　)。
(A)涡轮增压器包括涡轮、转子轴、压气机叶轮等机件
(B)涡轮机涡轮与压气机叶轮不同轴
(C)采用涡轮增压器可以提高进气量,提高发动机功率
(D)涡轮的动力来源是气缸中排出的废气
(E)当压气机中的叶轮气体压力达一定数值时,减压阀开启,使部分废气排走,保护涡轮机

97. 变速器的常见故障有(　　)。

(A)漏油　　(B)发响　　(C)跳挡
(D)乱挡　　(E)发热

98. 四冲程汽油发动机工作循环包括(　　)。
(A)进气　　(B)换气　　(C)作功
(D)排气　　(E)压缩

99. 汽车耗油量最小的行驶速度是(　　)。
(A)低速　　(B)中速　　(C)高速
(D)超速　　(E)经济车速

100. 汽车发动机的动力性指标主要有(　　)。
(A)燃料消耗率　　(B)有效转矩　　(C)最小离地间隙
(D)有效功率　　(E)最高速度

## 四、判 断 题

1. 升是法定容积单位的派生单位,代号是 cl。(　　)

2. 量缸表是测量气缸压力大小的仪表。(　　)

3. 锯割硬金属物或较薄钢板时,采用粗齿锯条,而锯软金属物时则用细齿锯条。(　　)

4. 錾软金属物(铜、铝)时,可用肥皂液或油涂于錾子的锋口上,以获得光滑的錾切面。(　　)

5. 铰孔时,对于生铁和青铜可以干铰。(　　)

6. 钻较脆的硬材料的钻头的直径,可用公式:钻孔的直径=螺纹内径-1.1×螺距表示。(　　)

7. 套丝时所选用板牙的内径必须符合螺杆的内径。(　　)

8. 十六烷值是评定汽油抗爆性的指标。(　　)

9. 一台发动机全部气缸的工作容积之和叫总排量。(　　)

10. 水温温度较高或温度较低都会严重影响发动机正常工作,造成燃油消耗增加,机件磨损加剧,发动机的使用寿命降低。(　　)

11. 节温器控制的冷却水循环只单纯存在大循环和小循环。(　　)

12. 汽车由发动机、底盘、电器设备和车桥四个基本部分组成。(　　)

13. 发动机由曲柄连杆机构、配气机构、燃料供给系、点火系、转向系、冷却系和起动装置等组成。(　　)

14. 气缸垫的作用是保证气缸体与气缸盖之间的紧密结合,防止进气和漏水。(　　)

15. 气门间隙过小,易产生撞击声,并使气门开启高度减少,引起进气不足、排气不净,造成发动机功率降低。(　　)

16. 前轮前束的作用是克服由前轮内倾所造成的前轮向外张开的趋势。(　　)

17. 水冷式冷却系由散热片、水泵、风扇、分水管、节温器、温度表和温度传感器等组成。(　　)

18. 差速器的作用是:能使同一驱动桥的左右车轮以不同角速度旋转并传递速度。(　　)

19. 液压制动系主要由制动阀、轮缸、鼓式(车轮)制动器、油管和制动踏板等组成。(　　)

20. 东风 EQ140 型汽车制动蹄摩擦片与制动鼓的正常间隙是:制动凸轮端为 10～15 mm;支承销端为 0.60～0.80 mm。(　　)

21. 行驶系由车架、车桥、悬架和车轮等部分组成。( )

22. 启动机换向器若失圆超过 0.1 mm，应拆下修理。( )

23. 节温器有乙醚式和蜡式两种型式，装在气缸体出水管中。( )

24. 火花塞的正常间隙一般为 0.35～0.45 mm。( )

25. 蓄电池由外壳、正极板、负极板、隔板、蒸馏水、极柱等组成。( )

26. 电路就是电流所流径的路径。( )

27. 电压是指两点间电位能之差，物体内自由电子的流动总是从高电位流向低电位。( )

28. 电流的单位是欧姆，常用字母“Ω”表示，即在 1 欧姆电阻的导线两端加 1 伏特的电压时流经导线电流为 1 安培。( )

29. 检查电解液的高度时，电解液面应高出极板 10～15 mm，若低于此数时，应添加低浓度硫酸或电解液。( )

30. 接通点火开关之后电流表不动，使用起动机时电流表指针指“0”不摆动，说明电源电路中有断路。( )

31. 若接通点火开关，电流表突然指示放电到底，表示线路短路，应迅速断开点火开关进行检查。( )

32. 化油器由通风装置、怠速装置、主喷油装置、加浓装置和加速装置组成。( )

33. 检查发动机风扇皮带的松紧度，一般是用拇指以 3～4 公斤的压力按下皮带，其挠度一般为 10～15 mm。( )

34. 行驶系的作用是改变或保持汽车行驶的方向。( )

35. 汽车走合期的行驶里程不得少于 100 km。( )

36. 由进气、压气、作功、排气过程组成的循环叫发动机的工作循环。( )

37. 四冲程发动机曲轴旋转一周(360°)，活塞上下 2 个行程，即完成一个工作循环。( )

38. 曲柄连杆机构由气缸体、气缸盖、气缸垫、活塞、活塞销、连杆、曲轴和飞轮等组成。( )

39. 油箱盖装有排气阀是为了防止油箱内产生真空。( )

40. 空气滤清器的作用是清除汽油中的杂质和水分。( )

41. 机油压力过高，则供油量不足，造成润滑不良，加速机件的磨损。( )

42. 前轮定位包括主销后倾，主销内倾，前轮内倾和前轮前束。( )

43. 汽车由发电机、底盘、电器设备和车身四个部分组成。( )

44. 活塞离曲轴中心最小距离时的位置叫上止点。( )

45. 汽油泵主要由泵体、进油阀、限油阀、膜片机构和驱动机构等组成。( )

46. 汽车底盘由传动系、转向系、制动系和冷却系四大系统组成。( )

47. 传动系由离合器、转向器、万向传动装置和驱动桥等组成。( )

48. 离合器踏板自由行程过大易造成离合器打滑。( )

49. 变速器中自锁的作用是防止同时挂进两个挡位。( )

50. 东风 EQ140 型汽车采用行星齿轮单级主减速器。( )

51. 减速器由四个行星齿轮、两个半轴齿轮、一个十字轴和差速器壳组成。( )

52. 前轮外倾的作用是使汽车能保持直线行驶稳定，使转向轻便能自动回正，使轮胎能减少磨损。( )

53. 对于高转速、高压缩比的发动机，应选用“热型”火花塞。( )

54. 东风 EQ6100-1 型汽车发动机的点火顺序是:1-6-5-2-4-3。( )

55. 汽油机点火系由蓄电池、点火开关、点火线圈、容电器、分电器和喷油器等组成。( )

56. 使用蓄电池应保持加液盖通气孔密封。( )

57. 交流发电机使用时可以将发电机的“电枢”、“磁场”两接柱短路连接或“打火”试验。( )

58. 柴油机是电火花点火,汽油机是爆燃点火。( )

59. 点火线圈由铁芯、初级线圈、磁场线圈、附加电阻等组成。( )

60. 分电器由上部的分电部分、中部的断电部分、下部的点火推迟调节装置三部分组成。( )

61. 蓄电池并联后总电压等于各单格电池电压的总和。( )

62. 交流发电机由转子、定子、换相器三部分组成。( )

63. 交流发电机调节器的特点是只有整流器,取消了电流限制器和载流继电器。( )

64. 砂轮的旋转方向应使磨屑向下方飞离砂轮。( )

65. 千斤顶缺油时,可以用制动液或其他油液代替液压油。( )

66. 连杆校验仪能够检验连杆的弯曲、扭曲、双重弯曲的程度及方位,但不能校正连杆的弯曲与扭曲。( )

67. 锯削加工时,当工件快要锯断时,锯削速度要慢,压力要轻,行程要短。( )

68. 绞削操作时,为保证孔的光洁,应正反向旋转铰刀。( )

69. 淬透性是指金属材料在热处理中获得淬透层深度的能力。( )

70. 橡胶具有优良的弹性和较高的强度和刚度,还具有耐磨、耐腐蚀和绝缘性能好等优点。( )

71. 汽油的辛烷值越高,抗爆性越好,牌号越小。( )

72. 液力传动油也称自动变速器油,是汽车液力自动传动系统的工作介质。( )

73. 汽车常用轴承按照工作时的摩擦性质,分为滑动轴承和滚动轴承两类。( )

74. 图样中的尺寸大小是以厘米为单位。( )

75. 绘制同一机件的各个基本视图比例可以不同。( )

76. 机件的每一尺寸一般只标注一次。( )

77. 正投影是投影线与投影面垂直时得到的投影。( )

78. 主视图反映了物体的高和宽。( )

79. 粗糙度是反映零件加工表面微观不平度的指标。( )

80. 符号“//”表示形状公差中的平面度。( )

81. 符号“○”表示位置公差中的同轴度。( )

82. 基准孔的下偏差为零。( )

83. 基准轴的下偏差为零。( )

84. 画图时,可以采用任意比例。( )

85. 过渡配合中存在过盈现象。( )

86. 公差是允许一个尺寸的变动量。( )

87. 图样中所标注尺寸与画图比例有关。( )

88. 半剖视图是剖切物体四分之一后得到的剖视图。( )

89. 液压缸是液压传动系统中的动力元件。( )

90. 液压控制阀是液压系统中的重要控制元件。( )
91. 把油液的液压能转换成机械能的装置称为执行元件。( )
92. 控制和调节工作液体压力的阀称流量控制阀。( )
93. 速度控制回路是控制和调节液压执行元件运动速度的单元回路。( )
94. 汽车上的液压制动系统、动力转向系统均属于容积式液压传动。( )
95. 磁路欧姆定律的表达式为$\Phi=I_N/R_m$。( )
96. 液压传动以油液为工作介质,依靠容积的变化传递运动。( )
97. 液压元件配合精度要求不高。( )
98. 千斤顶应垂直放置。( )。
99. 湿洗就是采用碱性或中性清洗剂清洗汽车零件表面的油类和脏物。( )
100. 在汽车发动机运转的大部分时间里,起动机向蓄电池充电。( )
101. 搬动蓄电池时,不可歪斜。( )
102. 柴油机烟度计常采用滤纸式。( )
103. 车长大于6 m的客车必须设置电源开关。( )
104. 车辆和总成送修时,应将车辆和总成的有关汽车说明书一并送承修单位。( )
105. 车辆技术档案的主要内容包括车辆基本情况、检测和维修记录等,但不包括事故处理记录。( )
106. 从油箱蒸发出来的汽油蒸汽,被炭罐吸附后直接被吸进进气管。( )
107. 锉削时,锉刀不可沾水、沾油。( )
108. 当发动机转速达到某一值时,耗油率达到最低。( )
109. 当汽车空调制冷系统中有空气时,高压保护可能会起作用。( )
110. 电控燃油喷射发动机D型EFI采用质量流量的方式测量进气量。( )
111. 定车牵引的半挂车和铰接式大客车大修送修标志按照汽车大修的标志或牵引车大修标志进厂大修。( )
112. 镀铬的电流效率低是因为氢析出量小。( )
113. 对零件草图进行审核,内容只有尺寸标准、技术要求。( )
114. 发动机曲轴轴颈磨损检验,需选取三个载面进行检测。( )
115. 发动机总成或汽车其他总成大修竣工后应安装限速装置。( )
116. 发动机最大功率比规定降低15%以下必须进行大修。( )
117. 发动机VTEC的切换不受车速限制。( )
118. 功率增益表示放大器放大信号功率的能力。( )
119. 整流滤波后,由V和R组成放大电路。( )
120. 焊接汽车零件时,出现变形是因焊接应力引起的。( )
121. 耗油率$g_e$小表明发动机经济性较好。( )
122. 货车车身总成大修条件是底板、栏板破损、锈蚀。( )
123. 检查机械循环球式转向器扇形齿与齿条啮合印迹时,该印迹应处在两齿面中间位置,印迹的方向大致与摇臂轴中心线相平行。( )
124. 壳体变形、破裂就是汽车后桥总成大修送修标志。( )
125. 目前汽车上空调系统大多采用立式往复压缩机和斜板盘式压缩机。( )

126. 汽缸体上平面的平面度误差(50 mm×50 mm)使用极限大于 0.10 mm。(  )
127. 汽车 ABS 能有效地提高汽车制动时的方向稳定性。(  )
128. 汽车 VIN 第十位英文字母表示生产年代。(  )
129. 汽车半轴齿轮与行星齿轮工作面斑点面积不得超过齿面的 25%。(  )
130. 汽车变速器有漏油故障,应进行大修。(  )
131. 汽车车轮制动器间隙的调整应在轮毂轴承预紧度调好后进行。(  )
132. 汽车车身涂层外观质量检查是优质的,允许有轻微划伤。(  )
133. 汽车车身外装饰带分段接口处间隙可用直尺测量。(  )
134. 汽车承修方在保证期内维修质量发生故障或提前损坏时,必须及时排除,免费维修。(  )
135. 汽车电子控制系统一般由电控单元、传感器、执行器三部分组成。(  )
136. 汽车空调独立热源取暖系统分为气暖和水暖两种。(  )
137. 汽车空调系统的转速控制是指发动机在低速运转时自动断开空调设备。(  )
138. 汽车空调蒸发器结构和冷凝器类似,由铝制芯管和散热片组成。(  )
139. 汽车前照灯检验仪一般应安在自动检测线的中间工位上。(  )
140. 汽车前轴裂纹、变形,主销承孔磨损严重应进行大修。(  )
141. 汽车所受到的空气阻力与汽车行驶速度平方成正比。(  )
142. 汽车修理工艺过程是指汽车修理的各项作业,按一定方式组合、顺序、协调进行的过程。(  )
143. 汽车修理技术规范主要指零件尺寸、表面粗糙度、精度和配合公差。(  )
144. 千斤顶应垂直放置。(  )
145. 发动机进入正常工作温度后,氧传感器的输出电压应为 0~2 V。(  )
146. 桑塔纳 2000 型轿车转向角左右都应相同。(  )
147. 湿洗就是采用碱性或中性清洗剂清洗汽车零件表面的油类和脏物。(  )
148. 试验发动机时,不得在车下工作。(  )
149. 通常把两个同频率的正弦量的相位之差称为相位差。(  )
150. 在一定的温度下,导体的电阻与导体的长度成正比,与导体的横截面积成反比。(  )
151. 我国规定,在汽车动力性试验时一般为半载。(  )
152. 汽车检测诊断制度以 1990 年交通部 13 号令为依据。(  )
153. 修理工艺卡片是有具体操作规范的。(  )
154. 液压传动以油液为工作介质,依靠容积的变化传递运动。(  )
155. 液压元件配合精度要求不高。(  )
156. 用游标卡尺也可校正量缸表的尺寸。(  )
157. 由电力驱动的汽车车窗玻璃升降器称为电动车窗。(  )
158. 在汽车发动机运转的大部分时间里,起动机向蓄电池充电。(  )
159. 汽车 ABS 系统出现故障时,由 ECU 控制 ABS 警告灯点亮。(  )
160. 中负荷齿轮油适用于低速高转矩,高速低转矩下操作传动箱、螺旋齿轮,特别是多种车用的双曲面齿轮的润滑。(  )
161. 专业分工作业法适用于车辆多、车型较单一的汽车修理企业。(  )

162. 转向盘自由转动量与汽车的最大设计车速有关。(　　)

163. 装配自动变速器各部件前,应用 206 kPa 干燥洁净的压缩空气对各油孔依次吹入压缩空气进行检验。(　　)

## 五、简 答 题

1. 汽车修保作业中常用哪些工具?
2. 汽车修理中常用的扳手有哪几种?
3. 怎样读游标卡尺?
4. 国产柴油机润滑油分几种牌号?
5. 钳工按专业分工可划分为哪几种?
6. 怎样锉削,其操作要点如何?
7. 国产汽油有哪几种牌号?
8. 国产汽车轻柴油有哪几种?
9. 国产柴油机润滑油按 100 ℃运动黏度分为哪几种?
10. 分电器主要由哪几部分组成?
11. 车辆行驶 1 000 km 后点火装置的保养工作包括哪些?
12. 在汽车修理中使用起子时应注意什么?
13. 汽车修理中使用钳子应注意些什么?
14. 国产汽车轻柴油分几种牌号?怎样选用?
15. 汽车齿轮油分几种牌号?
16. 汽车用滚动轴承有哪些基本类型?
17. 怎样钻孔,其操作要点如何?
18. 怎样刮削,其操作要点如何?
19. 变速器的作用是什么?
20. 发动机在汽车上起什么作用?
21. 配气机构由哪些主要机件组成?起何作用?
22. 汽油发动机燃料供给系起何作用?
23. 气门装置型式有几种,各由哪些机件组成?
24. 发动机水冷却系由哪些主要机件组成?
25. 转向器起什么作用?
26. 什么叫前轮前束,它起什么作用?
27. 进、排气门为什么要早开、迟闭?
28. 汽车传动系的功用是什么,由哪些主要部分组成?
29. 汽车用润滑剂主要有哪几种?
30. 汽油机燃料供给系由哪些机件组成?
31. 变速器主要由哪些机件组成?
32. 点线火圈主要由哪几部分组成?
33. 汽车用滚动轴承一般由哪几部分组成?
34. 铝合金气缸盖和铸铁气缸盖各有什么优缺点?

35. 气门杆与挺杆(或摇臂)之间为什么要有间隙?
36. 变速器乱挡的主要原因有哪些?
37. 分电器的作用是什么?
38. 火花塞的作用及构造分别是什么?
39. 汽油机点火系的作用是什么? 蓄电池点火系由哪些机件组成?
40. 配制电解液时,操作人员必须穿戴什么?
41. 在汽车电路中,调节器与发电机怎样连接?
42. 汽油泵起什么作用?
43. 化油器起什么作用?
44. 柴油机喷油泵起什么作用?
45. 汽车发电机起什么作用?
46. 硅整流发电机有何特点?
47. 机油泵起什么作用?
48. 节温器的作用是什么?
49. 汽油机不能起动,属于油路的原因有哪些? 如何检查?
50. 如何检查前轮外倾角?
51. 车轮制动器起什么作用?
52. 制动传动装置有什么作用?
53. 气压制动系由哪些主要机件组成?
54. 液压制动系由哪些主要机件组成?
55. 手制动器起什么作用?
56. 转向系起什么作用?
57. 行驶系起什么作用?
58. 离合器起什么作用?
59. 转向传动机构起什么作用?
60. 驱动桥起什么作用?
61. 减速器起什么作用?
62. 分动器起什么作用?
63. 汽车传动系的作用是什么?
64. 离合器扭转减振器起什么作用?
65. 车轮起什么作用?
66. 液压制动系失效是何原因?
67. 散热器(水箱)起什么作用? 它的构造是什么?
68. 分电器的真空调节器起什么作用?
69. 分电器离心调节器起什么作用?
70. 与直流发电机相比,交流发电机有哪些优点?

**六、综 合 题**

1. 用框式图表示东风 EQ6100-1 型发动机机油的循环路线。

2. 看图 1,识别螺纹的旋向。

图 1

3. 从车架上拆下发动机的一般步骤是什么?
4. 怎样识别蓄电池的正负极柱?
5. 汽车发动机的润滑系中为什么要安装滤清器?
6. 发动机冷却水温度过高有什么害处?
7. 柴油发动机不易启动的原因有哪些?
8. 液压制动系制动时跑偏是何原因?
9. 气压制动系制动跑偏是何原因?
10. 硅整流发电机的整流器结构是什么?
11. 汽油机点火系起什么作用?其工作原理如何?
12. 点火线圈上的附加电阻起什么作用?
13. 什么叫电功率?如何计算?
14. 试述电控发动机在正常工作过程中对喷油量的控制内容。
15. 在零件图上标注尺寸时有哪些要求?
16. 发动机的正常水温是多少?发动机温度过高和过低有何害处?
17. 直流发电机无剩磁时,如何进行充磁?
18. 汽油发动机无怠速大概有哪些原因?
19. 发动机机油压力过高的原因是什么?
20. 汽车起步时离合器发抖的原因有哪些?
21. 汽油机与柴油机的燃料供给系有哪些区别?
22. 发动机的正常水温是多少?发动机温度过高和过低有何害处?
23. 汽车充电电流过大是什么原因造成的?
24. 汽车上采用的充电方法一般是哪几种?
25. 气缸工作表面的磨损主要取决于哪些因素?
26. 发生柴油发动机无力(扭力不足)现象的原因有哪些?
27. 简述液压制动装置的特性。
28. 汽油机常发生故障的部位有哪些?
29. 对发动机的冷磨、热试有哪些要求?
30. 如何确定哪一气缸的火花塞断火?
31. 离合器发响时有哪些现象和原因?
32. 对活塞有什么要求?
33. 活塞与缸套的配合有什么要求?
34. 在真空增压式制动系中,哪些原因会造成制动液增压不良?
35. 活塞与活塞环的配合有什么要求?

# 汽车修理工(初级工)答案

## 一、填 空 题

| | | | |
|---|---|---|---|
| 1. 高辛烷值 | 2. 机油泵 | 3. 梅花 | 4. 穿心 |
| 5. 活动 | 6. 载重汽车 | 7. mm | 8. 榔头 |
| 9. 斜 | 10. 配气机构 | 11. 电源 | 12. 可燃混合气 |
| 13. 侧 | 14. 惯性 | 15. 中央电极 | 16. 指销 |
| 17. 外倾 | 18. 润滑 | 19. 轮胎气压 | 20. 1 500～2 000 |
| 21. 8 000～12 000 | 22. 消除隐患 | 23. 0.40～0.55 | 24. 混合气 |
| 25. 低压电路 | 26. 触点或白金 | 27. 用电设备 | 28. 大小 |
| 29. 电功率 | 30. 磁场 | 31. 蜡式 | 32. 真空 |
| 33. 单级 | 34. 膜片 | 35. 直流并激 | 36. 定子总成 |
| 37. 真空 | 38. 盘式 | 39. 液压 | 40. 贮气筒 |
| 41. 制动分泵 | 42. 边梁 | 43. 轮毂 | 44. 转向联动 |
| 45. 非驱动 | 46. 车轮 | 47. 差速器 | 48. 不等速 |
| 49. 整体 | 50. 双片 | 51. 风冷 | 52. 水泵 |
| 53. 点火线圈 | 54. 机械设备 | 55. 稠度下降 | 56. 环境温度 |
| 57. T | 58. 沉积物改进剂 | 59. 铜等金属 | 60. 防腐剂 |
| 61. 降凝 | 62. 天然水 | 63. 钙盐 | 64. 乙二醇 |
| 65. 液力传动系统 | 66. 外胎 | 67. 轿车 | 68. 内胎 |
| 69. 行驶速度 | 70. 生产年月 | 71. 行驶方向要求 | 72. 气压 |
| 73. 磨损 | 74. 离合器 | 75. 离合器拖滞 | 76. 悬置松动 |
| 77. 2 | 78. 扭力扳手 | 79. 油箱、油管 | 80. 相反 |
| 81. 大 | 82. 最佳可燃合气比 | 83. 车轮能自动回正 | 84. 前轮独立悬挂 |
| 85. 高低和流量 | 86. 输出扭矩 | 87. 公转 | 88. 摩擦式 |
| 89. 没有自转 | 90. 左右两侧 | 91. 轮毂 | 92. 气压制动系 |
| 93. 漏损时 | 94. 蓄电池 | 95. 气制动力 | 96. 冷车机油 |
| 97. 单缸喷油器工作不好 | | 98. 传动轴严重不平衡 | |
| 99. 供给稍稀 | 100. 循环球式 | 101. 相同反向油压 | 102. 下坡时 |
| 103. 内外轮 | 104. 重心下降 | 105. 相对位置 | 106. 分配调节装置 |
| 107. 20 km/h | 108. 烟度值 | 109. 离心力 | 110. 空气供给系统 |
| 111. 高压油 | 112. 全轮驱动 | 113. 弹性元件 | 114. 左右半轴 |
| 115. 制动热稳定性能好 | | 116. 串联 | 117. 电量转变 |
| 118. 大小 | 119. 最终检验和试验 | | 120. 单向导电性 |

121. 集射极反向击穿电压　122. 磨损最大的一道　123. 修理工时
124. 诊断测试模式　125. 00668 汽车 30 号线线路端电压信号超差
126. 次级点火线圈断路　127. 不能建立电压　128. 减少
129. 降低　130. 氧传感器　131. 相同　132. 发动机转速
133. 高于　134. 黄色　135. 电动机　136. 维护
137. 进油节流调速　138. 微型计算机　139. ＋1.00 mm　140. 曲轴箱串气量
141. 流动方向　142. 电控点火提前控制　143. 三元催化器失效
144. 判缸传感器开路　145. 光轴偏斜量　146. 增多　147. 压力波形
148. 电脑(ECU)　149. 相反　150. 过低　151. 工艺
152. 备用电源　153. 踏板感应　154. 混合比过浓　155. 成倍增大
156. 分别进行　157. 两个　158. 调压器　159. 锉削法修理
160. 酒精

## 二、单项选择题

1. A　2. A　3. C　4. C　5. C　6. B　7. D　8. A　9. D
10. D　11. A　12. C　13. D　14. B　15. C　16. C　17. A　18. D
19. D　20. A　21. B　22. B　23. B　24. D　25. D　26. A　27. A
28. B　29. A　30. C　31. D　32. A　33. B　34. D　35. A　36. D
37. D　38. D　39. C　40. A　41. A　42. D　43. B　44. D　45. C
46. A　47. B　48. D　49. A　50. D　51. D　52. A　53. B　54. B
55. B　56. A　57. C　58. C　59. C　60. C　61. D　62. C　63. B
64. C　65. B　66. B　67. B　68. A　69. B　70. C　71. A　72. A
73. A　74. C　75. C　76. B　77. B　78. C　79. A　80. A　81. D
82. A　83. D　84. B　85. C　86. B　87. C　88. B　89. B　90. B
91. A　92. A　93. A　94. A　95. D　96. D　97. A　98. C　99. B
100. B　101. C　102. D　103. A　104. A　105. B　106. A　107. A　108. B
109. A　110. C　111. D　112. A　113. A　114. B　115. A　116. A　117. A
118. B　119. D　120. A　121. A　122. A　123. D　124. C　125. C　126. A
127. C　128. C　129. B　130. A　131. C　132. A　133. B　134. B　135. C
136. A　137. D　138. A　139. C　140. D　141. A　142. D　143. D　144. C
145. C　146. A　147. C　148. A　149. A　150. D　151. A　152. B　153. D
154. A　155. A　156. C　157. C　158. A　159. C　160. A　161. D

## 三、多项选择题

1. ABD　2. ABCD　3. BCD　4. ABCD　5. ABC　6. BCD
7. ABDE　8. BCD　9. BCD　10. BCD　11. ABD　12. AB
13. AB　14. BC　15. ABD　16. ABCDE　17. ABCDE　18. BD
19. BC　20. ACD　21. BCD　22. ACD　23. BC　24. ABC
25. ABC　26. ABC　27. BC　28. AE　29. BCDEF　30. AB

31. ABCE　32. BC　33. ACDE　34. CDE　35. AB　36. CD
37. ABC　38. AB　39. ABCD　40. ABDE　41. ABC　42. AC
43. ABCE　44. BCDEF　45. AB　46. ABCDE　47. ABC　48. BD
49. ABC　50. AB　51. AB　52. ACDE　53. AB　54. AD
55. ACD　56. ABCE　57. ACE　58. AD　59. BDE　60. BCD
61. ACD　62. BCDE　63. BCDE　64. ABC　65. ABC　66. AB
67. CDE　68. BCDE　69. ACE　70. BDE　71. ACD　72. BCD
73. ACDE　74. BC　75. AC　76. ABC　77. ACDE　78. ABCDE
79. ACDE　80. BD　81. ABC　82. BD　83. BCD　84. AD
85. DE　86. ABCD　87. ACD　88. ABCE　89. ABD　90. BDE
91. ACE　92. CE　93. ABC　94. ACE　95. ACD　96. ACDE
97. ABCD　98. ACDE　99. BE　100. BDE

## 四、判 断 题

1. ×　2. ×　3. ×　4. √　5. √　6. ×　7. ×　8. ×　9. √
10. √　11. ×　12. ×　13. ×　14. ×　15. ×　16. ×　17. ×　18. ×
19. ×　20. ×　21. √　22. ×　23. ×　24. ×　25. ×　26. √　27. √
28. ×　29. ×　30. √　31. √　32. ×　33. ×　34. ×　35. ×　36. √
37. √　38. ×　39. ×　40. √　41. √　42. ×　43. √　44. ×　45. ×
46. ×　47. ×　48. ×　49. ×　50. ×　51. √　52. ×　53. ×　54. ×
55. ×　56. ×　57. ×　58. ×　59. ×　60. ×　61. ×　62. ×　63. ×
64. √　65. ×　66. ×　67. √　68. ×　69. √　70. ×　71. ×　72. √
73. √　74. ×　75. ×　76. √　77. √　78. ×　79. √　80. ×　81. ×
82. √　83. ×　84. ×　85. √　86. √　87. ×　88. ×　89. ×　90. √
91. √　92. ×　93. √　94. √　95. √　96. ×　97. ×　98. √　99. √
100. ×　101. √　102. √　103. ×　104. ×　105. ×　106. ×　107. √　108. √
109. √　110. ×　111. ×　112. ×　113. ×　114. ×　115. √　116. ×　117. ×
118. √　119. ×　120. √　121. √　122. ×　123. √　124. √　125. √　126. ×
127. √　128. √　129. √　130. ×　131. √　132. √　133. ×　134. √　135. √
136. √　137. √　138. √　139. √　140. √　141. ×　142. √　143. √　144. √
145. ×　146. √　147. √　148. √　149. √　150. √　151. ×　152. √　153. √
154. ×　155. ×　156. ×　157. √　158. ×　159. √　160. √　161. √　162. √
163. √

## 五、简 答 题

1. 答:常用工具有起子、钳子(1 分)、锒头、扳手(1 分)、刮刀、手锯(1 分)、锉刀、铰刀(1 分)丝锥、板牙等(1 分)。

2. 答:扳手的种类很多,用途各有不同,在汽车修理中常用的扳手有:开口扳手(1 分)、梅花扳手(1 分)、套筒扳手(1 分)、活动扳手(1 分)、管子扳手(1 分)。

3. 答:读游标卡尺的方法是:主尺刻度线读整数,游标刻线读小数(3 分),就是说当测得某一尺寸时,先读副尺零线左边主尺上的数是否为整数,再看副尺上哪一条线与主尺上的刻线相对齐,由此读出小数(2 分)。

4. 答:国产柴油机润滑油按 100 ℃运动黏度分为 8 号、11 号、14 号、16 号、20 号五种(3 分),根据生产工艺的不同,还有稠化 11 号、稠化 14 号两种及增压柴油机油等(2 分)。

5. 答:钳工工种可以分为普通钳工、划线钳工(1 分)、工具钳工、模具钳工、机修钳工(1 分)、装配钳工等(1 分)。

6. 答:在锉削时,右腿在后伸直,左腿在前并稍弯,身体稍向前倾,重心落于左脚(1 分)。两手握住锉刀放在工件上,左臂弯曲,右小臂与工作表面始终保持水平而自然(1 分)。前推用力,锉刀收回时,不加压力(1 分)。锉刀始终保持平直,以每分钟往返 30～50 次为宜(2 分)。

7. 答:国产汽油有四种牌号:(1)66 号(2 分);(2)70 号(1 分);(3)80 号(1 分);(4)90 号(1 分)。

8. 答:国产汽车轻柴油有下列四种:(1)0 号(2 分);(2)－10 号(1 分);(3)－20 号(1 分);(4)－35 号(1 分)。

9. 答:分为五种:(1)8 号(1 分);(2)11 号(1 分);(3)14 号(1 分);(4)16 号(1 分);(5)20 号(1 分)。

10. 答:分电器由下列四部分组成:(1)断电部分(1 分);(2)分电部分(1 分);(3)容电器(1 分);(4)壳体、点火时间调节装置等机件(2 分)。

11. 答:(1)清除配电器盖和壳体外表面的灰尘和油污。(1 分)

(2)检查初级电路的连接,并加以紧固。(2 分)

(3)擦净火花塞外表面的污垢。(2 分)

12. 答:(1)起子口应适当磨砺,磨的时候要保持口端边的平行,不要磨成单边斜形(1 分)。(2)使用前应擦净起子柄上和端口上的油污防止工作时滑脱(1 分)。(3)起子口端要与螺栓、螺钉槽口相适应,且大小合适(1 分)。(4)使用时以右手持起子,手心抵住柄端按需要方向旋动(1 分)。(5)起子不可当撬棒使用或用手锤打击起子把,也不可在起子与起子口处用扳手或钳子来增加扭力,以防起子弯曲损坏(1 分)。

13. 答:(1)使用前应擦净钳子上的油污,防止工作时滑溜,工作后应保持清洁。(1 分)

(2)使用时必须先把工作物夹牢,然后再用力切割或扭弯。(2 分)

(3)不可用钳子代替扳手,也不可用钳柄当撬棒撬动物件,防止弯曲或损坏。(2 分)

14. 答:有 0 号、－10 号、－20 号、－35 号四种。

选用柴油的凝点,应低于季节最低温度 3～5 ℃。(1 分)

(1)0 号轻柴油适合全国各地区 4～9 月份使用,长江以南地区冬季也可使用。(1 分)

(2)－10 号柴油适合于长城以南地区冬季和长江以南地区严冬使用。(1 分)

(3)－20 号柴油适合于长城以北和西北地区严冬使用。(1 分)

(4)－35 号柴油适合于东北和西北地区严冬使用。(1 分)

15. 答:汽车齿轮油(传动润滑油)按 100 ℃运动黏度分为 20 号、30 号齿轮油和普通齿轮油,以及 22 号、28 号双曲线齿轮油。(5 分)

16. 答:滚动轴承按照承受载荷方向的不同,可分为向心轴承、推力轴承和向心推力轴承三种类型(2 分)。而按照滚动体的形状,又可分为球轴承、滚子轴承和滚针轴承三类。球轴承和滚子轴承都可以做成单列或双列的形式(3 分)。

17. 答:钻孔前先要用中心冲打出钻孔的中心,直径在 10～12 mm 以上的孔要分两次钻,第一次用小直径头(6～8 mm),第二次将孔钻成(2 分)。钻孔时,钻头会因发热而失去原有的硬度,因而要进行冷却(1 分)。在钢料和铝料上钻孔时,用肥皂水或矿物油;在铅件上钻孔时,用煤油或肥皂水(1 分)。在铸铁和青铜件上钻孔时可以不进行冷却(1 分)。

18. 答:刮削分粗刮、细刮和精刮(2 分)。粗刮应当加大压力或行程,刮削量大(1 分)。细刮时,应将工件表面涂一层薄显示剂,然后将刮削的配合件合拢,用手轻移动数次,取下工件,用中型刮刀刮去显示剂被磨掉的部分,用力要均匀平稳,不要挖削(1 分)。精刮时,刀刃必须锋利,均匀用力刮去显示剂被磨掉的部分,而且要刮大留小,使接触面不断扩大,最终达到技术要求为止(1 分)。

19. 答:(1)传递发动机的动力,可以适应汽车行驶阻力的变化,来改变汽车行驶的力量和速度(1 分)。

(2)在不改变发动机曲轴转动方向的情况下,可使汽车倒行(1 分)。

(3)空挡时,能保证发动机空转,不使发动机的动力传给驱动车轮(1 分)。

(4)带有取力装置的,还可通过取力器将动力传给铰盘或倾卸汽车的油压泵(2 分)。

20. 答:发动机是汽车的动力装置(1 分),其作用是将燃料燃烧所产生的热能转变为机械能,并通过传动机构,驱动车轮转动,使汽车行驶(2 分)。

21. 答:配气机构由气门、凸轮轴等主要机件组成(2 分)。

其作用是:按照发动机每一气缸的工作循环和着火顺序的要求,定时开启和关闭各气缸的进、排气门,使可燃混合气(汽油机)或新鲜空气(柴油机)得以及时进入气缸,废气得以及时从气缸排出(3 分)。

22. 答:是将纯净的汽油和空气按一定的比例混合成具有一定流量的可燃混合气,输入气缸,与残存在燃烧室内的废气混合燃烧作功(5 分)。

23. 答:根据安装位置不同,可分为侧置式和顶置式两种(1 分)。侧置式由气门、气门座、气门导管、气门弹簧及弹簧座、锁片、气门挺杆及导管、调整螺栓以及凸轮轴和正时齿轮等机件组成(2 分)。顶置式气门装置除具有侧置式的机件外,还有推杆、摇臂、摇臂轴等,而且一般均设在气缸盖上(2 分)。

24. 答:由散热器、水泵(1 分)、分水管、风扇(1 分)、风扇皮带、节温器(1 分)、水温表等机件组成(2 分)。

25. 答:是将驾驶员施于转向盘上的力,通过它传给转向机构,同时还能以较大的传动比,来减轻施于转向盘的作用力,使转向器操作轻便灵活(5 分)。

26. 答:汽车两前轮的后端距离大于前轮的前端距离,其差值即称为前轮前束(2 分)。

前轮前束的作用是克服由前轮外倾所造成的前轮向外张开的趋势,使前轮在行驶时相互平行,以减少行驶阻力,减轻轮胎磨损,从而降低燃料消耗(3 分)。

27. 答:是为了使发动机在工作时,进气能够进得更充足,排气能排得更彻底,从而增大发动机功率(5 分)。

28. 答:将发动机发出的动力传递给驱动轮,从而产生牵引力,以推动汽车行驶(2 分)。

目前一般汽车大都采用机械式传动系(1 分),它由离合器、变速器、带万向节的传动轴和具有减速器、差速器和半轴的驱动桥组成(2 分)。

29. 答:主要有下列三种:(1)发动机润滑油(2 分);(2)齿轮油(2 分);(3)润滑脂(1 分)。

30. 答:由下列五个机件组成:(1)汽油泵(1 分);(2)进、排气管(1 分);(3)空滤器(1 分);(4)消声器(1 分);(5)油箱、化油器等(1 分)。

31. 答:(1)第一轴(0.5 分);(2)第二轴(0.5 分);(3)中间齿轮轴(1 分);(4)倒挡轴(1 分);(5)飞轮(0.5 分);(6)变速器壳、盖以及齿轮、轴承、油封和操纵机构等机件(1.5 分)。

32. 答:由(1)初级线圈(1 分)、(2)次级线圈(1 分)、(3)附加电阻(1 分)、(4)铁芯等组成(2 分)。

33. 答:由(1)滚动体(1 分)、(2)内座圈(1 分)、(3)外座圈(1 分)、(4)保持架等组成(2 分)。

34. 答:铝合金气缸盖的主要优点是重量轻,导热性较好,对提高压缩比有利,可使能量利用率更高;它的主要缺点是刚度低,使用中易变形(3 分)。

铸铁气缸盖的主要优点是机械强度高,铸造性能和耐热性好;其主要缺点是重量大,导热性差(2 分)。

35. 答:发动机工作时,会因气门杆受热膨胀而使气门关闭不严,因此,在气门杆与挺杆(或摇臂)之间应留有适当的间隙(2 分)。如间隙过大,会使气门迟开、早闭,引起充气不足,排气不畅,使发动机功率下降,并会发出"嗒、嗒"的撞击声(1 分)。如间隙过小,则会使气门关闭不严,引起化油器回火和消声器放炮,甚至使气门与气门座的工作面烧坏(2 分)。

36. 答:变速器乱挡的主要原因是操纵机构失效(1 分):

(1)变速杆球头定位销松旷或球头磨损严重(2 分);

(2)变速杆下端工作面磨损,或拨叉的导块凹槽磨损过大(1 分);

(3)拨叉轴、顶销、锁球凹槽磨损严重(1 分)。

37. 答:接通或切断低压电路,使点火线圈产生高压电流,将高压电流按发动机的点火顺序轮流分配给各气缸的火花塞上(5 分)。

38. 答:是使高压电流跳过电极之间的空隙而产生火花,用以点燃气缸中的可燃混合气(2 分)。火花塞由外壳(常为侧电极)、中央电极、绝缘体等部分组成(3 分)。

39. 答:点火系的功能是在汽油发动机各个气缸压缩行程将近终了时,产生电火花引燃工作混合气,使发动机作功(2 分)。通常由蓄电池、点火线圈、断电器、容电器、分电器、高压导线及火花塞等机件组成(3 分)。

40. 答:(1)穿戴防护眼镜(1 分);

(2)防酸手套(1 分);

(3)防酸围裙(1 分);

(4)高统胶靴(1 分);

(5)口罩(1 分)。

41. 答:(1)调节器的"磁场"接柱接发电机的"磁场"接柱(1 分);

(2)调节器的"电枢"接发电机的"电枢"(1 分);

(3)调节器的搭铁螺钉接发电机的搭铁螺钉(1 分);

(4)调节器的“电池”接线柱与电流表“－”接线柱相连(指正极搭铁,若为负极搭铁则应接电流表“＋”接线柱)(2 分)。

42. 答:汽油泵的作用是:将汽油从油箱中吸出,并压送到化油器的浮子室,并使浮子室保持调定的油面高度(5 分)。

43. 答:化油器的作用是:根据发动机不同工况的需要,将汽油与空气按一定的比例混合成可燃混合气,并及时适量地供入气缸(5 分)。

44. 答:喷油泵的作用是:将输油泵送来并具有一定压力的柴油,提高到一定高压,按照发动机的不同工况定时、定量地通过喷油器供气缸(5 分)。

45. 答:在发动机正常工作情况下,发电机除向点火系及其他用电设备供电外,还对蓄电池充电(5 分)。

46. 答:硅整流发电机是一种交流发电机,经硅二极管整流后输出直流电。硅整流发电机具有重量轻、结构简单、维修方便以及在低速时充电性能好等特点(5 分)。

47. 答:机油泵将油底壳里的机油压送到滤清器,经各润滑油道以润滑发动机的各运动机件,并使机油得到滤清(5 分)。

48. 答:节温器在气缸盖的出水管中,它能自动调节冷却水的循环路线,以保证发动机启动后能较快的升温,运转中又不致出现水温过低、过高的现象(5 分)。

49. 答:其原因是混合气过浓或过稀。

其检查方法是:

(1)检查汽化器起动装置是否调整适当(1 分);

(2)浮子室油平面是否过高或过低(1 分);

(3)主量孔油道是否堵塞(1 分);

(4)汽化器与进气管接口垫是否漏气(1 分);

(5)检查供油系供油情况是否正常(1 分)。

50. 答:可用前轮定位仪进行检查(1 分)。检查前,轮胎气压应符合规定,先将前轮停置于直线行驶位置,并用仪表的平面与车轮垂直,表面的轴线与胎体纵断面平行。当调整标尺至水平位置时,所指刻度为前轮外侧角度(2 分)。若无测量仪具时,可用 90°的大角尺对准车轮中心,测量车轮轮辋上下边缘和角尺之间的距离之差,即由测得的直角三角关系,可求得相当于该厂牌汽车外倾角的相应值(2 分)。

51. 答:其作用是使行驶中的汽车迅速降低车速或完全停止,有的车轮制动器还兼有停车制动器的作用(5 分)。

52. 答:其作用是供给制动器以能源或动力,控制制动器工作,使之产生所需要的制动力矩(5 分)。

53. 答:主要由空气压缩机、空气压力表、贮气筒、制动阀、制动气室、车轮制动器以及输气管路、制动踏板等机件组成(5 分)。

54. 答:主要由制动踏板、制动总泵、制动分泵、车轮制动器及输油管路等组成(5 分)。

55. 答:手制动器又称驻车制动器,其作用是汽车停放时不能溜走(2 分);正常行驶中,不可使用手制动器(3 分)。

56. 答:其作用是当左右转动转向盘时,通过转向联动带动前轮,使汽车按驾驶员的意图改变行驶方向(5 分)。

57. 答:其作用是:承受汽车的全部重量,传递牵引力,并缓和地面对汽车的冲击,以保证汽车可靠、平稳地行驶(5分)。

58. 答:其作用是:保证汽车平稳起步;保证顺利地变换速度;防止冲击传动机构(5分)。

59. 答:其作用是把转向器传来的力传至转向车轮,使它偏转或回正(5分)。

60. 答:驱动桥是汽车传动系中最后一个总成,其作用是将从变速器方面输入的动力最后传给驱动轮(5分)。

61. 答:其作用是:改变动力传递的旋转轴线方向,同时降低转速,增大扭矩,带动差速器(5分)。

62. 答:(1)将变速器输出的动力分送到各驱动桥,并可使前桥与动力接合或分离(2分);

(2)可进一步增大驱动车轮的扭矩,以提高汽车的越野性能(3分)。

63. 答:其作用是:将发动机输出的动力传递给驱动轮,从而产生牵引力,以推动汽车行驶(5分)。

64. 答:其作用是:吸引发动机对传动机构的扭转振动,减少因汽车紧急制动(离合器不分离)或离合器接合过猛而造成对传动机构的冲击负荷(5分)。

65. 答:汽车车轮的作用是支承全车的重量,并通过轮胎与地面的接触而实现汽车运动。同时转向车轮还担负引导汽车行进方向的任务(5分)。

66. 答:原因:

(1)总泵内无油或缺油(1分)。

(2)总泵皮碗踏翻或损坏(1分)。

(3)某机械联接部位脱开(1分)。

(4)制动油管破裂或接头漏油(1分)。

(5)制动液管路.分泵等处有空气(1分)。

67. 答:其作用是将水从水套中所吸收的热量,传递到空气中去(1分),并在一定程度内阻止水的蒸发,保证冷却系内有足够的冷却水(2分)。散热器由水箱盖、上水室、下水室、散热器芯子、散热片、放水开关等组成(2分)。

68. 答:其作用是随发动机负荷的变化而自动调节点火提前角度(1分)。当发动机负荷小时,由于节气门开度较小,进入气缸内的混合气较少,而残留在气缸中的废气对混合气冲淡作用较大,混合气燃烧缓慢,所以点火提前角必须增大(2分)。相反,负荷大时,点火提前角须减小(2分)。

69. 答:其作用是随发动机转速的变化而自动调节点火提前角度(2分)。当发动机转速增高时,混合气燃烧时间缩短,为使混合气能及时燃烧,点火提前角随发动机转速的增高而增大;相反,发动机转速降低时,点火提前角随之减小(3分)。

70. 答:(1)体积小(0.5分);(2)重量轻(0.5分);(3)结构简单,维修方便,使用寿命长(0.5分);(4)发动机低速运转时就可对蓄电池充电(0.5分);(5)配用的调节器结构简单(1分);(6)对无线电干扰小(1分);(7)铜耗量低(1分)。

## 六、综 合 题

1. 答:东风EQ6100-1型发动机机油的循环线路见图1。

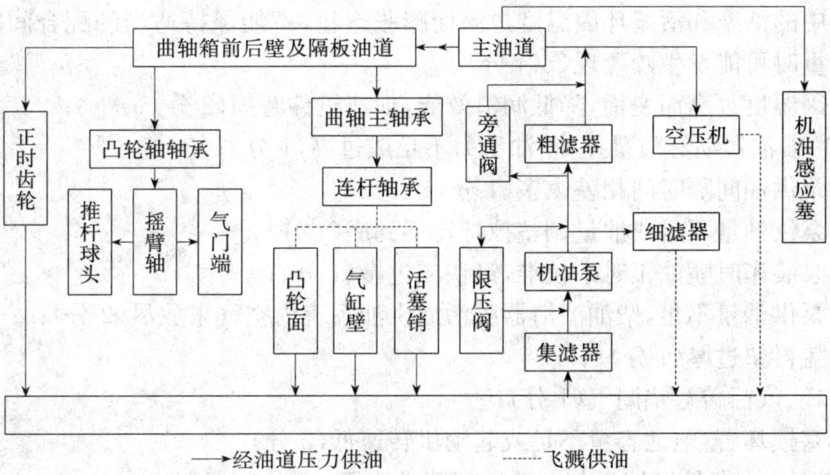

图 1

(10 分)

2. 答:为右螺纹(10 分)。

3. 答:(1)放出散热器及水套内的冷却水,放出油底壳内的机油,关闭汽油箱开关,拆下油管接头(1 分)。

(2)卸下蓄电池极柱上的夹头后,再拆下发动机上的全部电线(1 分)。

(3)拆下发动机罩、散热器及附属装置(1 分)。

(4)拆下各种拉线、拉杆、排气管(2 分)。

(5)拆下变速箱(2 分)。

(6)拆下发动机撑杆及前后支架螺栓(2 分)。

(7)用吊具将发动机吊下(1 分)。

4. 答:新蓄电池正极桩上刻有"+"号或涂以红色,负极桩上刻有"—"号或涂以蓝或白色(2 分)。旧蓄电池可用下列方法识别:

(1)极桩颜色较深的为正极桩,颜色较浅的为负极桩(2 分)。

(2)用直流电流表测量:将直流电流表的"+"、"—"两接线柱分别接蓄电池两极桩,如指针转向正确,则接"+"的极桩为正极,接"—"的为负极(2 分)。

(3)将两极桩连接导线浸入稀硫酸溶液或盐水、碱水中,注意两导线不相接触,在两线头周围可有气泡产生,产生气泡较多的为负极(2 分)。

(4)利用土豆识别,将蓄电池两极桩的导线磨光露出铜线分别分别插入一个土豆的两侧内,并使两导线不相接触,导线周围变成绿色的为正极(2 分)。

5. 答:在发动机工作过程中,由于零件磨损而产生的金属微粒,以及未完全燃烧而遗留下的积炭胶质和吸气带入的灰尘积土后等,将侵入机油使之变脏、变质(5 分)。这些杂质如果随同机油进入摩擦表面,将会加速发动机零件的磨损,并能堵塞油道,使发动机得不到良好的润滑。因此,现代汽车上,都装有集滤器、粗滤器和细滤器,以清除机油中的杂质,减轻机件的磨损并延长机油的使用期限(5 分)。

6. 答:(1)气缸及进气道温度过高,吸进的混合气受热膨胀,使进入气缸的混合气数量减少,发动机的动力降低,同时,还易引起混合气爆燃,破坏发动机的正常工作(4 分)。

(2)气缸中的活塞和活塞环因温度过高而膨胀逾量，不能保持适当的配合间隙，造成摩擦阻力增加，严重时可能发生咬死现象(4 分)。

(3)机油因温度过高而变稀，降低润滑效能，加速机件磨损(2 分)。

7. 答:(1)喷油器喷雾质量差，喷油压力不足或过高(1 分)；

(2)喷油泵供油间隔时间相差太多(1 分)；

(3)喷油泵供油量不足或油量调整拉杆拉不到底(1 分)；

(4)喷油泵装车时喷油正时未校准，过快或过慢(1 分)；

(5)输油泵供油量不足，柴油滤清器脏污或供油系统内空气未放尽(2 分)；

(6)气缸盖衬垫过厚(1 分)；

(7)活塞环、气门盖衬垫漏气(1 分)；

(8)电热塞损坏、蓄电池容量不足或起动机转速低(2 分)。

8. 答:(1)左、右车轮摩擦片与制动鼓间隙大小不一致(2 分)。

(2)个别车轮摩擦片有油污、硬化或铆钉外露(2 分)。

(3)各车轮摩擦片材料不一样或新旧摩擦片分布不均匀(1 分)。

(4)个别分泵内有空气，活塞运动不灵活，皮碗发胀或油管堵塞(2 分)。

(5)左、右车轮制动蹄回位弹簧拉力相差太大，左、右轮胎气压不一致(2 分)。

(6)个别制动鼓失圆(1 分)。

9. 答:(1)左、右车轮制动蹄片与制动鼓间隙不一致，摩擦片材料不同或接触面不一致(2 分)；

(2)个别车轮摩擦片有油污、硬化或铆钉外露(2 分)；

(3)个别制动气室推杆弯曲变形，膜片破裂，气管或接头漏气(2 分)；

(4)个别车轮的凸轮被卡住(1 分)；

(5)各车轮制动蹄回位弹簧拉力相差太大(2 分)；

(6)个别制动鼓失圆(1 分)。

10. 答:整流器由六只二极管组成，引线和外壳分别是它的两个电极(2 分)。在负极搭铁的交流发电机中，压装在后盖上的三只二极管，引线为负极，外壳为正极；压装在元件板上的三个硅二极管，引线为正极，外壳为负极，俗称正极管子(4 分)。元件板也由铝合金制成，它与后端盖之间用绝缘材料隔开，由螺栓通至后端盖外部，作为发电机的火线接柱，标记为“电枢”或是“+”(4 分)。

11. 答:点火系的功能是在汽油发动机各个气缸压缩行程终了时，产生电火花引燃工作混合气，使发动机作功(4 分)。通常用的蓄电池点火系，由蓄电池、分电器、点火线圈、火花塞、点火开关等机件组成(2 分)。工作时蓄电池或发电机供给 6 V 或是 12 V 低压电流，通过点火线圈初级线路和断电器的作用，以及点火线圈次级线路的感应升压，使之转变为高压电流，再通过分电器按一定次序和时刻分配到各气缸的火花塞实现点火(4 分)。

12. 答:点火线圈上的附加电阻是一只热变电阻，其电阻值随着温度升高而增大(2 分)。当发动机转速低时，分电器断电器触点闭合时间长，通过低压线圈的平均电流强度大，附加电阻温度升高，电阻值增大，低压电流减小，点火线圈不会过热(4 分)。当发动机转速增高时，触点闭合时间短，通过平均电流强度小，附加电阻温度降低，电阻值减小，电阻强度相对增大，从而保证了发动机高转速下也能产生强的火花，起到改善点火性能的作用(2 分)。起动发动机时因需较强的电火花,且不因蓄电池由于启动机耗用较大电流而降压使电火花变弱,故使用起动机时,点火线圈附加电阻是被短路的(4 分)。

13. 答:电流通过电灯会发光,通过电炉会发热,通过电动机会使电动机转动,所有这些都是电流作了功的表现(4 分)。电流在单位时间内所作的功称为电功率,用 $P$ 表示。

电功率=电压×电流或 $P=UI$(2 分)

由欧姆定律 $U=IR$,则电功率又可写为:$P=I^2R$ 或 $P=(U^2/R)$

电功率的单位是瓦特,以 W 表示,简称为瓦,大功率用千瓦(kW)表示。

1 千瓦(kW)=1 000 瓦特(W),1 马力=735 瓦特(W),1 千瓦(kW)=1.36 马力(4 分)。

14. 答:电控发动机在正常工作过程中对喷油量的控制包括对基本喷油量、喷油修正量和喷油增量的控制(3 分)。

基本喷油量:电脑根据进气量信号和转速信号进行计算。发动机负荷越大,基本喷油量越大(2 分)。

喷油修正量:电脑根据进气温度信号、大气压力信号和氧传感器信号等对喷油量进行修正。进气温度越低,喷油量应该越大;大气压力越高,喷油量应该越大。电脑利用氧传感器信号实现对喷油量的闭环控制(2 分)。

喷油增量:电脑根据水温信号和节气门信号等计算喷油增量。冷却液温度越低,喷油量应该越大。节气门开度快速增大时,应该增大喷油量(3 分)。

15. 答:(1)清晰:尺寸布局要层次分明,数字、代号清晰,尺寸界线整齐,而且必须符合《机械制图》中的规定(4 分)。

(2)完整:零件结构形状的定形和定位尺寸必须标注完整,不重复(2 分)。

(3)合理:尺寸的标注既要满足设计要求,又要考虑方便制造和测量(4 分)。

16. 答:发动机在工作时,有一部分可燃混合气和废气漏入曲轴箱内,从而产生一系列危害(5 分)。采用曲轴箱通风,能使曲轴箱内的可燃混合气、废气、水蒸气和润滑油雾等及时地排出,同时降低曲轴箱内压力,减轻润滑油从密封面挤出的趋势(5 分)。

17. 答:可将蓄电池的火线与发动机的磁场接柱接触 2~3 s 即可(10 分)。

18. 答:(1)供油不足或供油过剩(3 分);

(2)火花塞工作不良(2 分);

(3)分电器白金烧蚀(3 分);

(4)点火过早或过迟(2 分)。

19. 答:(1)机油粘度过高(2 分);

(2)限压阀调整不当(2 分);

(3)气缸体润滑油道有堵塞处(2 分);

(4)机油滤清器阻塞且旁通阀又不能顶开(2 分);

(5)机油表或机油压力表感传器不良(2 分)。

20. 答:(1)多分离杠杆内端高低不一(4 分)。

(2)压盘翘曲不平,压盘弹簧弹力不均(2 分)。

(3)离合器从动盘铆钉松动,摩擦片表面不平(4 分)。

21. 答:汽油机供给系由汽油箱、汽油滤清器、汽油泵、油管、化油器、进排气歧管和空气滤清器等组成(4 分)。柴油机供给系的组成与汽油机大体相似,其区别是柴油机的供给系没有化油器，而代之的是喷油泵、喷油器及高压油管（2分）。汽油机供入气缸的是可燃混合气，而柴油机供给系供入气缸的是纯空气，在压缩行程接近终了时，柴油才从喷油器呈雾状喷入气缸，随即发火燃（4分）。

22. 答：发动机的正常水温应保持在80～90 ℃之间（5分）。水温过高或过低都会严重影响发动机的正常工作，造成燃油消耗增多，机件磨损加剧，减少发动机的使用寿命（5分）。

23. 答：属于调节器的故障有：节压弹簧拉力过强、气隙过大、节压器限压电压调整过大、节流器限额电流及气隙调整过大（5分）。

属于发电机内部的故障有：发电机电枢和磁场接线柱或导线有短路之处（5分）。

24. 答：汽车上采用的充电方法一般有：（1）定电压充电法；（2）使用本车发电机充电（10分）。

25. 答：（1）活塞环与气缸壁之间的压力（2分）；

（2）燃烧气体的高温作用，使活塞、活塞环与气缸的工作温度很高（2分）；

（3）活塞、活塞环运动速度的变化，使气缸工作表面不能形成稳定的润滑油膜（2分）；

（4）腐蚀性物质的影响（2分）；

（5）磨料磨损（2分）。

26. 答：柴油发动机无力的原因：

（1）发动机气门间隙不正确（1分）。

（2）低压油路供应不足，输油泵工作不良或油路中有堵塞或有空气产生气阻（2分）。

（3）柴油中有水（1分）。

（4）空气滤清器或柴油滤清器堵塞（1分）。

（5）喷油时间过早或过晚（1分）。

（6）个别缸不工作或工作不良（1分）。

（7）喷油器或喷油泵调节不正确或有磨损而达不到要求（2分）。

（8）气缸因间隙过大，窜气窜油而无力（1分）。

27. 答：（1）容易保证前后车轮制动力的正确分配（1分）；

（2）系统内的密封要求严格，如是单回路系统，则一处漏油就可能造成整个系统失效（2分）；

（3）制动液的黏度受行驶时外界温度的影响，低温时变黏，高温时可能汽化，影响制动效果（2分）；

（4）不能保持长时间制动（1分）；

（5）可以设置各种加力器，以获得较大的制动力（2分）；

（6）制动后释放迅速，一般无滞后现象（2分）。

28. 答：常发生故障的部位是供油系、点火系两个部分（2分）。

（1）供油系时常发生故障的部位有：汽油滤清器、汽油泵、化油器和各连接油管等部分（4分）。

（2）点火系统常发生故障的部位有：蓄电池、点火线圈、分电器、火花塞和连接低、高压的导线等部分（4分）。

29. 答：（1）冷磨时，应用稀薄机油（2分）。

（2）冷磨、热试转速应逐渐增加。多阶段的磨合转速应按标准规定，热试负荷也应分阶段按工艺标准执行。磨合时间:应按工艺标准的规定(4 分)。

(3)热试过程中应进行必要的调整,使发动机运转正常,无敲击声。水温一般不应超过 85 ℃,热试后应更换润滑油及机油细滤芯(2 分)。

(4)对经冷磨和热试的发动机,必须进行拆检、清洗,以保证磨合正常,延长其使用寿命。因此,在冷磨、热试过程中必须拆检一次,检查磨合情况,彻底清洗零件及油道。如冷磨后拆检,则在热试后必须抽出全部活塞,检查活塞及气缸壁磨合情况应不偏缸、不拉缸,各配合部位磨合良好(2 分)。

30. 答:气缸不工作的检查方法,可用起子逐缸使火花塞接铁短路,即用起尖触及发动机的气缸盖,起子与火花塞接线柱相接触,根据听觉和视觉来判断(5 分)。某缸火花塞短路后,发动机的运转较前不平稳,则说明此缸是工作的。照此方法将各缸逐一检查。若发现发动机不受影响,便说明这只气缸就是原来不工作的(即缺火)(5 分)。

31. 答:现象:在使用离合器时,有不正常的响声出现。原因:

(1)分离轴承缺油或磨损,回位弹簧过软、折断或脱落(2 分)。

(2)分离杆或支架销及孔磨损松旷(2 分)。

(3)离合器摩擦片铆钉松动或铆钉外露(2 分)。

(4)踏板回位弹簧过软、折断或脱落(2 分)。

(5)CA10B 型汽车前压盘传动销与销孔磨损松旷(2 分)。

32. 答:(1)活塞裙部尺寸应在距活塞底部 10 mm 处测量(2 分)。

(2)活塞表面粗糙度在 0.8 以上,并符合重量差(2 分)。

(3)活塞销孔卡簧槽深处最少应有卡簧最窄部分的 2/3(2 分)。

(4)活塞销孔内左右开档装上连杆后最小有 4 mm,装在气缸内连杆头的一边最少有 1 mm 的距离(4 分)。

33. 答:(1)装活塞前,应将活塞同连杆装入缸内,并扭紧连杆螺帽后,转动曲轴注意检查活塞在缸内前、后、上、下、中各点偏差不许大于 0.05 mm(5 分)。

(2)活塞与缸筒配合间隙应按原厂规定,但可根据实际情况,如气候、材料性质、加工精度等考虑决定(5 分)。

34. 答:(1)辅助缸活塞皮碗发胀或磨损过甚(2 分);

(2)辅助缸活塞滑动不灵活(2 分);

(3)辅助缸出液阀关闭不严,使增压的油液回流(2 分);

(4)活塞磨损过甚(2 分);

(5)辅助缸油道有部分堵塞(2 分)。

35. 答:(1)活塞环外周应与缸壁密切接触,活塞环在缸内漏光度在圆周上不得大于 30°,在同一根环上不得超过两处。其漏隙不得超过 0.03 mm(2 分)。

(2)装配时,应注意环不可装反,装入后,能活动自由,配合间隙应符合规定(2 分)。

(3)环表面不允许有裂纹、气孔、疏松、黑斑、伤痕等缺陷(2 分)。

(4)环弹性系数、拉弯强度、硬度应符合规定要求(2 分)。

(5)装配时,开口位置应符合要求(2 分)。

# 汽车修理工(中级工)习题

## 一、填 空 题

1. 国产轻柴油的牌号是按其凝点高低来划分的。轻柴油一般有 0 号、－10 号、－20 号和(　　)四种牌号。

2. 评价制动性能的主要指标是制动距离、制动线速度、(　　)和制动时间。

3. 前轮前束值,CA10B 型汽车规定为 8～12 mm,CA141 汽车规定为(　　)mm,EQ140 型汽车规定为 2～6 mm。

4. 安装横、直拉杆球头销时,应先旋紧调整螺塞压紧弹簧,然后再松回(　　)圈,并装上开口销即可。

5. 汽车上常用的黑色金属有普通碳素钢、优质碳素钢、(　　)、铸铁、弹簧钢。

6. 孔的尺寸减去相配合轴的尺寸所得的代数差,此差为正时是(　　),为负时是过盈。

7. 汽油发动机进气行程中吸入气缸内的是(　　)。

8. 四冲程发动机每完成一个工作循环,曲轴转(　　)圈,凸轮轴转 1 圈,活塞在气缸内往复 4 个冲程,各缸进排气门各开闭 1 次。

9. 曲轴轴向间隙一般为(　　)mm。如轴向间隙过大或过小,则应更换或修整止推垫片来进行调整。

10. 轴与孔的配合一般有间隙、(　　)、过盈三种。

11. 柴油机燃料系中进入空气,在管线中将产生气阻,使供油量(　　),甚至中断供油,造成发动机起动困难,工作无力。

12. 装配活塞环时,应将活塞环的开口错开:三道环的两环相错(　　),四道环的一、二两环相错 180°,三、四两环相隔 180°,二、三两环相错 90°。

13. 铅蓄电池的组装中隔板的带槽面应对准(　　),目的是保证电化学反应中正极板对硫酸的需求。

14. 四冲程发动机的每一个工作循环都必须包括进气、(　　)、作功和排气四个过程。

15. 分电器白金触点的间隙为(　　)mm,若间隙过大会造成点火时间过早,间隙过小会造成点火时间过迟。

16. 节温器有(　　)和醚或醇式两种,装在出水管中,它能自动调节冷却水的循环路线和流量,以保证发动机启动后能很快升温,运转时不致出现水温过高或过低。

17. 柴油机的最佳喷油提前角是随曲轴转速、供油量和发动机结构而变化的。供油量大,转速高,则最佳喷油提前角要(　　)。整体式燃烧室的最佳喷油提前角比分隔式燃烧室要大。

18. 汽车上常用的喷油器有(　　)和轴针式两种。

19. 调速器的作用是保证柴油机怠速的最低稳定转速,控制柴油机的(　　)转速,防止“飞车”。

20. 量缸表是测量发动机气缸的缸径和圆度、(　　)度和磨损情况的量具。

21. 主供油装置的基本原理是利用空气渗入(　　),以降低主量孔真空度的方法来达到所供给气缸的混合气随节气门开度增大而浓度逐渐变稀。

22. 离心式调速器的基本原理是利用飞块旋转产生的(　　)与调速弹簧张力的平稳过程来控制供油量,即达到调速的目的。

23. 汽油抗爆性能的好坏主要取决于(　　)的高低,柴油发火性能的好坏主要取决于十六烷值的高低。

24. 一般汽车变速器直接挡的动力传递是直接从输入轴传到输出轴,不经过(　　),而其余各挡工作时,则必须经过中间轴。

25. 四行程直列六缸发动机的发火顺序一般是(　　)和 1-4-2-6-3-5。

26. 真空增压器的作用是利用发动机进气管的真空度与外界大气的(　　),增大作用于制动车轮的制动力。

27. 现代汽车所用的发电机可分为两大类:(　　)和硅整流,目前硅整流发电机有取代直流发电机的趋势。

28. 检查裂纹:一般用(　　)法检查曲轴表面是否有裂纹。

29. 搪缸时,每次进刀量不宜过大,最后一次进刀量应不超过 0.05 mm,并应预留(　　)mm 的磨削量,同时将气缸上口倒角。削后缸壁内表面粗糙度应不高于 3.2～1.6。

30. 磨缸后,缸壁表面粗糙度应不高于 0.005。干式气缸套的气缸,其圆度误差应不大于(　　)mm,圆柱度误差不大于 0.01 mm。

31. 修磨后的凸轮轴,其轴颈的同柱度误差应不大于 0.005 mm,表面糙粗度不高于(　　),以两端轴颈为支承,中间各轴颈及正时齿轮轴颈的径向圆跳动均应不大于 0.01～0.015 mm。

32. 曲轴轴颈磨修时,各道主轴颈和连杆轴颈应分别磨成一级修理尺寸,其公差一般不大于 0.02 mm,各轴颈圆柱度不大于(　　)mm,表面粗糙度不高于 0.2。

33. 发动机工作时,标准水温是(　　)。

34. 珩磨气缸前加工余量留(　　)mm 为宜。

35. 发生气缸偏磨的原因有下述几大方面:气缸方面、曲轴方面、(　　)方面、活塞方面。

36. 钢的热理方法可分为退火、正火、(　　)、回火、调质及表面热处理六种。

37. 常用的硬度计量单位有(　　)硬度和洛氏硬度。

38. 剖面可分(　　)和重合两种。

39. 定向位置公差有平行度、(　　)度、倾斜度。

40. EQ6100-1 型发动机装飞轮凸缘外圆的径向跳动不得大于(　　)mm,装正时齿轮的轴颈对主轴颈轴心线的径向跳动不得大于 0.025 mm。

41. 如 EQ6100-1 型发动机凸轮表面有严重损伤或凸轮升程减小(　　)mm,应修磨凸轮,恢复升程,但不得超过 2 次,以免渗炭层被磨光。

42. EQ6100-1 型发动机驱动汽油泵的偏心轮表面磨损及机油泵驱动齿轮齿厚磨损,均不超过(　　)mm。

43. 第一次摇转曲轴使一缸活塞处于压缩终了时,按 1-5-3-6-2-4 的作功顺序,填出下列各缸的曲拐度数:五缸压缩 60°,二缸排气(　　),三缸进气 120°,四缸作功 120°。

44. 喷油器由针阀、针阀体、顶杆、(　　)、调压螺钉及喷油器壳体等零件组成。

45. 231A2G 型化油器为单腔双喉管下吸式化油器，它由浮子室、气道及起动、主供油、(　　)、加浓、加速五个工作装置组成。

46. 柴油汽车发动机供油系油路是由油箱、低压油管、输油泵、燃油粗滤器、高压油管、(　　)、喷油泵、喷油器、回油管等组成。

47. 造成发动机出现点火敲击声响的原因是(　　)、早燃。

48. 汽油机常发生故障的部位是(　　)、点火系两个部位。

49. 柴油机活塞其顶部的形状因工作需要大致可分为平顶、(　　)和凹顶三种。

50. 汽车差速器是由四个行星齿轮、两个(　　)、一个十字轴和壳体等部件构成的。

51. 正时齿轮应啮合正常，EQ6100-1 型发动机正时齿轮的啮合间隙为(　　)mm，使用限度为 0.40 mm。

52. 汽车修竣后，转向盘自由转动量应不大于(　　)。

53. 汽车零件常用的修理方法有(　　)和基本尺寸两种。

54. 把钢材料进行退火，其目的是降低钢的(　　)，提高钢的塑性和韧性。

55. 低碳钢的含碳量在(　　)以下，中碳钢的含碳量在 0.25%～0.6%之间，高碳钢的含碳量大于 0.6%，一般不大于 1.3%。

56. 过量空气系数 $a$ 的值大于 1 的混合气为(　　)混合气，$a$ 的值小于 1 的混合气为浓混合气，$a$ 的值等于 1 的混合气为标准混合气。

57. 根据《汽车修理技术标准》(JT3101—81)的规定，气门杆的直线度误差应不大于(　　)mm，气门头部光磨后，圆柱部分的高度应不小于 0.02 mm。

58. 汽油的使用性能指标主要有热值、蒸发性和(　　)等，而抗爆性是汽油的一项主要性能指标。

59. 行星齿轮的自转是指绕(　　)转动，公转是指绕半轴轴线转动。

60. 根据《汽车修理技术标准》(JT3101—81)的规定，活塞环外圆工作面在开口处左右(　　)范围内不允许漏光，每处的漏光弧长所对应的圆心角不得超过 25°。

61. 气门座工作面宽度，进气门应为(　　)mm，排气门应为 1.5～2.5 mm。

62. 汽车电系的特点是低压、直流、(　　)、单线制。

63. 晶体管点火装置按有无触点可分为有触点式、(　　)式两种，按储能方式可分为电感储能式、电容储能式两种。

64. 汽油发动机的压缩比一般在(　　)之间；柴油发动机压缩比一般在 16～22 之间。

65. 汽油发动机的热效率一般在(　　)之间，而柴油发动机的热效率可达 44%，柴油机的热效率比汽油机高。

66. 进气门的材料一般采用(　　)，排气门的材料一般采用铬硅钢。

67. 分电器上与继电器触点并联的电容器，其容量是(　　)$\mu$F。

68. 根据空气滤清器滤清的方式，汽油机用的空气滤清器可分为惯性式、(　　)式和综合式三类。

69. 柴油机与汽油机相比，具有热效率高、(　　)、故障少和排气污染小等优点，因此目前重型汽车均以柴油机作动力。

70. 曲轴箱通风，采用(　　)通风和自然通风两种形式，汽油机和柴油机常采用自然通风形式。

71. 汽车发动机的噪声主要来自燃烧噪声、(　　)噪声和机械噪声。

72. 发动机的有效功率与指示功率之比称为(　　)，而发动机单位气缸工作容积所发出的有效功称为平均有效压力。

73. 前轮前束值 CA141 汽车规定为(　　)mm，EQ140 型汽车规定为 2～6 mm，JN150 型汽车规定为 6～8 mm。

74. 直流发电机调节器由节压器、(　　)、断流器三部分组成。

75. 分电器轴的径向圆跳动误差应不大于(　　)mm，轴向端隙不大于 0.25 mm。

76. 国产喷油泵可分Ⅰ、Ⅱ、(　　)、A、B、D、Z 系列。

77. 目前差速器有对称式锥齿轮差速器、(　　)式差速器和自锁式差速器。

78. 气缸的搪削量与活塞裙部最大直径、(　　)最小直径及配合间隙和磨缸余量的大小有关。

79. 起动机所产生的扭矩与(　　)和磁极磁通有关。

80. 对称式锥齿轮差速器有(　　)、工作平稳、可靠等优点。

81. 转向盘的自由行程是指不使(　　)发生偏转向而转向盘的能转过的角度。

82. 与冷却系统直接有关的发动机故障包括温升(　　)和起动后不能升温。

83. 交流发电机的调节器只有(　　)。

84. 分电器装合后，在试验台上进行试验，其配电角度误差应不大于(　　)。

85. 汽车电系的特点是(　　)、直流、并联、单线制。

86. 汽车发电机外壳上的(　　)用途是防止对无线电收音机的干扰。

87. 于进行保修作业的汽车上，应悬挂"车下有人"字样的牌子，并用(　　)塞牢车轮。

88. 钳子使用时必须先将工作物(　　)，然后再力切割或扭弯。夹持较大的工作物时可以放大钳口。

89. 在千斤顶起升和下降时，严禁在(　　)工作。

90. 红旗轿车发动机维护保养主要用油为(　　)。

91. 上海轿车二级保养间隔里程为(　　)km。

92. 整车货物运输以(　　)为单位，零担货物运输以千克为单位。

93. 凡持有证明，执行防汛、抢险、救灾等紧急任务的人员，以及新闻记者、革命残废军人，可(　　)。

94. 对汽车零件采用直流电磁化探伤后，零件上会多少留有剩磁，最好采用(　　)退磁。

95. 同一车桥上两车轮制动器制动蹄回位弹簧的拉力相差过多，会造成(　　)。

96. 从发动机的转速曲线上看，发动机的经济转速比最大扭矩转速(　　)，比最大功率转速低。

97. 汽车在行驶过程中，随着节气门的开大，发动机负荷的增加，汽车的耗油量随之(　　)，汽车的动力随之增加。

98. 在汽车循环球式转向器的转向螺杆和转向螺母之间装有钢球的作用是(　　)。

99. 当汽车发动机气缸磨损超过规定极限后，燃油与润滑油消耗量大增，这是(　　)的表现。

100. 解放 CA141 和东风 EQ140 发动机活塞一般采用(　　)横断面活塞，来弥补燃烧时热变形和压力变形。

101. 用于直接喷射式燃烧室柴油机中的是(　　)。

102. 化油器的怠速装置可确保发动机在怠速和很小负荷时供给过量空气系数在(　　)范围的混合气。

103. 汽油发动机点火过迟,会出现(　　)故障。

104. 汽车发动机发生爆震的原因是(　　)。

105. 汽油发动机加速或大负荷时有突爆声,放松油门立即消失,是由于(　　)。

106. 发动机机油黏度过低会引起机油压力(　　)。

107. 发动机工作时,气门产生干脆有节奏的连续敲击声是由于气门间隙(　　)。

108. 发动机在中速时响声最明显,响声有节奏,在中速时变换转速,响声随之变化,可诊断为(　　)响声。

109. 发动机润滑系机油压力过高是由于主油道调压阀内柱塞不能(　　)。

110. 发动机润滑油无油压是由于油底壳内机油油面(　　)。

111. 液压制动的汽车在行驶中,当连续踏下制动踏板时,各车轮不起制动作用,可能是由于制动总泵内(　　)。

112. 液压制动的汽车,当踏下制动踏板时,踏板位置很低,再连续踩踏板,踏板位置还不能升高,可能的原因是制动总泵通气孔(　　)。

113. 汽车制动拖滞会造成(　　)。

114. 根据《汽车大修竣工出厂技术条件》的有关规定,汽车大修竣工后,由于经修理而增加的自重,不得超过原设计自重的(　　)。

115. 根据《汽车大修竣工出厂技术条件》的有关规定,汽车大修竣工后,在试车时,汽车空载行驶初速为 30 km/h,行驶距离应不少于(　　)。

116. 利用加热或加压,或两者同时并用的方法,使两个以上的工件的原子或分子间产生相互结合而形成一个不可分离的整体的过程称为(　　)。

117. 发动机的转速特性是指发动机的功率、扭矩、油耗随(　　)转速变化的规律。

118. 气缸的进气门在活塞达到上止点前开启,而排气门在上止点后才关闭,这种现象称为(　　)。

119. 采用液压挺柱气门间隙可以是(　　)。

120. 轴针式喷油器孔径较大,喷油压力(　　),适用于涡流室和预燃室式燃烧室。

121. 化油器的加速系统工作时,供给的混合气(　　)。

122. 液力机械变速器的总传动比是由变矩器变矩系数 $K$ 和齿轮变速器的传动比 $i$ 的关系(　　)构成。

123. 汽车驱动桥轮边减速器采用(　　)减速器。

124. 汽车的气压制动系应保证行车制动的渐进性,因此制动阀应具有(　　)作用。

125. 多点汽油喷射装置使到各气缸的混合气成分(　　)。

126. 电控系统中的曲轴位置传感器是控制(　　)的主要信号源。

127. 汽油机燃油喷射系统中最核心的部件是(　　)。

128. 自动变速器的齿轮变速装置是由(　　)齿轮装置构成。

129. 主减速器主动锥齿轮装配时,轴承若没有一定预紧度,则工作时会出现:前轴承间隙变大、后轴承(　　)。

130. 转速传感器感应电压的频率与转子齿数乘转速成(　　)。

131. 汽车转弯时,行星齿轮的转动有公转又有(　　)。

132. 解放 CA1092 型汽车的驻车制动器采用(　　)。

133. 汽车用机械双指销式转向器(　　)与指销啮合间隙是利用装在侧盖上调整螺钉来调整。

134. 汽油压力调节器的作用是根据(　　)的变化来调节压力。

135. 化学腐蚀和(　　)的区别在于有无电流产生。

136. 水泵叶轮与泵壳间隙超过规定,其修理方法是(　　)。

137. 曲轴扭转减振器是把曲轴扭转振动能量消耗于(　　),使其振幅减小。

138. 当牵引力足以克服阻力时,地面有足够的(　　)力时,汽车才能行驶。

139. 在焊接中,同时加热、加压的焊接方法称为(　　)。

140. 混合气过(　　)的原因可能是进气歧管严重漏气。

141. 发动机侧置(　　)燃烧室的优点是可形成良好的进气涡流。

142. 汽油发动机的实际热效率,比柴油机的实际热效率(　　)。

143. 汽车在行驶中,变速杆自动跳回空挡,滑动齿轮脱离啮合位置,这种现象称为(　　)。

144. 磁场方向、电流方向和导线运动方向三者之间关系系可用(　　)定则来确定。

145. 发动机一发动,(　　)有响声,将踏板提起后,响声消失,是由于离合器分离轴承缺油。

146. 高速发动机的气门重叠角应该(　　)。

147. 同步器的作用是使接合套与它接合的齿圈二者之间的(　　)相同。

148. 制动鼓一般用(　　)材料制成。

149. 车用汽油机在正常运转时,在小负荷和中等负荷工况下,要求化油器能随负荷增加供给(　　)的混合气。

150. 汽车驱动桥半轴不但传递扭矩,还可起到(　　)作用。

151. 双向自增力式制动器就是制动鼓(　　)旋转起到增力作用。

152. 车辆(　　)是新车或经过大修后,在行驶一定里程(或时间)后经过检测诊断和技术鉴定,恢复车辆的技术状况的恢复性修理。

153. 发动机润滑系机油(　　)是由于曲轴各轴承的磨损超限。

154. 液力变矩器在传动系中(　　)扭矩。

155. 渐开线齿轮上的(　　)是其作用力方向与运动方向所夹的角为锐角。

156. 汽车采用液力传动装置后使传动效率(　　)。

157. 一般汽车大修后出厂前的路试条件是:在硬路面上装载 75%的规定载荷,时速不超过(　　)km 的情况下行驶 15 km。

158. 汽车液压减振器的液压油应选(　　)油。

159. 车用直流发电机须用三联调节器,它由断流器、(　　)和节压器组成,节流器的作用是使发电机输出电流不超过允许值,防止烧坏电枢线圈。

160. 防止蓄电池电流汽油机气门间隙(　　)会引起发动机工作时抖动。

161. 发动机采用液压挺柱是为了解决(　　)问题。

162. 在焊接中，对金属只加热不加压的焊接方法称为（　　）。

163. 发动机冷却系水温（　　）是由于节温器阀门开启过早。

164. 简单非平衡式制动器前进和后退的（　　）是不同的。

165. 转向梯形的作用是使（　　）。

166. 实际输出功率与理论输入功率之比称（　　）效率。

167. 90 号汽油表明其（　　）为 90%。

168. 在汽车上设置有改变和恢复汽车行驶方向的机构，称之为汽车（　　）。

169. 汽车大修后在走合期内，必须减载、减速，并在发动机上安装限速器限制最高车速，走合行程不少于（　　）km。

170. 曲轴要求强度、冲击韧性和耐磨性都比较高的材料制造，一般都采用（　　）。

171. 车行驶时，若前钢板弹簧左右弹力不一致，可能会造成（　　）。

172. 汽油机发生爆震原因是（　　）。

173. 汽油机加速或大负荷时有突爆声，松油门立即消失，由于（　　）。

174. 同一车轿上两轮制动鼓径向的镗削尺寸应一致，若相差过大会造成（　　）。

175. 从发动机外特性曲线上看，发动机的经济转速比最大扭矩转速（　　）。

## 二、单项选择题

1. 使用砂轮时，工作者应站在砂轮的（　　）。

(A)侧面或对面　(B)对面　(C)侧面或斜侧面　(D)斜侧面

2. 两工作表面完全被润滑油隔开的摩擦是（　　）。

(A)混合摩擦　(B)液体摩擦　(C)边界摩擦　(D)内部摩擦

3. 圆度误差常采用（　　）进行测量。

(A)三点法　(B)多点法　(C)两点法　(D)四点法

4. 錾削硬钢或铸铁等硬材料时，楔角应取（　　）

(A)50°～60°　(B)60°～70°　(C)40°～50°　(D)30°～40°

5. 麻花钻顶角愈小，则轴向力愈大，刀尖角增大，有利于（　　）

(A)冷却液的进入　(B)散热和提高钻头的耐用度

(C)有利于排屑　(D)有利于提高钻头的力度

6. 管螺纹的公称直径是指（　　）。

(A)螺纹大径的基本尺寸　(B)管子内径

(C)螺纹小径的基本尺寸　(D)管子外径

7. 汽油发动机点火时间过迟，可将白金间隙（　　）。

(A)调大一些　(B)调小一些　(C)不变化　(D)调到最小

8. H101 型化油器中机械省油器应在节气门（　　）左右开始工作。

(A)全关闭前 10°　(B)全开前 10°　(C)全开后 10°　(D)全关闭后 10°

9. 解放 CA141 型汽车气压制动传动机构中的空气压缩机是（　　）。

(A)单缸风冷式　(B)双缸风冷式　(C)单缸水冷式　(D)双缸水冷式

10. 发动机润滑方法的两种形式是（　　）。

(A)压力供给式和强制供给式　(B)压力式和飞溅式

(C)机油泵和压力式　　(D)飞溅式和喷射式

11. 汽车前、后轮的制动气室膜片通常是(　　)。

(A)前小后大　　(B)前后相等　　(C)前大后小　　(D)不一定

12. CA141 型汽车后钢板弹簧主簧的后端与车架的连接方式是(　　)。

(A)吊耳支架式　　(B)滑板连接式

(C)装配式　　(D)填塞橡皮式

13. 曲轴箱通风的目的主要是(　　)。

(A)排出水和液体汽油　　(B)抽出混合气和废气

(C)冷却润滑油　　(D)向曲轴箱供给氧气

14. 东风 EQ140 型汽车制动阀处于双阀关闭的平衡位置时,前后制动气室的气压分配是(　　)。

(A)一致的　　(B)前大于后　　(C)前略低于后　　(D)不一定

15. EQ140 型汽车发动机其连杆与连杆盖的定位采用(　　)。

(A)连杆螺栓本身　　(B)定位套筒　　(C)止口定位　　(D)锯齿定位

16. 越野汽车的前桥属于(　　)。

(A)转向桥　　(B)驱动桥　　(C)转向驱动桥　　(D)支承桥

17. 东风 EQ140 型汽车减速器采用(　　)。

(A)多级减速器　　(B)双级减速器　　(C)单级减速器　　(D)不一定

18. 喷油泵每次泵出的油量取决于柱塞的有效行程的长短,而改变有效行程可采用(　　)。

(A)改变喷油泵凸轮轴与柴油机曲轴的相对角位置

(B)改变滚轮体传动部件的高度

(C)改变柱塞斜槽与柱塞套油孔的相对角位置

(D)改变柱塞的长度

19. 当传统点火系更换为晶体管点火系时,原车点火系提前角应(　　)。

(A)提前 3°～4°　　(B)推迟 3°～4°　　(C)保持不变　　(D)不一定

20. 润滑系中旁通阀的作用是(　　)。

(A)保证最小压力

(B)防止过大的压力

(C)防止机油粗滤器堵塞

(D)机油粗滤器堵塞仍能使机油进入油路

21. 直列六缸发动机的作功间隔角为(　　)。

(A)90°　　(B)60°　　(C)120°　　(D)180°

22. 机油泵常见的两种结构型式为(　　)。

(A)齿轮式和活塞式　　(B)转子式和活塞式

(C)齿轮式和转子式　　(D)柱塞式和膜片式

23. 变速器换档困难或挂不进挡位,并从变速器内发出齿轮撞击声是(　　)。

(A)离合器打滑　　(B)离合器发响

(C)离合器分离不开　　(D)离合器坏了

24. 磨削连杆轴颈时应保持其位置精度，各连杆轴颈轴线在曲轴轴线圆周方向分布的角度误差为(　　)。

(A)±30′　　(B)±15′　　(C)±45′　　(D)±60′

25. 在机械图样中，画在视图内的剖面，则称为(　　)。

(A)重合剖视　　(B)重合剖面　　(C)移出剖面　　(D)移出剖视

26. 同轴度属于(　　)公差。

(A)定向　　(B)定位(位置)　　(C)跳动　　(D)跳位

27. 在国家标准中规定有(　　)精度等级。

(A)8个　　(B)20个　　(C)12个　　(D)15个

28. 通常指金属材料抵抗压入物压陷能力大小的是(　　)。

(A)强度　　(B)塑性　　(C)硬度　　(D)柔性

29. 面轮廓度属于(　　)公差。

(A)形状　　(B)位置　　(C)定位　　(D)跳位

30. 平面度属于(　　)公差。

(A)形状　　(B)位置　　(C)定向　　(D)跳位

31. 垂直度属于(　　)公差。

(A)定向　　(B)定位　　(C)跳动　　(D)跳位

32. 指加工表面上峰与谷所组成的微观几何形状特征的是(　　)。

(A)光洁度　　(B)表面粗糙度　　(C)精度　　(D)密度

33. 将钢件加热到临界温度以上，保温一段时间，然后在水、盐水或油中急冷下来，使其硬度变高的一种方法是(　　)。

(A)淬火　　(B)正火　　(C)回火　　(D)退火

34. 符号HRC表示(　　)硬度。

(A)布氏　　(B)洛氏　　(C)维氏　　(D)史氏

35. 离合器(　　)的主要原因是：(1)分离杠杆高低不平；(2)压紧弹簧压力不均；(3)从动盘翘曲或损坏等。

(A)发抖　　(B)打滑　　(C)分离不彻底　　(D)脱离

36. 发火顺序为1-8-4-3-6-5-7-2的V八缸发动机，当一缸开始作功时，五缸排气导前(　　)。

(A)120°　　(B)90°　　(C)60°　　(D)30°

37. 发火顺序为1-5-3-6-2-4的六缸发动机，当六缸处于排气行程结束时，三缸已进气的曲轴转角应为(　　)

(A)120°　　(B)90°　　(C)60°　　(D)30°

38. 搪缸时，每次进刀量不宜过大，最后一次进刀量应不超过(　　)mm。

(A)0.05　　(B)0.10　　(C)0.15　　(D)0.20

39. 发动机修理后，气缸轴线与曲轴轴承孔轴线的垂直度误差应不大于(　　)mm。

(A)0.05　　(B)0.10　　(C)0.15　　(D)0.20

40. 车辆转弯时，其内侧车轮的摩擦阻力(　　)外侧车轮的摩擦阻力。

(A)大于　　(B)等于　　(C)小于

41. 汽车发动机中的活塞和连杆的配合,一般为(　　)精度。

(A)3 级　　(B)1 级　　(C)5 级　　(D)7 级

42. 检查液压制动总泵活塞与缸壁的间隙,将活塞装入缸内,如其间隙超过(　　)mm 即不能使用。

(A)0.15　　(B)0.20　　(C)0.25　　(D)0.35

43. 前轮定位中,只有(　　)可就车调整。

(A)前束　　(B)前轮外倾　　(C)主销后倾　　(D)后束

44. 汽车修竣后,轴距左右差应不大于(　　)mm。

(A)5　　(B)10　　(C)15　　(D)20

45. 当汽车转弯时,差速器行星齿轮(　　)。

(A)只有公转　　(B)只有自转

(C)既有公转,又有自转　　(D)有时公转有时自传

46. 节气门缓慢加至最大时,加速装置(　　)

(A)供油　　(B)不供油　　(C)少量供油　　(D)需大量供油

47. 发动机修理后,气缸体上平面至曲轴轴承孔轴线间距离的减小量应不大于(　　)mm。

(A)0.40　　(B)0.50　　(C)0.60　　(D)0.30

48. 发动机修理后,气缸体各主轴承孔的圆柱度误差不大于(　　)mm。

(A)0.30　　(B)0.20　　(C)0.15　　(D)0.05

49. 发动机修理后,气缸体各主轴承孔同轴度误差不大于(　　)mm。

(A)0.30　　(B)0.20　　(C)0.15　　(D)0.35

50. 过量空气系数 $a$ 的值大于 1 的混合气为(　　)。

(A)稀混合气　　(B)浓混合气　　(C)标准混合气　　(D)不一定

51. 根据《汽车修理技术标准》(JT3101—81)的规定,气门杆的直线误差应不大于(　　)。

(A)0.6 mm　　(B)0.9 mm　　(C)0.8 mm　　(D)0.7 mm

52. 气门座工作面宽度,排气门应为(　　)。

(A)3～4 mm　　(B)1.2～2.2 mm　　(C)1.5～2.5 mm　　(D)3.5～5.5 mm

53. 冬季,在保证电解液不结冰的前提下,应选择(　　)。

(A)偏低一点的电解液密度,即 $\rho_{电}=1.26\ kg/cm^3$

(B)偏高一点的电解液密度,即 $\rho_{电}=1.28\ kg/cm^3$

(C)高一点的电解液密度,即 $\rho_{电}=1.3\ kg/cm^3$

(D)低一点的电解液密度,即 $\rho_{电}=1.21\ kg/cm^3$

54. 根据《汽车修理技术标准》(JT3101—81)的规定,活塞环外圆工作面在开口处左右(　　)。

(A)60°范围不允许漏光　　(B)15°范围不允许漏光

(C)30°范围不允许漏光　　(D)45°范围不允许漏光

55. 根据《汽车修理技术标准》(JT3101—81)的规定,气门工作面斜角一般比气门座工作面斜角(　　)。

(A)小 2°～3°　　(B)小 30′～1°　　(C)大 30′～1°　　(D)大 2°～3°

56. 常用的布氏硬度其代号是(　　)。

(A)HRC (B)RA (C)HB (D)RB

57. 液压张开的简单非平衡式车轮制动器,在轮缸内两活塞大小相等的情况下,其两制动蹄摩擦片的长度是(　　)。

(A)前长后短 (B)前后等长 (C)前短后长 (D)前短后也短

58. 若发电机电压调节的过高,可将节压器弹簧(　　)。

(A)调松些 (B)调紧些 (C)可不调 (D)调死

59. 汽油机连杆铜套与连杆孔的过盈配合间隙为(　　)。

(A)0.10～0.15 mm (B)0.15～0.2 mm

(C)0.8～0.9 mm (D)0.5～0.7 mm

60. 当将连杆螺帽按规定扭紧后,连杆大头孔径其矢圆度与锥度不得超过(　　)。

(A)0.05 mm (B)0.01 mm (C)0.06 mm (D)0.03 mm

61. 全浮式活塞销与销座的配合是(　　)。

(A)间隙配合 (B)过渡配合 (C)过盈配合 (D)以上都有

62. EQ140 汽车的压盘驱动方式为(　　)。

(A)传动销式 (B)传动片式 (C)传动块式 (D)传动偏式

63. CA10B 型汽车在安装离合器的摩擦片时应(　　)。

(A)两长毂相对 (B)两短毂相对 (C)长短毂相对 (D)以上都行

64. Ⅱ号喷油泵采用(　　)。

(A)齿杆式油量调节机构 (B)拨叉式油量调节机构

(C)立杆式油量调节机构 (D)立杆式油量调节机构

65. 发动机冷却系统中锈蚀物和水垢累积的结果是(　　)。

(A)怠速不稳定 (B)不能起动 (C)过热 (D)水温上升慢

66. 废气渗入冷却系统,最可能的原因是下列零件(　　)损坏。

(A)气缸垫 (B)进排气岐管垫 (C)水泵 (D)散热器软管

67. 外胎结构中,起承受负荷作用的是(　　)。

(A)胎面 (B)胎圈 (C)帘布层 (D)缓冲层

68. EQ140 型汽车的前、后钢板弹簧采取了(　　)。

(A)前端固铰、后端自由 (B)前端自由、后端固铰

(C)前、后端均固铰 (D)前、后端均自由

69. 顶置式气门间隙的调整部位是在(　　)。

(A)挺杆上 (B)推杆上 (C)摇臂上 (D)摇杆上

70. 当 CA141 型汽车发动机的一缸开始作功起,曲轴转到 720°时,第五缸处于(　　)。

(A)正进气 (B)已作功 (C)已压缩 60° (D)排气门行程完

71. 为了增大蓄电池放电电流和容量,在相同温度的情况下,最好采用(　　)。

(A)$\rho_1=1.26\ g/cm^3$ (B)$\rho_2=1.28\ g/cm^3$

(C)$\rho_3=1.30\ g/cm^3$ (D)$\rho_3=1.20\ g/cm^3$

72. 双级式电压调节器的高速触点熔接后,发电机(　　)。

(A)不能发电 (B)能发电 (C)发电量不足 (D)正常发电

73. 起动机的电路中,激磁绕组和电枢绕组是(　　)。

(A)并连联接 (B)混联连接 (C)串联连接 (D)不确定

74. 下列选项中,( )不是汽车车架总成大修送修标志。

(A)前桥变形严重 (B)断裂、锈蚀、变形超限

(C)车架大部分铆钉松动 (D)车架弯曲变形超限

75. 对于变速器总成大修送修标志,说法不正确的是( )。

(A)变速器轴承承孔磨损逾限 (B)变速器壳体破裂

(C)变速器轴及齿轮恶性磨损 (D)变速器操纵机构松动

76. 下列选项中,( )不是汽车驱动桥总成大修送修标志。

(A)主减速器齿轮恶性磨损 (B)差速器壳支承轴承响

(C)桥壳破裂、变形 (D)半轴套管承孔磨损逾限

77. 下列选项中,( )不是汽车前桥总成的大修送修标志。

(A)转向节上的轴承损坏 (B)前轴出现裂纹

(C)前轴变形严重 (D)主销承孔磨损逾限

78. 客车车身总成大修送修的标志是( )。

(A)车身有轻微锈蚀 (B)蒙皮破损

(C)车厢骨架变形严重 (D)驾驶室锈蚀

79. 下列选项中,( )不是货车车身总成的大修送修的标志。

(A)驾驶室变形严重 (B)货箱纵、横梁腐朽

(C)货箱底板,栏板破面积较大 (D)驾驶室轻微锈蚀

80. 车辆送修时,承修单位与送修单位应签订合同,商定送修要求、( )等。

(A)修理车日和质量保证 (B)修车时间

(C)修理材料 (D)工艺卡片

81. 关于总成送修,甲说:“总成送修时,应在装合状态,零件不能短缺。”乙说:“承修和送修双方没必要签订合同。”说法正确的是( )。

(A)甲 (B)乙

(C)甲和乙 (D)甲和乙均不正确

82. 汽车进厂后,进行行驶中检查,需检查的项目是( )。

(A)转向性能 (B)电气设备是否齐全

(C)安全机构的连接 (D)灯光性能

83. 发动机活塞环选配的间隙检验项目至少应有( )项。

(A)5 (B)4 (C)3 (D)2

84. 桑塔纳2000型轿车离合器膜片弹簧分离指应在同一平面上,翘曲变形引起的平面度误差不应大于( )mm。

(A)0.5 (B)0.6 (C)0.8 (D)0.4

85. 汽车车架弯曲检验,要求纵梁上平面直线度误差为每100 mm长度不大于( )mm。

(A)5 (B)4 (C)3 (D)2

86. 用百分表检查启动机启动轴是否弯曲,如摆差大于( )mm应进行校正。

(A)0.1 (B)0.2 (C)0.5 (D)0.15

87. 汽油机凸轮轴凸轮基圆径向圆跳动使用极限为(　　) mm。

(A)0.05　(B)0.04　(C)0.02　(D)0.06

88. 关于车辆的技术档案,甲说:"技术档案的内容由运输单位自行规定。"乙说:"技术档案一般由车队的车管技术员负责填写和管理。"说法正确的是(　　)。

(A)甲　(B)乙

(C)甲和乙　(D)甲和乙都不正确

89. 检测诊断汽车的主要技术性能一般不包括(　　)。

(A)安全性　(B)可靠性　(C)经济性　(D)乘坐舒适性

90. 下列选项中,属于发动机经济性评价指标的是(　　)。

(A)油耗率　(B)加速性能　(C)发动机功率　(D)底盘测功

91. 汽车大修合格证应有(　　)。

(A)检验记录　(B)走合期规定　(C)技术状况说明　(D)处理意见

92. 汽车发动机大修后,怠速运转稳定,转速波动不大于(　　) r/min。

(A)100　(B)50　(C)80　(D)150

93. 标准空调客车不具备(　　)功能。

(A)通风换气　(B)制冷　(C)除霜　(D)湿度调节

94. 80 W/90 中负荷汽车齿轮油,使用环境温度在(　　)以上地区四季通用。

(A)10 ℃　(B)0 ℃　(C)−12 ℃　(D)−26 ℃

95. 汽车使用−45 号冷却液,其沸点达到(　　)。

(A)102 ℃　(B)104 ℃　(C)106 ℃　(D)108 ℃

96. 按照 ECE1504 法规规定的汽车型式认证试验,基准质量 $R_m \leqslant 1\,020$ kg 的 CO 排放极限值应为(　　)g。

(A)70　(B)80　(C)90　(D)60

97. 下述选项中,(　　)影响发动机的充气效率。

(A)润滑油品质　(B)空燃比

(C)进气终了时压力　(D)汽缸容积

98. 合理选择(　　)可以提高发动机的充气效率。

(A)进气迟开角　(B)排气迟开角　(C)排气早闭角　(D)进气迟闭角

99. 汽油机燃烧过程中火焰中心在(　　)期形成。

(A)着火延迟期　(B)急燃期　(C)补燃期　(D)后燃期

100. 过量空气系数越大,着火延迟期越(　　)。

(A)长　(B)短　(C)不确定　(D)不变

101. 关于表面点火,说法不正确的是(　　)。

(A)是一种不正常燃烧　(B)表面点火危害小于爆燃

(C)表面点火形成原因有两种　(D)表面点火危害较大

102. 柴油机在进气行程进入汽缸的是(　　)。

(A)混合气　(B)纯空气

(C)先空气后混合气　(D)雾化的柴油

103. 发动机每小时耗油量大,则(　　)。

(A)动力性好　　(B)经济性越差

(C)经济性不一定差　　(D)耗油率 $g_e$ 一定大

104. 比较不同转速下的柴油机的负荷特性,甲说:“同一功率下,速度高的耗油率高。”乙说:“同一功率下,速度高的耗油率低。”则下列说法正确的是(　　)。

(A)甲正确　　(B)乙正确　　(C)甲乙都不正确　　(D)甲乙都正确

105. 下列不属于车辆检测诊断内容的是(　　)。

(A)主减速器啮合印痕　　(B)发动机异响

(C)底盘功率　　(D)排放性

106. 车辆技术管理原则要求对车辆定期检测、(　　)、视情修理。

(A)定期维护　　(B)自愿维护　　(C)强制维护　　(D)按需维护

107. 交通部颁布的《汽车运输业车辆技术管理规定》第十一、十二条规定,(　　)在购置车辆时,要进行选型论证,择优选配,以提高车辆投资效益。

(A)运输单位　　(B)运输个人

(C)运输单位和运输个人　　(D)大型企业

108. 在检验汽车的近光灯光束照射位置时,向左向右偏移量应都不大于(　　)mm。

(A)80　　(B)90　　(C)100　　(D)1 000

109. 在评定车辆是否为完好车时对投入运行年限(　　)。

(A)有要求　　(B)无要求　　(C)未规定　　(D)要求在 2 年内

110. 汽车行驶阻力和附着力的关系是(　　)。

(A)汽车行驶阻力大于附着力　　(B)汽车行驶阻力等于附着力

(C)汽车行驶阻力小于或等于附着力　　(D)汽车行驶阻力小于附着力

111. 在相同的发动机功率下,车速越高汽车驱动力(　　)。

(A)越大　　(B)越小　　(C)不变　　(D)无法确定

112. 在紧急制动时,(　　)情况最危险。

(A)前轮先于后轮抱死　　(B)后轮先于前轮抱死

(C)前后轮滑移率很小时　　(D)车轮将要抱死时

113. 汽车制动器制动力(　　)。

(A)随踏板力增加而增加　　(B)与地面制动力同步增长

(C)与附着力有关　　(D)始终小于附着力

114. 汽车在制动过程中横向附着系数随滑移率增加而(　　)。

(A)逐渐变小　　(B)逐渐变大

(C)先变小而后增加　　(D)先变大后变小

115. 下列选项中,可作为汽车制动效能评价指标的是(　　)。

(A)制动距离　　(B)制动释放时间　　(C)制动时间　　(D)制动协调时间

116. 汽车涉水后,制动效能(　　)。

(A)不受影响　　(B)下降　　(C)严重下降　　(D)不能恢复

117. 下列关于汽车制动跑偏和制动侧滑关系的说法中,正确的是(　　)。

(A)制动跑偏不会引起制动侧滑　　(B)制动侧滑不会引起制动跑偏

(C)严重的制动跑偏会引起制动侧滑　　(D)二者在概念上是一致的

118. 汽车制动侧滑与(　　)有关。

(A)制动力大小　(B)地面附着系数

(C)制动力增长快慢　(D)同一轴上两车轮制动力的增长快慢

119. 汽车耗油量的测量采用(　　)。

(A)路试　(B)台架　(C)路试或台架　(D)发动机测功仪

120. 变速器增加了超速挡可以(　　)。

(A)提高发动机转速　(B)降低发动机负荷

(C)提高动力性　(D)提高经济性

121. 子午线轮胎侧偏刚度比普通斜交胎(　　)。

(A)小　(B)大　(C)一样　(D)不能确定

122. 汽车过多转向特性(　　)。

(A)能使转向操纵轻便　(B)能使车轮自动回正

(C)会导致侧滑　(D)为理想转向特性

123. 汽车振动的固有频率的理想值为(　　)次/min。

(A)30～40　(B)40～50　(C)55～70　(D)60～85

124. 越野车要爬很大的坡角道,要求最大动力因数(　　)。

(A)较小　(B)较大　(C)适中　(D)比轿车小

125. 发动机无外载测功仪测得的发动机功率为(　　)。

(A)额定功率　(B)总功率　(C)净功率　(D)机械损失功率

126. 汽车和无轨电车车轮阻滞力均不得大于该轴荷的(　　)。

(A)2%　(B)5%　(C)7%　(D)10%

127. 大部分自动变速器N-D挡延时时间小于(　　)s。

(A)1.0～1.2　(B)0.6～0.8　(C)1.2～1.5　(D)1.5～2.0

128. 汽车转向节臂变形会造成(　　)。

(A)转向沉重　(B)前轮摆头　(C)行驶跑偏　(D)制动跑偏

129. 下列因素中,变速器乱挡的原因之一是(　　)。

(A)轮齿磨成锥形　(B)自锁装置失效　(C)互锁装置失效　(D)倒挡锁失效

130. 对液压制动的汽车连续踏几次制动踏板后,踏板能升高但踏制动踏板感觉有弹性,则是由于(　　)。

(A)主缸皮碗破坏、顶翻　(B)液压系统有空气或制动液气化

(C)液压系统有渗漏　(D)制动液牌号不对

131. 汽车制动解除时,若排气缓慢或不排气而造成全车制动鼓发热,应检查(　　)。

(A)制动气室　(B)制动蹄回位弹簧

(C)制动操纵机构　(D)储气筒

132. 发动机废气分析仪取样导管长度规定为(　　)m。

(A)3　(B)4　(C)5　(D)6

133. 在路试检测汽车油耗时,一般采用油耗传感器与(　　)配合使用。

(A)秒表　(B)汽车仪表

(C)第五轮仪　(D)任何计时装置和汽车转速表

134. 关于汽车制动试验台第三滚筒说法不正确的是(　　)。
(A)当两个第三滚筒有一个压下时,驱动电机电路便接通
(B)既可以自转,又可以上下摆动
(C)可以保护电机
(D)可以防止滚筒剥伤轮胎
135. 汽车侧滑试验台的测量装置主要有(　　)两种。
(A)电位计式和应变仪式　(B)差动变压器式和应变仪式
(C)电磁感应式和电位计式　(D)电位计式和差动变压器式
136. 汽车数字式示波器(　　)。
(A)波形轨迹为即时状态　(B)显示比模拟式示波器快
(C)图像不可以保存记录　(D)图像比较稳定,不会闪烁
137. 当发动机曲轴中心线弯曲大于(　　)mm 时,必须加以校正。
(A)0.05　(B)0.10　(C)0.15　(D)0.20
138. 下列说法中不正确的是(　　)。
(A)汽车轮胎气压偏低会增加油耗　(B)汽车轮胎的形式和规格影响油耗
(C)要充分利用汽车滑行性能节油　(D)尽可能用汽车中间挡行驶
139. 卡门涡流式空气流量计用(　　)检测。
(A)万用表　(B)频率计
(C)万用表或频率计　(D)电压表
140. 发动机电子点火波形的低压波形,在充磁阶段电压没有上升,说明(　　)。
(A)电路限流作用失效　(B)点火线圈损坏
(C)高压线损坏　(D)传感器故障
141. 汽车修理挤压强化用于(　　)的加工。
(A)曲轴曲柄圆角　(B)内孔　(C)气门　(D)连杆
142. 下列选项中,(　　)是汽车系统电路图特点。
(A)仅涉及单个系统　(B)易于阅读
(C)实用性差　(D)符合实际连接关系
143. 下面关于安全用电的传述中,正确的是(　　)。
(A)用铜丝代替保险丝　(B)电气设备运行时维修
(C)用水冲洗电气设备　(D)电气装置由专业电工进行安装或修理
144. 下列选项中,不能用泡沫灭火的是(　　)。
(A)汽油　(B)电失火　(C)氰化钠　(D)酒精
145. 下列选项中,属于遇湿易燃的物品是(　　)。
(A)硫磺　(B)白磷　(C)碳化钙　(D)烧碱
146. 发现有人触电,首先应(　　)。
(A)迅速脱离电源　(B)将触电者拉开　(C)立即叫人　(D)报警
147. 下列选项中,(　　)措施是为了提高发动机充气效率。
(A)采用长进气管　(B)变进气系统　(C)加装动力腔　(D)以上全是
148. 电控汽油喷射发动机喷油器喷油量由(　　)决定。

(A)喷油时间 (B)进气管真空 (C)系统油压 (D)驱动电压或电流

149. 汽车 ABS 在紧急制动时有(　　)种工作状态。

(A)一 (B)两 (C)三 (D)四

150. 目前,多数汽车 ABS 均采用(　　)的控制方式。

(A)以车轮减速度为控制参数

(B)以车轮滑移率为控制参数

(C)以车轮减速度、加速度及滑移率为控制参数

(D)模仿

151. 用于汽车 ABS 系统的轮速传感器主要有(　　)。

(A)电磁式 (B)霍尔效应式

(C)光电式 (D)电磁式和霍尔效应式

152. 目前,多数自动变速器有(　　)个前进挡。

(A)2 (B)3 (C)4 (D)5

153. 电控自动变速器脉冲线性电磁阀电阻一般为(　　)Ω。

(A)10～15 (B)15～20 (C)8～10 (D)2～6

154. 一般自动变速器离合器的自由间隙为(　　)mm。

(A)0.5～1.0 (B)0.5～2.0 (C)2.0～2.5 (D)2.5～3.0

155. 汽车通风系统一般为(　　)

(A)自然通风 (B)强制通风

(C)自然通风和强制通风 (D)行车通风

156. 汽车空调储液干燥,过滤器视液镜有乳白色霜状物,说明(　　)。

(A)制冷剂足量 (B)制冷剂过多

(C)制冷剂不足 (D)干燥剂从干燥过滤器中逸出

157. 汽车水暖式取暖系统在发动机温度达(　　)时能正常工作。

(A)50 ℃ (B)60 ℃ (C)80 ℃ (D)90 ℃

158. 汽车 SRS 气体发生剂引燃后产生大量的(　　)。

(A)$NO_2$ (B)$N_2$ (C)$O_2$ (D)$CO_2$

159. 汽车 CCS 控制器在车速小于(　　)km/h 时应避免使用。

(A)30 (B)35 (C)45 (D)50

160. 发动机 VTEC 机构有(　　)个进气摇臂。

(A)2 (B)3 (C)4 (D)5

161. 电阻 $R_1$ 与 $R_2$($R_{21}>R_{22}$)串联时则有(　　)。

(A)$I_{21}>I_{22}$ (B)$I_{21}<I_{22}$ (C)$U_{21}>U_{22}$ (D)$U_{21}<U_{22}$

162. 通电线圈插入铁芯后,它的磁感应强度将(　　)。

(A)增强 (B)减弱 (C)不变 (D)不定

163. 磁通势的单位为(　　)。

(A)Ω (B)A (C)H (D)Wb

164. "—▶|—"符号代表(　　)。

(A)二极管 (B)三极管 (C)稳压管 (D)电阻

165. 三极管发射结和集电结均处于反向偏置是(　　)状态。

(A)放大　　(B)截止　　(C)饱和　　(D)以上答案都不对

166. 如果测得三极管 b、e 极间和 b、c 极间 PN 结的正反向电阻都很大,这说明三极管(　　)。

(A)良好　　(B)断路　　(C)击穿　　(D)以上答案都不对

**三、多项选择题**

1. 视图中能保证“高平齐”、“宽相等的视图是(　　)。

(A)主视图　　(B)右视图　　(C)左视图　　(D)仰视图

2. 机件具有倾斜的外部形状或内部形状时可选用(　　)。

(A)斜剖视图　　(B)局部视图　　(C)斜视图　　(D)局部剖视图

3. 金属材料的剖面符号应画(　　)。

(A)细实线　　(B)间隔均匀　　(C)互相平行　　(D)粗实线

4. 倒角常加在(　　)。

(A)轴端　　(B)孔口　　(C)轴肩处　　(D)凸台处。

5. 基孔制间隙配合是(　　)。

(A)H6/h5　　(B)H7/h6　　(C)H8/S7　　(D)H8/h7

6. 基孔制过盈配合是(　　)。

(A)H6/n5　　(B)H7/p6　　(C)E8/s8　　(D)H8/r7

7. 汽车启动系主要由(　　)组成。

(A)起动机　　(B)发电机　　(C)发动机

(D)蓄电池　　(E)点火开关

8. 倒角常加在(　　)。

(A)轴端　　(B)孔占　　(C)全延槽处

(D)阶梯轴轴肩处　　(E)凸台处

9. 性能图中应标注(　　)。

(A)性能(规格)尺寸　　(B)装配尺寸

(C)安装尺寸　　(D)总体尺寸

10. 装配图的内容包括(　　)。

(A)图形　　(B)尺寸　　(C)技术要求

(D)标题栏　　(E)明细栏

11. 对主销后倾下列说法正确的是(　　)。

(A)主销后倾作用是保持汽车直线行驶的稳定性

(B)主销后倾角越大,形成的回正力矩越大

(C)主销后倾角随转速的升高而减小

(D)主销后倾角的回正作用与转速无关

(E)主销后倾角可以是负值

12. 悬架的功用是(　　)。

(A)转向　　(B)缓冲　　(C)导向

(D)减振　　(E)制动

13. 钳工划线的步骤应是(　　)。

(A)看图样明确加工部位　　(B)涂色

(C)选用工具　　(D)划线

14. 检测电动汽油泵时,若无运转声,则应检查(　　)。

(A)电路熔丝　　(B)继电器　　(C)线路接触状况

(D)进油管接头　　(E)出油管接头

15. 目前多数汽车 ABS 采用的控制参数有(　　)。

(A)车轮减速度　　(B)车轮滑移率　　(C)发动机转速

(D)车速　　(E)车轮加速度

16. 铸铁具有良好的(　　)。

(A)耐磨性　　(B)减振性　　(C)物理性能

(D)铸造性　　(E)切削加工性

17. 球墨铸铁牌号中两组数字分别表示(　　)。

(A)屈服强度　　(B)抗拉强度　　(C)弹性极限　　(D)延伸率

18. 发动机用机油的主要作用是(　　)。

(A)润滑、冷却　　(B)洗涤　　(C)密封　　(D)保护(防锈)

19. 机械制造结构钢一般分为(　　)、滚动轴承钢。

(A)合金钢　　(B)渗碳钢　　(C)调质钢　　(D)弹簧钢

20. 轮胎按组成分为(　　)。

(A)高压胎　　(B)低压胎　　(C)有内胎轮胎　　(D)无内胎轮胎

21. 液压系统的组成包括(　　)。

(A)动力元件　　(B)液压缸、液压马达　　(C)辅助元件

(D)液压油　　(E)控制元件

22. 液压传动的压力和速度分别取决于(　　)。

(A)压力　　(B)温度　　(C)外载荷　　(D)流量

23. 液压油的选用与(　　)有关。

(A)工作压力的高低　　(B)工作环境温度的高低

(C)运动速度的高低　　(D)价格

24. 机械连接包括(　　)。

(A)螺纹连接　　(B)键连接　　(C)销连接　　(D)铆接

25. 平面连杆机构能进行机械运动形式的转换,可实现(　　)。

(A)转动　　(B)摆动　　(C)移动　　(D)平面运动

26. 汽车一般由(　　)等组成。

(1)发动机　　(B)电气设备　　(C)底盘　　(D)车身

27. 往复活塞式发动机一般由(　　)组成。

(A)供油机构　　(B)配气机构　　(C)曲柄连杆机构　　(D)进排气机构

28. 上曲轴箱有(　　)几种基本形式。

(A)平分式　　(B)龙门式　　(C)连接式　　(D)隧道式

29. 油环的结构形式有(　　)两种 。
(A)整体式　(B)组合式　(C)扭曲式　(D)矩形式
30. 活塞销有以下(　　)等形式。
(A)全浮式　(B)半浮式　(C)整体式　(D)分开式
31. 曲柄连杆机构所受的力有(　　)。
(A)惯性力　(B)离心力　(C)摩擦力　(D)气体压力
32. 对汽油机燃烧室的要求是(　　)。
(A)结构紧凑　(B)能产生涡流　(C)充气效率高
(D)面容比小　(E)表面光滑
33. 汽车耗油量最小的行驶速度是(　　)。
(A)低速　(B)中速　(C)高速
(D)超速　(E)经济车速
34. 曲轴飞轮组主要包括(　　)等。
(A)曲轴　(B)飞轮　(C)扭转减振器　(D)正时齿轮(或链轮)
35. 根据作用,活塞分为(　　)。
(A)顶部　(B)环槽部　(C)裙部　(D)活塞销座
36. 顶置气门式配气机构按曲,轴和凸轮轴的传动方式分为(　　)。
(A)齿轮传动方式　(B)链条传动方式
(C)齿带传动方式　(D)其他
37. 在汽车维修时,应正确执行安全操作规程,下列不符合安全操作规程的是(　　)。
(A)拆卸汽车及总成零件时,不宜使用活动扳手或手锤
(B)拆卸汽车前应进行清洗,清洗后将燃料及润滑油放出
(C)车下作业时,不宜使用活动的卧板
(D)未装好发动机罩前不准试车
(E)试车应在交通不拥挤的道路上进行
38. 气门关闭不严的原因有(　　)。
(A)气门杆部弯曲　(B)气门与气门座接触不良
(C)气门弹簧的弹力减弱　(D)气门间隙过小
39. 配气机构的异响包括(　　)。
(A)气门座异响　(B)正时齿轮、正时链轮发响
(C)气门脚响
40. 摇臂组包括(　　)。
(A)摇臂　(B)摇臂轴　(C)定位弹簧　(D)摇臂轴支座
41. 发动机的废气中,主要含有(　　)等有害气体。
(1)CO　(B)HC　(C)$CO_2$　(D)$NO_x$
42. 过度工况包括(　　)等工况。
(A)汽飞动　(B)暖机　(C)加速　(D)加浓
43. 汽车行驶跑偏的可能原因是(　　)。
(A)两前轮轮胎气压不均匀或轮胎直径不等

(B)前束过大或过小
(C)前钢板弹簧挠度不等
(D)车架变形,铆钉松动
(E)减振器失效或折断
44. 关于差速器的原理,下列说法正确的是(　　)。
(A)当行星齿轮公转不自转时,左右两侧车轮直线行驶,没有转速差
(B)当行星齿轮既自转又公转时,则左右两侧车轮转速相同,但旋向相反
(C)当行星齿轮既自转又公转时,则车轮两侧存在转速差,汽车在转弯行驶
(D)左右两半轴与行星齿轮固连一起
(E)普通行星齿轮差速器在行星齿轮没有自转时,总是将扭矩 $M_0$ 平均分配给左右两半轴车轮
45. 膜片式汽油泵供油量大小与(　　)无关。
(A)膜片上行量的大小　　(B)膜片下行量的大小不等
(C)膜片弹簧张力的大小　　(D)摇臂摆动的大小
46. 燃料供给系统的组成包括(　　)。
(A)汽油供给装置　　(B)空气供给装置
(C)混合气形成装置　　(D)废气排出装置
47. 曲柄连杆机构由(　　)等机组组成。
(A)缸体曲轴箱组　　(B)气门传动组　　(C)活塞连杆组
(D)曲轴飞轮组　　(E)活塞
48. 关于铅蓄电池,下列说法正确的是(　　)。
(A)在单格电池中,正极板比负极板数量少 1 片
(B)正极板的活性物质为 $PbO_2$ 呈棕红色,负极板物质为 Pb 呈深灰色
(C)铅蓄电池的内电阻主要取决于电解液电阻
(D)铅蓄电池的内电阻主要取决于极板电阻
(E)铅蓄电池的充电方法有定电流、定电压、混合充电三种方法
49. 气门损伤有(　　)。
(A)杆部弯曲　　(B)杆部磨损　　(C)杆端磨损
(D)主要工作面磨损　　(E)杆部破裂
50. 在点火系中,高压电流经的部件有(　　)。
(A)点火初级线圈　　(B)点火次级线圈　　(C)点火白金
(D)火花塞　　(E)分电器
51. 离合器打滑的主要原因是(　　)。
(A)离合器踏板自由行程过小或没有
(B)离合器踏板行程过大
(C)压盘弹簧过软或折断
(D)压盘弹簧过硬
(E)摩擦片磨损弯薄、老化或沾有油污
52. 下列能够提供反馈信号的传感器有(　　)。

(A)车速传感器　(B)氧传感器　(C)冷却水温度传感器
(D)爆振传感器　(E)油压传感器

53. EPI 系统的电动汽油泵的控制形式有(　　)。
(A)点火开关控制　(B)发动机控制
(C)油泵开关控制　(D)发动机与油泵开关共同控制

54. 以下(　　)部件属于柴油机燃料供给系。
(A)喷油泵　(B)输油泵　(C)喷油器　(D)柴油

55. 柱塞的往复运动完成了喷油泵(　　)的过程。
(A)有效行程　(B)预备行程　(C)剩余行程　(D)进气行程

56. 调速器的作用是控制(　　)。
(A)负荷　(B)最高转速　(C)供油量　(D)喷油速率

57. 现代柴油机形成良好混合气的方法有(　　)。
(A)空间雾化混合　(B)油膜蒸发混合　(C)复合式　(D)加热式

58. 柴油机通常不采用(　　)方法熄火。
(A)关闭点火开关　(B)松开油门踏板
(C)使喷油泵停止供油　(D)关闭进气管

59. 影响着火延迟期的主要因素有(　　)。
(A)喷油器的结构　(B)喷油压力
(C)柴油黏度　(D)喷油泵凸轮外形及转速

60. 车用柴油机喷油器根据作用原理,可分成下列(　　)几种形式。
(A)柱塞式　(B)喷油泵-喷油器　(C)转子分配式
(D)齿轮式　(E)齿条式

61. 发动机的冷却强度,主要靠(　　)调节。
(A)节温器　(B)风扇离合器　(C)水泵　(D)转速

62. 润滑系主要有(　　)作用。
(A)润滑　(B)冷却　(C)密封
(D)清洗　(E)防锈蚀

63. 发动机各零部件上采用的润滑方法是(　　)。
(A)压力润滑　(B)飞溅润滑　(C)减压润滑
(D)加温润滑　(E)定期润滑

64. 机油滤清器主要有(　　)。
(A)集滤器　(B)细滤器　(C)粗滤器　(D)曲轴箱通风

65. 机油粗滤器上的限压阀的作用是(　　)。
(A)防止润滑油泄漏　(B)防止齿轮油泵过载
(C)限制最高机油压力　(D)保证最低泵油压力

66. 离合器最大传递扭矩与(　　)等因素有关。
(1)从动盘直径　(B)发动机扭矩　(C)从动盘数　(D)摩擦片材料

67. 对离合器的主要要求是(　　)。
(A)接合柔和、分离彻底　(B)接合柔和、分离柔和

(C)接合迅速、分离彻底　　(D)散热能力好

68. 用两个万象节加一个根传动轴实现等角速传动的条件有(　　)。

(A)输入轴、输出轴和传动轴夹角不相等

(B)两端万向节叉不在同一平面

(C)两端万向节叉在同一平面

(D)输入轴、输出轴必须平衡

69. 离合器从动盘表面接触(　　)。

(A)飞轮　　(B)分离轴承　　(C)压盘　　(D)摩擦片

70.(　　)属于传动系统的零部件。

(A)传动轴　　(B)同步器　　(C)制动器　　(D)分动器

71.(　　)属于电控自动变速器的传感元件。

(A)发动机转速传感器　　(B)车速传感器

(C)制动灯开关　　(D)发动机水温传感器

72.(　　)属于行星齿轮机构零件。

(A)导轮　　(B)惰轮　　(C)泵轮　　(D)涡轮

73. 自动变速器的专项试验项目包括(　　)。

(A)失速试验　　(B)行驶性能试验　　(C)时滞试验　　(D)道路试验

74. 自动变速器的特点有(　　)。

(A)提高安全、动力性和经济性　　(B)减少排放污染

(C)传动效率高　　(D)结构简单

75. 全自动变速器包括(　　)。

(A)行星齿轮变速器　　(B)变矩器

(C)冷却装置　　(D)液压自动换挡控制系统

76. 现代轿车上使用较多的是(　　)。

(A)子午线轮胎　　(B)低压轮胎　　(C)无内胎轮胎　　(D)超低压轮胎

77. 对于平顺性要求较高的轿车,其悬架常采用的是(　　)。

(A)烛式悬架　　(B)非独立悬架　　(C)麦弗逊式悬架　　(D)平衡悬架

78. 麦弗逊式独立悬架可以用在(　　)。

(A)前桥　　(B)非独立悬架、断开式车桥

(C)后桥　　(D)任何车桥

79.(　　)能做独立悬架的弹性元件。

(A)钢板弹簧　　(B)扭杆弹簧　　(C)螺旋弹簧　　(D)油气弹簧

80. 轿车的前桥可能是(　　)。

(A)转向桥　　(B)转向驱动桥　　(C)驱动桥　　(D)支持桥

81.(　　)是变刚度钢板弹簧。

(A)东风 EQl090E 型汽车前钢簧　　(B)解放 CAl091 型汽车前钢簧

(C)东风 EQl090E 型汽车后钢簧　　(D)南京依维柯汽车后钢簧

82.(　　)采用的是麦弗逊式独立悬架。

(A)桑塔纳轿车的前悬架　　(B)夏利轿车的前悬架

(C)桑塔纳轿车的前悬架　　(D)夏利轿车的后悬架

83.(　　)能使车轮自动回正。

(A)主销前倾　(B)主销外倾　(C)主销后倾　(D)主销内倾

84. 转向轮为麦弗逊式独立悬架时,车轮定位参数中(　　)可以调整。

(A)主销后倾　(B)前轮外倾　(C)主销内倾　(D)前轮前束

85. 轮胎换位的方法有(　　)。

(A)循环换位法　(B)单边换位法　(C)交叉换位法　(D)混合换位法

86. 属于转向系的零件有(　　)。

(A)梯形臂　(B)横拉杆　(C)斜拉杆　(D)直拉杆

87. 影响车轮偏转角的因素有(　　)。

(A)转向系的角传动比　　(B)横拉杆

(C)转向器的形式　　(D)前轴上的四个凸台

88. 属于转向梯形的零件有(　　)。

(A)前轴　(B)横拉杆　(C)斜拉杆　(D)直拉杆

89. 现代汽车上常用的转向器的形式有(　　)。

(A)指销式　(B)滚轮式　(C)涡轮式　(D)循环球式

90. 动力转向系的转向油泵的形式有(　　)。

(A)叶片式　(B)离心式　(C)转子式　(D)真空式

91. 流量控制阀工作性能的检查方法有(　　)。

(A)检验有负荷时的油压差

(B)检验无负荷时的油压差

(C)检验怠速急加速时系统内油压回降情况

(D)检验中速急加速时系统内油压回降情况

92. 动力转向系管路中进入空气,会导致(　　)。

(A)转向油泵产生噪声　　(B)转向不足

(C)转向沉重　　(D)行驶跑偏

93. 动力转向油泵中有(　　)。

(A)安全阀　(B)卸荷阀　(C)溢流阀　(D)电磁阀

94.(　　)属于动力转向系的特点。

(A)转向时会出现"打手"　　(B)转向时有"路感"

(C)转向盘有"随动"作用　　(D)转向时"发飘"

95.(　　)属于齿轮齿条转向器的特点。

(A)转向盘的自由行程取决于转向器的啮合间隙

(B)可变传动比

(C)传动效率高

(D)无转向直拉杆

96. 汽车制动系统必须设置(　　)。

(A)行车制动装置　　(B)发动机制动装置

(C)驻车制动装置　　(D)排气制动装置

97. 车轮制动器有(　　)等几种形式。

(A)平衡式 (B)鼓式 (C)不平衡式 (D)盘式

98. 车轮制动器的制动蹄有(　　)等作用。

(A)增势 (B)平衡 (C)减势 (D)增力

99. 鼓式车轮制动器的调整分为(　　)。

(A)全面调整 (B)局部调整 (C)二次调整 (D)二次调整

100. 轮缸式制动器的间隙自调装置有(　　)等几类。

(A)一次调准式 (B)二次调准式 (C)三次调准式 (D)多次调准式

101. 凸轮式车轮制动器的间隙的调整部位包括(　　)。

(A)偏心支承销 (B)制动调整臂 (C)凸轮轴支座 (D)调整凸轮

102. 浮钳盘式车轮制动器的缺点有(　　)。

(A)摩擦片易产生偏磨损 (B)刚度较差

(C)无间隙自调整装置 (D)防污性能差

103. 浮钳盘式车轮制动器具有(　　)。

(A)制动时的平顺性好 (B)刚度大

(C)制动的热稳定性好 (D)防污性能好

104. 轮速传感器的结构形式主要有(　　)。

(A)电磁感应式 (B)霍耳感应式 (C)电感感应式 (D)光电压式

105. ABS 系统的压力调节器有(　　)等几种 。

(A)液压式 (B)电力式 (C)气压式 (D)机电一体式

106. 车辆运输业建立的主要技术经济定额和指标包括车辆的(　　)。

(A)完好率 (B)平均技术等级 (C)小修频率

(C)轮胎翻新率 (E)新度系数

107. 汽车空调制冷系统控制电磁离合器工作的开关有(　　)。

(A)低压开关 (B)恒温器 (C)高压开关

(D)环境温度开关 (E)报警开关

108. 汽车变速器齿轮采用(　　)处理。

(A)渗碳 (B)淬火 (C)低温回火

(D)退火 (E)渗氮

109. 常流式动力转向器按结构布置不同分为(　　)。

(A)整体式 (B)分置式 (C)气压式

(D)联阀式 (E)电控式

110. 电控燃油喷射系统的功能是控制(　　)。

(A)喷射正时 (B)喷油量 (C)燃油停供

(D)机油泵 (E)空气供给

111. 按照故障率函数特点可将汽车故障分为(　　)等类型。

(A)早期故障型 (B)偶然故障型 (C)耗损故障型 (D)间歇故障型

112. 自动变速器进行道路试验时,需检查(　　)。

(A)升挡情况 (B)升挡车速 (C)换挡质量

(D)锁止离合器工作　(E)强制降挡功能

113. 空调高低压侧的压力均偏高,可能是(　　)的原因。

(A)制冷剂偏多　(B)制冷剂偏少　(C)冷凝器散热差

(D)管路中有空气混入　(E)压缩机工作不良

114. 汽车故障诊断大体上分为(　　)等几类。

(A)仪器故障诊断　(B)机械故障诊断

(C)电气故障诊断　(D)机电综合故障诊断

115. 反力控制液压式电控动力转向系统主要由(　　)组成。

(A)电子控制系统　(B)转向齿轮箱　(C)汽油泵

(D)换向阀　(E)发动机转速传感器

116. 汽车故障诊断的条件可概括为(　　)。

(A)人才　(B)国家标准　(C)设备　(D)资料

117. 成为一名合格的汽车维修技术人员,必须具备的条件是(　　)。

(A)必须有够用的专业基础知识　(B)熟练自如的诊断方法

(C)拥有丰富的维修经验　(D)过硬实用的分析诊断能力

118. 能够改变进气歧管波动效应的参数有(　　)。

(A)进气管长度　(B)发动机转速　(C)音速

(D)怠速控制阀　(E)涡轮增压器

119. 诊断标准按其性质,可以分为(　　)。

(A)使用标准　(B)绝对诊断标准　(C)相对诊断标准　(D)类比标准

120. 轴承 GS81107 代表的含义是(　　)。

(A)GS 表示推力圆锥滚子轴承座圈

(B)8 表示推力圆锥滚子轴承

(C)07 表示内径代号

(D)11 分别表示宽度系列代号为 1,直径系列代号为 1

(E)GS 表示推力圆柱滚子轴承座圈

121. 汽车的自诊断系统具有(　　)功能。

(A)发现故障　(B)故障报警　(C)故障分类

(D)故障处理　(E)故障存储

122. 汽车零部件按失效模式可分为磨损、疲劳断裂、(　　)等几类。

(A)变形　(B)腐蚀　(C)老化　(D)失准

123. 汽车整车电路,按电路系统来分,可分为(　　)。

(A)电源系　(B)起动系　(C)传动系

(D)制动系　(E)信号系

124. 引起汽车零部件失效的原因主要有(　　)等几个方面。

(A)工作条件(包括零部件的受力状况和工作环境)

(B)设计制造(设计不合理、选材不当、制造工艺不当等)

(C)使用维修

(D)使用频率

125. 辛普森式行星齿轮机构的特点是(　　)。
(A)前后行星架相连　(B)前后太阳轮相连
(C)前行星架与后齿圈相连　(D)前行星架与输出轴相连
(E)前太阳轮与后行星架相连
126. 鼓式车轮制动器主要由(　　)和张开机构等组成。
(A)旋转部分　(B)固定部分　(C)制动控制阀
(D)定位调整机构　(E)制动轮缸
127. 一个完整的、能够正常工作的液压系统,应该由(　　)和控制调节装置等主要部分组成。
(A)能源装置　(B)工作介质　(C)辅助装置　(D)执行装置
128. 电子控制自动变速器中对换挡起决定性作用的是(　　)传感器。
(A)发动机转速　(B)节气门位置　(C)曲轴位置
(D)车速　(E)轮速
129. 对液压系统中的压力、流量或流动方向进行控制或调节的装置有(　　)。
(A)能源装置　(B)溢流阀　(C)换向阀　(D)液压马达
130. 把液压能转换成机械能的装置有(　　)。
(A)能源装置　(B)液压缸　(C)换向阀　(D)节流阀
131. 本田发动机的 VTEC 机构主要由(　　)组成。
(A)同步活塞　(B)正时活塞　(C)气门
(D)曲轴　(E)连杆
132. 气压传动与机械、电气、液压传动相比,有(　　)等优点。
(A)维护简单　(B)不污染环境
(C)输出力或力矩大　(D)结构简单
133. 造成手动变速器乱挡的原因有(　　)。
(A)轮齿磨成锥形　(B)自锁装置失效
(C)互锁装置失效　(D)变速杆定位销脱落
(E)输出轴损坏
134. 修订后的《大气污染防治法》对重点城市的大气污染防治突出了(　　)等内容。
(A)加强对机动车污染防治
(B)加大城市扬尘的控制力度
(C)禁止超过排放标准排放污染物
(D)实行大气污染物排放的总量控制和许可制度
135. 在组装齿轮齿条式动力转向器的过程中要注意(　　)。
(A)始终保持清洁,组装时要小心
(B)更换所有的 O 型环和橡胶密封件
(C)所有零部件要施加动力转向油液
(D)尽量使用适当的专用工具
(E)按规定力矩拧紧螺栓
136. 发动机的电控单元将根据发动机的(　　)信号,来确定基本喷油量。

(A)冷却液温度　　(B)转速　　(C)负荷

(D)进气压力　　(E)进气温度

137. 机动车维修企业在维修生产中产生的固体废物,包括(　　)等。

(A)废旧蓄电池　　(B)废旧轮胎　　(C)废旧汽车机件　　(D)生产与办公垃圾

138. 机动车维修企业经营条件中的“安全生产条件”是指:生产经营单位在安全生产中(　　)等“硬件”方面的条件。

(A)设施　　(B)设备　　(C)场所　　(D)环境

139. 进气行程中,由于曲轴的旋转,活塞从上止点向下止点运动,这时(　　)。

(A)排气门关闭　　(B)进气门打开

(C)进排气门均打开　　(D)进排气门均关闭

140. 发动机动力性能指标指曲轴对外作功能力的指标,包括(　　)。

(A)有效转矩　　(B)有效功率　　(C)曲轴转速　　(D)额定功率

141. 发动机有效功率等于(　　)的乘积。

(A)有效转矩　　(B)曲轴转速　　(C)车速　　(D)额定转矩

142. 汽缸盖变形通常是由于(　　)所致。

(A)拆装汽缸盖时操作不当

(B)未按汽缸盖螺栓规定的顺序拧紧

(C)气门间隙调整不当

(D)未按汽缸盖螺栓规定拧紧力矩操作

143. 汽缸体变形通常是由于(　　)所致。

(A)拆装汽缸盖螺栓时力矩过大或不均

(B)不按顺序拧紧汽缸盖螺栓

(C)在高温下拆卸汽缸盖

(D)发动机点火系统不良引起爆燃

144. 汽缸体上、下平面在螺纹孔口周围凸起,通常是由于(　　)导致的。

(A)装配时汽缸盖螺栓扭紧力矩过大

(B)装配时螺纹孔中未清理干净

(C)装配时汽缸盖螺栓扭紧力矩过小

(D)在高温下拆卸汽缸盖

145. 曲轴主轴承响的特征有(　　)。

(A)发动机转速突然变化时发出低沉连续“镗镗”金属敲击声,严重时发动机机体发生振动

(B)响声随发动机转速提高而增大,随负荷的增大而增大,产生响声的部位在汽缸的下部

(C)响声在怠速时较小,中速时较为明显,发动机温度升高后,响声无变化

(D)单缸“断火”时,响声无明显变化,相邻两缸“断火”时,响声会明显减弱

146. 连杆轴承响的特征有(　　)。

(A)在突然加速时,有明显连续“铛铛”敲击声

(B)单缸“断火”后,响声明显减弱或消失

(C)响声在怠速时较小,中速时较为明显,发动机温度升高后,响声无变化

(D)单缸“断火”时，响声无明显变化，相邻两缸“断火”时，响声会明显减弱

147. 关于爆振，以下叙述正确的是(　　)。

(A)爆振燃烧使发动机过热

(B)发动机过热容易产生爆振燃烧

(C)使用低牌号的汽油易发生爆振

(D)爆振传感器损坏将导致发动机容易产生爆振

148. 改变冷却强度的调节方式通常有(　　)。

(A)改变通过散热器的空气流量　　(B)改变冷却水泵的转速

(C)改变冷却风扇的大小　　(D)改变冷却液的循环流量和循环范围

149. 节温器装在冷却液循环的通路中，根据(　　)自动改变冷却液的循环流动路线，以调节冷却系的冷却强度。

(A)发动机负荷大小　　(B)冷却液温度的高低

(C)发动机转速高低　　(D)节气门开度大小

150. 冷却系的维护作业重点应放在(　　)等方面。

(A)调整风扇皮带　　(B)检查节温器

(C)清除冷却系水垢　　(D)更换水泵

151. (　　)是润滑系统的功用。

(A)冷却　　(B)密封　　(C)防锈蚀　　(D)清洗

152. 润滑系技术状况变坏的明显标志是(　　)。

(A)机油压力降低　　(B)机油泵损坏

(C)机油变质　　(D)发动机出现异响

153. 发动机防盗系统按照阻止起动的方式可以分成(　　)。

(A)通过继电器切断起动机、点火系、汽油泵、自动变速器(使其电磁阀无法打开)等电路

(B)使发动机 ECU 处于非法状

(C)通过钥匙卡将密码输入车内的接收器或解码装置

(D)通过点火开关内置的转发器接收密码信号

154. 通过点火开关内置的转发器接收密码的发动机防盗系统主要由(　　)和发动机 ECU 等组成。

(A)发射器钥匙(点火钥匙)　　(B)发射器钥匙线圈

(C)发射器钥匙放大器　　(D)发射器钥匙 ECU

155. 发动机防盗系统的解除包括(　　)等步骤。

(A)钥匙码的发射过程

(B)钥匙码接收过程

(C)滚动码的发送过程

(D)发射器钥匙 ECU 对滚动码的接收判断与发送

156. 自动变速器的换挡执行机构包括(　　)。

(A)离合器　　(B)制动器　　(C)锁止离合器　　(D)单向离合器

157. 自动变速器性能检验项目可以分为(　　)、道路试验、手动换挡试验、仪器换挡试验等。

(A)基础检验　(B)失速试验　(C)时滞试验　(D)油压试验

158. 汽车在制动过程中横向附着系数随滑移率增加而(　　)。

(A)逐渐变小　(B)逐渐变大
(C)先变小而后增加　(D)先变大后变小

159. 下列选项中,可作为汽车制动效能评价指标的是(　　)。

(A)制动距离　(B)制动释放时间　(C)制动时间　(D)制动协调时间

160. 汽车涉水后,制动效能(　　)。

(A)不受影响　(B)下降　(C)严重下降　(D)不能恢复

161. 下列关于汽车制动跑偏和制动侧滑关系的说法中,正确的是(　　)。

(A)制动跑偏不会引起制动侧滑　(B)制动侧滑不会引起制动跑偏
(C)严重的制动跑偏会引起制动侧滑　(D)二者在概念上是一致的

162. 汽车耗油量的测量采用(　　)。

(A)路试　(B)台架　(C)路试或台架　(D)发动机测功仪

163. 变速器增加了超速挡可以(　　)。

(A)提高发动机转速　(B)降低发动机负荷
(C)提高动力性　(D)提高经济性

164. 子午线轮胎侧偏刚度比普通斜交胎(　　)。

(A)小　(B)大　(C)一样　(D)不能确定

165. 汽车过多转向特性(　　)。

(A)能使转向操纵轻便　(B)能使车轮自动回正
(C)会导致侧滑　(D)为理想转向特性

166. 汽车振动的固有频率的理想值为(　　)次/min。

(A)30～40　(B)40～50　(C)55～70　(D)60～85

167. 越野车要爬很大的坡角道,要求最大动力因数(　　)。

(A)较小　(B)较大　(C)适中　(D)比轿车小

168. 发动机无外载测功仪测得的发动机功率为(　　)。

(A)额定功率　(B)总功率　(C)净功率　(D)机械损失功率

169. 汽车和无轨电车车轮阻滞力均不得大于该轴荷的(　　)。

(A)2%　(B)5%　(C)7%　(D)10%

170. 大部分自动变速器 N-D 换挡延时时间小于(　　)s。

(A)1.0～1.2　(B)0.6～0.8　(C)1.2～1.5　(D)1.5～2.0

## 四、判 断 题

1. 磁路欧姆定律的表达式为 $\Phi=IN/R\text{m}$。(　　)
2. 液压传动以油液为工作介质,依靠容积的变化传递运动。(　　)
3. 液压元件配合精度要求不高。(　　)
4. 千斤顶应垂直放置。(　　)
5. 湿洗就是采用碱性或中性清洗剂清洗汽车零件表面的油类和脏物。(　　)
6. 在汽车发动机运转的大部分时间里,启动机向蓄电池充电。(　　)

7. 由电力驱动的汽车车窗玻璃升降器称为电动车窗。(　　)

8. 功率增益表示放大器放大信号功率的能力。(　　)

9. 锉削时,锉刀不可沾水、沾油。(　　)

10. 全面质量管理的主要特点是突出“全”字。(　　)

11. 专业分工作业法适用于车辆多、车型较单一的汽车修理企业。(　　)

12. 焊接汽车零件时,出现变形是因焊接应力引起的。(　　)

13. 汽车车轮制动器间隙的调整应在轮毂轴承预紧度调好后进行。(　　)

14. 装配自动变速器各部件前,应用 206 kPa 干燥洁净的压缩空气对各油孔依次吹入压缩空气进行检验。(　　)

15. 用游标卡尺也可校正量缸表的尺寸。(　　)

16. 发动机最大功率比规定降低 15%以下必须进行大修。(　　)

17. 汽车差速器壳体轴承座孔与半轴齿轮轴颈的配合间隙一般应不大于 0.15 mm。(　　)

18. 汽车车身涂层外观质量检查是优质的,允许有轻微划伤。(　　)

19. 汽车承修方在保证期内维修质量发生故障或提前损坏时,必须及时排除,免费维修。(　　)

20. 汽车车身外装饰带分段接口处间隙可用直尺测量。(　　)

21. 车长大于 6 m 的客车必须设置电源开关。(　　)

22. 为确保客车产品主要方面的质量,特制定四个关键项和四个重要项评定指标。(　　)

23. 当发动机转速达到某一值时,耗油率达到最低。(　　)

24. 柴油机烟度计常采用滤纸式。(　　)

25. 车辆技术档案的主要内容包括车辆基本情况、检测和维修记录等,但不包括事故处理记录。(　　)

26. 转向盘自由转动量与汽车的最大设计车速有关。(　　)

27. 我国规定,在汽车动力性试验时一般为半载。(　　)

28. 汽车所受到的空气阻力与汽车行驶速度平方成正比。(　　)

29. 汽车前照灯检验仪一般应安在自动检测线的中间工位上。(　　)

30. 从油箱蒸发出来的汽油蒸汽,被炭罐吸附后直接被吸进进气管。(　　)

31. 发动机大修中常用的修理尺寸为+0.5 mm、+1.00 mm、+1.50 mm 三级。(　　)

32. 汽车 VIN 第十位英文字母表示生产年代。(　　)

33. 电控燃油喷射发动机 D 型 EFI 采用质量流量的方式测量进气量。(　　)

34. 汽车电子控制系统一般由电控单元、传感器、执行器三部分组成。(　　)

35. 汽车空调蒸发器结构和冷凝器类似,由铝制芯管和散热片组成。(　　)

36. 当汽车空调制冷系统中有空气时,高压保护可能会起作用。(　　)

37. 通常把两个同频率的正弦量的相位之差称为相位差。(　　)

38. 液压传动以油液为工作介质,依靠容积的变化传递运动。(　　)

39. 千斤顶应垂直放置。(　　)

40. 搬动蓄电池时,不可歪斜。(　　)

41. 试验发动机时,不得在车下工作。(  )

42. 工作质量就是对与产品质量有关的工作的保证程度。(  )

43. 全面质量管理的主要特点是突出“全”字。(  )

44. 国家实行劳动者每日工作时间不超过八小时、平均每周工作时间不超过四十四小时的工时制度。(  )

45. 修理工艺卡片是有具体操作规范的。(  )

46. 汽车修理技术规范主要指零件尺寸、表面粗糙度、精度和配合公差。(  )

47. 镀铬的电流效率低是因为氢析出量小。(  )

48. 汽缸体上平面的平面度误差(50 mm×50 mm)使用极限大于 0.10 mm。(  )

49. 对零件草图进行审核,内容只有尺寸标准、技术要求。(  )

50. 焊接汽车零件时,出现变形是因焊接应力引起的。(  )

51. 发动机曲轴轴颈磨损检验,需选取三个截面进行检测。(  )

52. 检查机械循环球式转向器扇形齿与齿条啮合印迹时,该印迹应处在两齿面中间位置,印迹的方向大致与摇臂轴中心线相平行。(  )

53. 装配自动变速器各部件前,应用 206 kPa 干燥洁净的压缩空气对各油孔依次吹入压缩空气进行检验。(  )

54. 汽车变速器有漏油故障,应进行大修。(  )

55. 壳体变形、破裂就是汽车后桥总成大修送修标志。(  )

56. 车辆和总成送修时,应将车辆和总成的有关汽车说明书一并送承修单位。(  )

57. 汽车半轴齿轮与行星齿轮工作面斑点面积不得超过齿面的 25%。(  )

58. 发动机飞轮工作面的磨损限度不允许超过 1.0 mm。(  )

59. 发动机总成或汽车其他总成大修竣工后应安装限速装置。(  )

60. 汽车车身外装饰带分段接口处间隙可用直尺测量。(  )

61. 车长大于 6 m 的客车必须设置电源开关。(  )

62. 用手锯锯割管子时,必须选用粗齿锯条,这样可加快锯割。(  )

63. 汽油的蒸发性愈好,越不容易出现“气阻”现象。(  )

64. 改变转向横拉杆的长度,可以调整转向角度的大小。(  )

65. 若分电器白金触点间隙过大,会造成点火时间过迟。(  )

66. 发动机温度过高时(如“开锅”),应立即打开散热器盖,加入冷水。(  )

67. 输油泵的作用是保证柴油在低压油路内循环,并供应足够数量及一定压力的燃油给喷油泵。(  )

68. 柴油机压缩终了时,用火花塞点燃柴油使其爆发作功。(  )

69. 汽油泵中进出油阀结构式样和安装方向都一样。(  )

70. 汽车两前轮的后端距离小于两前轮的前端距离,它们的差距值称为前轮前束(  )

71. 装配活塞销的质量要求是新活塞销的表面光洁度一般不高于 0.8。(  )

72. 气门座的铰削工艺过程一般是:选择刀杆、粗铰、试配、精铰等。(  )

73. 消声器的拍击声(放炮)可能是混合气过稀的原因。(  )

74. 浮子室油平面的高低将会影响到化油器各装置的工作,当其他状况相同时,油平面越高,混合气就变稀,反之变浓。(  )

75. 离合器摩擦片沾油或磨损过甚会引起离合器打滑。（　　）

76. 进气门头部直径通常要比排气门头部大，而气门锥角有时比排气门小。（　　）

77. 汽车后桥壳必须密封，以避免漏油、漏气。（　　）

78. 226型汽油泵泵油量的多少与泵膜弹簧的张力有关，与膜片的行程无关。（　　）

79. 化油器在发动机怠速或小负荷时，必须由怠速装置保证供油，此时化油器主供油装置也起作用。（　　）

80. 单齿纹锉刀适宜锉削软材料。（　　）

81. 五十铃TD72Lc型汽车后悬架的钢板弹簧是滑板连接式。（　　）

82. 传动轴两端的万向节叉安装时应在同一平面上。（　　）

83. 拆御气缸盖螺栓时，应从中央到外围对角均匀地分多次慢慢松开。（　　）

84. 活塞环弹力过大，活塞环在气缸内不能起到很好的密封作用，容易使气缸漏气、窜油。（　　）

85. 发动机大修时，一般应更换活塞，且应在搪缸后进行。（　　）

86. 锯割的速度以每分钟20～40为宜。（　　）

87. 如果机油加超过了油尺刻度，这时润滑效果更好，可以继续行驶。（　　）

88. 汽车钢板弹簧如有断裂，一般应予以更换新件。也可以将长片截为短片使用。（　　）

89. 制动踏板自由行程过大，会造成制动不灵。（　　）

90. 发动机的工作容积越大，它的功率也应越大。（　　）

91. 孔式喷油器的喷孔直径一般要比轴针式喷油器的喷孔大。（　　）

92. 两速调速器适用于一般条件下使用的汽车柴油机，它能自动稳定和限制柴油机最低和最高转速。（　　）

93. 发动机耗油率越小，经济性越好。（　　）

94. 汽油牌号表示汽油的抗爆性能，即十六烷值越大，汽油的抗爆性能越好。（　　）

95. 变速杆不能挂入所需挡位或挂入后不能退回空挡的故障，多数是由于定位装置失效而造成的。（　　）

96. 汽油机在气缸内形成混合气，而柴油机是在气缸外形成的混合气。（　　）

97. 化油器机械加浓装置的加浓程度只与节气门的开度有关，而真气加浓装置的加浓程度是与节气门开度和发动机转速有关。（　　）

98. 直流发电机没有剩磁时仍可发电。（　　）

99. 凡是公称尺寸相同的零件，精度等级越高，公差就越大。（　　）

100. 硬度是材料对局部塑性变形的抗力。（　　）

101. 退火是将钢件加热到临界温度以上，保温一段时间，然后在水或盐水或油中急冷下来，使之得到高硬度。（　　）

102. 符号HV表示布氏硬度。（　　）

103. 钢的热处理是通过将钢在固态下加热、保温和冷却的操作来改变其外形、从而获得所需性能的一种工艺方法。（　　）

104. 剖面图是假想剖切平面将机件的某部分切断仅画被切表面的图形，简称为剖面。（　　）

105. 圆柱度属于位置公差。(  )

106. 平面度属于定位公差。(  )

107. 垂直度属于形状公差。(  )

108. 全跳动属于形状公差。(  )

109. 倾斜度属于定向位置公差。(  )

110. 直线度属于位置公差。(  )

111. 断电器触电间隙一般为 0.35～0.45 mm。(  )

112. 差速器由四个行星齿轮、两个双曲线齿轮、一个十字轴和差速器壳等组成。(  )

113. 差速器的作用是能使同一驱动桥的左右车轮以不同的角速度旋转,并传递扭矩。(  )

114. 光洁度是指工件加工表面上峰与谷所组成的微观几何形状特性。(  )

115. 汽车的大小瓦与轴颈的配合一般为 2 级精度。(  )

116. 离合器分离不彻底的主要原因是:(1)踏板自由行程过大;(2)分离杠杆内端不在同一平面上。(  )

117. 加注制动液时不应踏下制动踏板。(  )

118. 汽车修竣后,轴距的左右差应不大于 10 mm。(  )

119. 前轮定位包括主销后倾、主销外倾、前轮外倾和前轮前束。(  )

120. 前轮前束的作用是使汽车能保持直线行驶稳定,使转向轻便并能自动回正,减少轮胎磨损。(  )

121. 交流发电机使用时,可以将发电机的“电枢”磁场两接柱短路连接或打火试验。(  )

122. 汽车在走合期内应增载 30%,可以拖带挂车。(  )

123. 气门间隙过大,使气门在热态下关闭不严而发生漏气,造成气门烧蚀和功率下降。(  )

124. 进、排气门早开迟闭是为了延长进排气时间,使进气进得充足,废气排得干净。(  )

125. 喷油泵的作用是将柴油雾化成较细的颗粒,并将其喷布于燃烧室中。(  )

126. 机油压力过高,则供油量不足,造成润滑不良,加速机件磨损。(  )

127. 机油表正常压力一般为 200～400 kPa(2～4 $kg/cm^2$)。(  )

128. 点火顺序为 1-5-3-6-2-4 的发动机,当六缸处于排气行程结束时,三缸进气的曲轴转角转过 120°。(  )

129. 点火顺序为 1-8-4-3-6-5-7-2 的发动机,一缸开始作功时,五缸排气导前 60°。(  )

130. 点火顺序为 1-8-4-3-6-5-7-2 的发动机,一缸开始作功时,七缸处于排气开始。(  )

131. 驱动汽油泵的偏心轮表面磨损及机油泵驱动齿轮齿厚磨损,均不应超过 0.5 mm。(  )

132. 磨削连杆轴颈时应保持其位置精度,各连杆轴颈轴线在曲轴轴线圆周方向分布的角度误差不应超过±30′。(  )

133. 当凸轮表面有严重损伤或凸轮升程减小 0.4 mm,应修磨凸轮,恢复凸轮升程。(  )

134. 当燃烧室积炭过多时，会引起发动机突爆。（　　）

135. 一般情况下，柴油机的热效率比汽油机的高。（　　）

136. 常用的布氏硬度，其代号是 HRC。（　　）

137. 钢件退火的主要目的是降低钢的硬度，使之易于切削加工。（　　）

138. 接通点火开关后，如果汽油车的电流表的指示数值在 3～5 A，摇转曲轴时指针不摆动，可能是点火线圈到活动触点间有搭铁，或断器触点不能张开。（　　）

139. 汽车修竣后，转向盘自由转动量应不大于 15°。（　　）

140. 冷却系统中提高冷却液沸点的装置是散热器。（　　）

141. 全浮式活塞销座的配合是过盈配合。（　　）

142. 过量空气系数 $a$ 的值等于 1 的混合气为标准混合气。（　　）

143. 柴油发动机的压缩比一般在 6.5～9 之间。（　　）

144. 进气门的材料一般采用铬硅钢。（　　）

145. EQ140J 型汽车当离合器处于接合状态时，变速器中间轴与发动机曲轴转向相同。（　　）

146. EQ140 型汽车离合器的压盘驱动方式为传动销式。（　　）

147. 离合器液压操纵机构中，当迅速放松踏板时，在主缸活塞前方形成真空负压。（　　）

148. 变速器直接挡是唯一一个动力没有经过中间轴传递的挡位。（　　）

149. 齿轮传动中，如将传动比、齿轮齿数、轴的转速扭矩用数学表达式表示，则得：$i=z_{从}/z_{主}=n_{从}/n_{主}=M_{从}/M_{主}$。（　　）

150. 在摩擦面压力，摩擦面的尺寸、材料都相同的条件下，双片离合器比单片离合器传递的扭矩要大。（　　）

151. CA10B 型汽车在安装离合器的摩擦片时应两长毂相对。（　　）

152. 晶体管点火系的次级高压较大，在使用时应将火花塞的间隙增大。（　　）

153. 活塞径向方向呈椭圆形，椭圆的长轴与活塞销轴线同向。（　　）

154. 安装不等矩弹簧时，向着气缸体或气缸盖的一端应该是螺矩大的。（　　）

155. 四行程六缸发动机，各同名凸轮之间的相对位置夹角应当是 120°。（　　）

156. 轴针式喷油泵采用齿杆式油量调节机构。（　　）

157. 曲轴箱通风装置中的单向阀失效，将会引起发动机的怠速不稳。（　　）

158. 废气渗入冷却系统，最可能的原因是进排气岐管垫损坏。（　　）

159. 发动机冷却系统中锈蚀物和水垢累积的结果可造成怠速不稳定。（　　）

160. Ⅱ号喷油器适用于分开式燃烧室。（　　）

161. EQ140 型汽车的前、后钢板弹簧，采取了前端自由，后端固铰。（　　）

162. 当发动机连杆螺帽按规定扭紧后，其连杆大头孔径的失圆度与锥度不得超过 0.09 mm。（　　）

163. 简单非平衡式车轮制动器在汽车前进和后退时，制动力几乎相等。（　　）

164. 汽车行驶中，传动轴的总长度可以发生变化。（　　）

165. EQ140 型汽车发动机曲轴石棉密封条的“人”字形编织纹路的尖顶方向与曲轴旋转方向相同。（　　）

166. 汽车修理技术规范主要指零件尺寸、表面粗糙度、精度和配合公差。（　　）

167. 千斤顶应垂直放置。(　　)

168. 发动机进入正常工作温度后，氧传感器的输出电压应为 0～2 V。(　　)

169. 桑塔纳 2000 型轿车转向角左右都应相同。(　　)

170. 湿洗就是采用碱性或中性清洗剂清洗汽车零件表面的油类和脏物。(　　)

171. 试验发动机时，不得在车下工作。(　　)

172. 通常把两个同频率的正弦量的相位之差称为相位差。(　　)

173. 在一定的温度下，导体的电阻与导体的长度成正比，与导体的横截面积成反比。(　　)

174. 我国规定，在汽车动力性试验时一般为半载。(　　)

175. 汽车检测诊断制度以 1990 年交通部 13 号令为依据。(　　)

176. 修理工艺卡片是有具体操作规范的。(　　)

177. 液压传动以油液为工作介质，依靠容积的变化传递运动。(　　)

178. 液压元件配合精度要求不高。(　　)

179. 用游标卡尺也可校正量缸表的尺寸。(　　)

180. 由电力驱动的汽车车窗玻璃升降器称为电动车窗。(　　)

181. 在汽车发动机运转的大部分时间里，起动机向蓄电池充电。(　　)

182. 汽车 ABS 系统出现故障时，由 ECU 控制 ABS 警告灯点亮。(　　)

183. 中负荷齿轮油适用于低速高转矩，高速低转矩下操作传动箱、螺旋齿轮，特别是多种车用的双曲面齿轮的润滑。(　　)

184. 专业分工作业法适用于车辆多、车型较单一的汽车修理企业。(　　)

185. 转向盘自由转动量与汽车的最大设计车速有关。(　　)

186. 装配自动变速器各部件前，应用 206 kPa 干燥洁净的压缩空气对各油孔依次吹入压缩空气进行检验。(　　)

## 五、简 答 题

1. 汽车大修工艺过程一般包括哪些？
2. 汽油发动机机油压力过高是何原因？
3. 什么叫淬火？
4. 孔和轴的配合有几种？
5. 现代化油器种类很多，与简单化油器相比，增加哪些装置？
6. 驱动桥起什么作用？它由哪些零件所组成？
7. 柴油机为什么要安调速器？
8. 汽车转弯时转向盘沉重费力是何原因？
9. 转向传动机构起何作用？它由哪些机件所组成？
10. 液压制动系失效是何原因？
11. 齿轮式机油泵的结构如何？
12. 变速器发响的原因有哪些？
13. 喷油提前角与发动机工作性能有什么关系？
14. 膜片式汽油泵是怎样工作的？
15. 化油器的怠速装置是怎样工作的？

16. 曲轴箱为什么要设通风装置?
17. 化油器的主供油装置起什么作用?最常见最常用的结构方案是哪一种?
18. 发动机在全负荷工况下化油器有哪几种装置参加工作?
19. 汽油发动机无怠速的原因大概是有哪些原因?
20. 发动机机油压力过高的原因是什么?
21. 与直流发电机相比,交流发电机有哪些优点?
22. 直流发电机无剩磁时,如何进行充磁?
23. 造成汽油发动机突爆的原因是什么?
24. 在零件图上标注尺寸时有哪些要求?
25. 用 18CrMnTi 制造内齿花键齿轮的工艺流程有哪些?
26. 简述喷油器由哪些主要机件组成的。
27. 柴油机喷油泵供油系由哪些部件组成?
28. 汽油发动机出现点火敲击声响有何现象?
29. 简述发动机低速运转振抖、排气管有"突突"声的原因。
30. 汽油机与柴油机气缸盖的结构有什么不同?
31. 简述化油器加速泵的工作原理。
32. 汽车起步时离合器发抖的原因有哪些?
33. 差速器由哪些机件组成?
34. 汽油机与柴油机的燃料供给系有哪些区别?
35. 液压制动系由哪些机件组成?
36. 发动机的正常水温是多少?发动机温度过高和过低有何害处?
37. 曲轴轴颈的光磨要求是什么?
38. 根据地区和气候条件的变化,如何对加速装置进行正确的调整?
39. 液压制动主缸活塞回位弹簧的预紧力过小对制动性能有何影响?
40. 液压制动踏板的自由行程是指什么?
41. 汽车行驶时侧滑的原因有哪些?
42. 什么叫基本尺寸修理法?
43. 蓄电池极板硫化的主要原因是什么?
44. 调质的目的何在?
45. 哪些因素会造成汽车行驶时自动跑偏?
46. 什么叫汽车零件的金属喷涂修复法?
47. 用金属电喷涂法修复零件的工艺过程有哪些?
48. 发动机气门脚异响的原因有哪些?
49. 气门导管的作用是什么?
50. 调节器中节压器的作用是什么?
51. 调节器中断流器的作用是什么?
52. 离心点火提前装置有何作用?
53. 如何检查分火头是否击穿漏电?
54. 231 型化油器的怠速装置由哪几部分组成?

55. 化油器回火的原因有哪些?
56. 转向传动机构是指什么? 其功用是什么?
57. 蜗杆曲柄指销式转向器的特点如何?
58. 传动轴中间轴承发响的原因是什么?
59. 硅整流发电机集成电路 IC 调节器的结构特点是什么?
60. 急加速时,汽化器回火,慢慢加速则良好,是何原因?
61. 汽车充电电流过大是什么原因造成的?
62. 晶体管点火装置有几种?
63. 单格电池中为什么负极板总比正极板多一片?
64. 无需维护蓄电池有何特点?
65. 分电器上电容器的作用是什么?
66. 交流发电机为什么低速充电性能好?
67. 汽车上采用的充电方法一般是哪几种?
68. 什么是全面质量管理?
69. 蓄电池为什么会爆炸?
70. 汽车行驶中转向盘不稳是什么原因造成的?

## 六、综 合 题

1. 补图 1 中缺线。

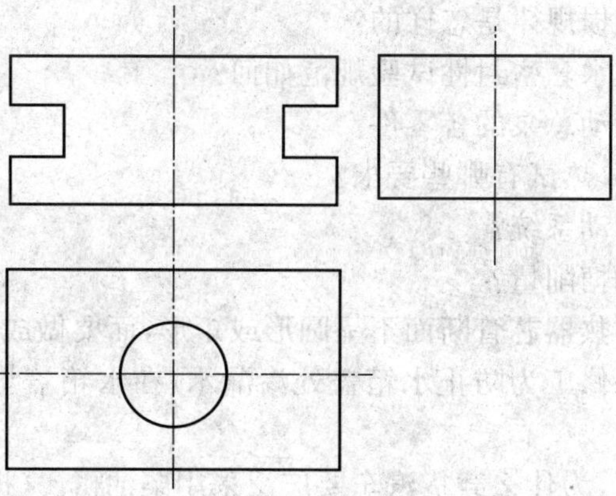

图 1

2. 补画图 2 的第三视图。

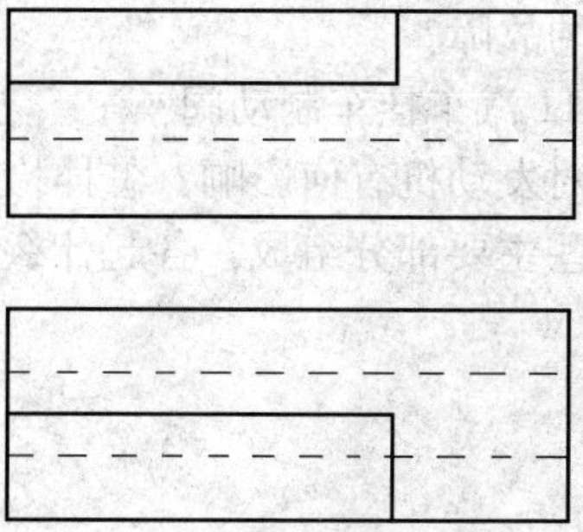

图 2

3. 根据六角螺栓 M20×50,测绘零件工作图。

4. 论述 JN150 型汽车的 6135Q 型发动机调速器的工作原理。

5. 气缸工作表面的磨损主要取决于哪些因素?

6. 冷却系漏水使发动机过热的检查步骤是什么?

7. 柴油发动机无力(扭力不足)的现象的原因有哪些?

8. 如何调整汽油发动机的点火正时?

9. 铝合金活塞在未同连杆装配前与缸壁留有合适的间隙,但是装完活塞销间隙没有了,是何缘故?

10. 汽油发动机机油压力过低的现象和原因是什么?

11. 简述液压制动装置的特性。

12. 传动轴、万向节和花键松旷发响时有何现象? 是何原因?

13. 作六缸四行程的发动机工作循环表,工作顺序为 1-5-3-6-2-4。

14. 如何用专用听诊器检查发动机的噪声和敲击声?

15. 如何确定气缸的搪削次数?

16. 请叙述汽油机化油器主供油装置的工作原理。

17. 如何确定哪一气缸的火花塞断火?

18. 差速器的作用是什么?

19. 汽油机常发生故障的部位有哪些?

20. 液压制动系有哪些技术特性?

21. 发动机气缸的磨损规律是怎样的?

22. 气缸体和气缸盖水套密封性试验规范如何?

23. 怎样检查液压制动总泵的各零件?

24. 对发动机的冷磨、热试有哪些要求?

25. 怎样装配液压制动系统?

26. 怎样计算气缸的搪削量?

27. 为什么大多数散热器芯管断面不呈圆形或矩形,而要做成扁形?

28. 有的驾驶员和保修工为防止水箱盖处渗漏水,在水箱盖里面加垫一块胶皮密封。试分析其危害。

29. 试从经济性分析,为什么载货汽车要广泛采用柴油机。(提示:热效率、油耗曲线等)

30. 交流发电机的调节器中,为什么不用断流器和限流器?

31. 断电器触点烧损的主要原因是什么?

32. 怎样排除喷油泵不供油的故障?

33. 怎样检查调整解放 CA141 汽车挂车制动阀?

34. 化油器浮子室油面高低对发动机有何影响? 怎样检查与调整?

35. 直流发电机调节器由哪些主要部分组成? 各起什么作用?

# 汽车修理工(中级工)答案

## 一、填 空 题

| | | | |
|---|---|---|---|
| 1. —35 号 | 2. 制动力 | 3. 2～4 | 4. 1/4～1/2 |
| 5. 合金钢 | 6. 间隙 | 7. 混合气 | 8. 2 |
| 9. 0.05～0.25 | 10. 过渡 | 11. 减少 | 12. 120° |
| 13. 正极板 | 14. 压缩 | 15. 0.35～0.45 | 16. 蜡式 |
| 17. 增大 | 18. 孔式 | 19. 最高 | 20. 圆柱 |
| 21. 主喷管 | 22. 离心力 | 23. 辛烷值 | 24. 中间轴 |
| 25. 1-5-3-6-2-4 | 26. 压力差 | 27. 直流并激 | 28. 磁力探伤 |
| 29. 0.03～0.04 | 30. 0.007 5 | 31. 0.025 | 32. 0.01 |
| 33. 80～90 ℃ | 34. 0.03～0.04 | 35. 连杆 | 36. 淬火 |
| 37. 布氏 | 38. 移出 | 39. 垂直 | 40. 0.035 |
| 41. 0.35 | 42. 0.5 | 43. 60° | 44. 调压弹簧 |
| 45. 怠速 | 46. 细滤器 | 47. 突爆 | 48. 供油系 |
| 49. 凸顶 | 50. 半轴齿轮 | 51. 0.04～0.20 | 52. 15° |
| 53. 修理 | 54. 硬度 | 55. 0.25% | 56. 稀 |
| 57. 0.8 | 58. 抗爆性 | 59. 自身轴线 | 60. 30° |
| 61. 1.0～2.2 | 62. 并联 | 63. 无触点 | 64. 6～9 |
| 65. 20%～30% | 66. 铬钢 | 67. 0.17～0.25 | 68. 过滤 |
| 69. 经济性好 | 70. 强制 | 71. 进排气 | 72. 机械效率 |
| 73. 2～4 | 74. 节流器 | 75. 0.05 | 76. Ⅲ |
| 77. 强制锁止 | 78. 气缸 | 79. 电枢电流 | 80. 结构简单 |
| 81. 转向轮 | 82. 慢或过热 | 83. 节压器 | 84. ±1° |
| 85. 低压 | 86. 电容器 | 87. 三角木 | 88. 夹牢 |
| 89. 车底下 | 90. 14 号稠化机油 | 91. 8 000±300 | 92. 吨 |
| 93. 优先购票 | 94. 直流电 | 95. 制动时跑偏 | 96. 高 |
| 97. 增加 | 98. 减少磨损 | 99. 经济性变坏 | 100. 椭圆 |
| 101. 孔式喷油器 | 102. 0.6～0.8 | 103. 化油器回火 | 104. 混合气过稀 |
| 105. 点火过早 | 106. 过低 | 107. 过大 | 108. 连杆轴承 |
| 109. 打开 | 110. 过低 | 111. 无油 | 112. 堵塞 |
| 113. 制动鼓发热 | 114. 3% | 115. 230 m | 116. 锻造 |
| 117. 曲轴 | 118. 气门重叠 | 119. 0.00 mm | 120. 低 |
| 121. 很浓 | 122. $K \cdot i$ | 123. 行星 | 124. 随动作用 |

| | | | |
|---|---|---|---|
| 125. 很均匀 | 126. 转速 | 127. ECU | 128. 行星 |
| 129. 变小 | 130. 正比 | 131. 自转 | 132. 盘式 |
| 133. 蜗杆 | 134. 进气压力 | 135. 电化学腐蚀 | 136. 堆焊 |
| 137. 摩擦 | 138. 附着 | 139. 压焊 | 140. 稀 |
| 141. 气门式 | 142. 低 | 143. 跳挡 | 144. 左手 |
| 145. 离合器 | 146. 大 | 147. 转速 | 148. 铸铁 |
| 149. 由浓变稀 | 150. 缓冲 | 151. 正向反向 | 152. 大修 |
| 153. 压力低 | 154. 改变 | 155. 压力角 | 156. 降低 |
| 157. 30 | 158. 减振器 | 159. 节流器 | 160. 过大 |
| 161. 噪声 | 162. 熔焊 | 163. 低 | 164. 制动力 |
| 165. 车轮纯滚动 | 166. 实际 | 167. 辛烷值 | 168. 转向系 |
| 169. 1 000 | 170. 中碳合金钢 | 171. 制动跑偏 | 172. 点火过早 |
| 173. 点火过早 | 174. 制动跑偏 | 175. 高 | |

## 二、单项选择题

| | | | | | | | | |
|---|---|---|---|---|---|---|---|---|
| 1. C | 2. B | 3. C | 4. B | 5. B | 6. B | 7. A | 8. B | 9. B |
| 10. B | 11. A | 12. A | 13. B | 14. C | 15. A | 16. C | 17. C | 18. C |
| 19. B | 20. D | 21. C | 22. C | 23. C | 24. A | 25. B | 26. B | 27. C |
| 28. C | 29. A | 30. A | 31. A | 32. B | 33. A | 34. B | 35. A | 36. B |
| 37. A | 38. A | 39. A | 40. A | 41. B | 42. A | 43. A | 44. A | 45. C |
| 46. B | 47. A | 48. A | 49. C | 50. A | 51. C | 52. C | 53. A | 54. C |
| 55. B | 56. C | 57. A | 58. A | 59. A | 60. A | 61. B | 62. B | 63. B |
| 64. B | 65. C | 66. A | 67. C | 68. A | 69. C | 70. C | 71. A | 72. A |
| 73. C | 74. A | 75. D | 76. B | 77. A | 78. C | 79. D | 80. A | 81. A |
| 82. A | 83. C | 84. A | 85. C | 86. A | 87. B | 88. B | 89. D | 90. A |
| 91. B | 92. B | 93. D | 94. D | 95. D | 96. A | 97. C | 98. D | 99. A |
| 100. C | 101. B | 102. B | 103. C | 104. C | 105. A | 106. C | 107. C | 108. C |
| 109. A | 110. C | 111. B | 112. B | 113. A | 114. A | 115. A | 116. B | 117. C |
| 118. B | 119. C | 120. D | 121. B | 122. C | 123. D | 124. B | 125. C | 126. B |
| 127. A | 128. C | 129. C | 130. B | 131. C | 132. C | 133. C | 134. A | 135. D |
| 136. D | 137. B | 138. D | 139. C | 140. A | 141. B | 142. C | 143. D | 144. C |
| 145. C | 146. A | 147. D | 148. A | 149. B | 150. C | 151. D | 152. C | 153. D |
| 154. B | 155. C | 156. D | 157. C | 158. B | 159. D | 160. B | 161. C | 162. A |
| 163. B | 164. A | 165. B | 166. B | | | | | |

## 三、多项选择题

| | | | | | |
|---|---|---|---|---|---|
| 1. BC | 2. AD | 3. ABC | 4. ABCD | 5. ABC | 6. BD |
| 7. CD | 8. AB | 9. ABCD | 10. ABCDE | 11. AB | 12. BCD |
| 13. ABCD | 14. ABC | 15. ABD | 16. ABDE | 17. BD | 18. ABCD |

| | | | | | |
|---|---|---|---|---|---|
| 19. BD | 20. CD | 21. ABCDE | 22. CD | 23. ABC | 24. ABC |
| 25. ABD | 26. ABCD | 27. BC | 28. ABD | 29. AB | 30. AB |
| 31. ABCD | 32. ABCDE | 33. BE | 34. ABC | 35. ABCD | 36. ABC |
| 37. ABCDE | 38. ABCD | 39. ABC | 40. ABCD | 41. ABD | 42. BC |
| 43. ACD | 44. ACE | 45. AB | 46. ABCD | 47. ACD | 48. ABCE |
| 49. ABD | 50. BDE | 51. ACE | 52. ABDE | 53. AB | 54. AD |
| 55. ACD | 56. BC | 57. ABCD | 58. AB | 59. ABC | 60. ABC |
| 61. ABC | 62. ABCDE | 63. ABE | 64. ABC | 65. BC | 66. ACD |
| 67. AD | 68. CD | 69. AC | 70. AB | 71. BCD | 72. ACD |
| 73. ACD | 74. ABC | 75. ABCD | 76. BD | 77. ACD | 78. AB |
| 79. BC | 80. AB | 81. CD | 82. AB | 83. CD | 84. BD |
| 85. AC | 86. ABCD | 87. ACD | 88. ABD | 89. ABCD | 90. AC |
| 91. BC | 92. AC | 93. AC | 94. BC | 95. ACD | 96. AC |
| 97. BC | 98. BD | 99. AB | 100. AD | 101. ABE | 102. ABD |
| 103. AC | 104. ABD | 105. AC | 106. ABCDE | 107. ABC | 108. ABCE |
| 109. ABD | 110. ABC | 111. BCD | 112. ADE | 113. AC | 114. ABCD |
| 115. AB | 116. BCD | 117. ABCD | 118. ABC | 119. ABCD | 120. CDE |
| 121. ABCE | 122. BC | 123. ABE | 124. ABC | 125. BD | 126. ABDE |
| 127. ABD | 128. AB | 129. BC | 130. ABCD | 131. ABC | 132. ABCD |
| 133. ACD | 134. ABCD | 135. ABCDE | 136. BD | 137. ABC | 138. ABC |
| 139. BC | 140. ABCD | 141. AB | 142. ABD | 143. ABC | 144. ABD |
| 145. AB | 146. AB | 147. ABCD | 148. ABCD | 149. ABD | 150. ABC |
| 151. ABCD | 152. ACD | 153. ABCD | 154. ABD | 155. ABCD | 156. ABCD |
| 157. BCD | 158. CD | 159. AC | 160. BCD | 161. C | 162. ABC |
| 163. CD | 164. B | 165. AC | 166. D | 167. B | 168. ACD |
| 169. ABC | 170. A | | | | |

## 四、判 断 题

| | | | | | | | | |
|---|---|---|---|---|---|---|---|---|
| 1. √ | 2. × | 3. × | 4. × | 5. × | 6. √ | 7. × | 8. √ | 9. √ |
| 10. √ | 11. √ | 12. √ | 13. √ | 14. √ | 15. × | 16. × | 17. × | 18. √ |
| 19. √ | 20. × | 21. × | 22. × | 23. √ | 24. √ | 25. × | 26. √ | 27. × |
| 28. × | 29. √ | 30. × | 31. √ | 32. √ | 33. × | 34. √ | 35. √ | 36. √ |
| 37. √ | 38. × | 39. √ | 40. √ | 41. √ | 42. √ | 43. √ | 44. √ | 45. × |
| 46. × | 47. × | 48. √ | 49. × | 50. √ | 51. √ | 52. × | 53. √ | 54. × |
| 55. √ | 56. × | 57. √ | 58. × | 59. × | 60. × | 61. × | 62. × | 63. × |
| 64. × | 65. √ | 66. × | 67. × | 68. × | 69. × | 70. √ | 71. × | 72. × |
| 73. √ | 74. √ | 75. × | 76. × | 77. × | 78. × | 79. √ | 80. √ | 81. × |
| 82. × | 83. √ | 84. √ | 85. × | 86. × | 87. √ | 88. √ | 89. × | 90. √ |
| 91. √ | 92. × | 93. × | 94. × | 95. √ | 96. × | 97. × | 98. √ | 99. × |

| | | | | | | | | |
|---|---|---|---|---|---|---|---|---|
| 100. × | 101. × | 102. √ | 103. × | 104. × | 105. × | 106. × | 107. √ | 108. × |
| 109. √ | 110. × | 111. √ | 112. × | 113. √ | 114. √ | 115. √ | 116. × | 117. × |
| 118. × | 119. × | 120. × | 121. × | 122. √ | 123. × | 124. × | 125. √ | 126. √ |
| 127. × | 128. √ | 129. √ | 130. √ | 131. √ | 132. √ | 133. √ | 134. × | 135. √ |
| 136. √ | 137. √ | 138. × | 139. × | 140. √ | 141. × | 142. × | 143. × | 144. × |
| 145. √ | 146. √ | 147. × | 148. × | 149. × | 150. √ | 151. × | 152. × | 153. × |
| 154. × | 155. √ | 156. × | 157. × | 158. √ | 159. × | 160. × | 161. √ | 162. √ |
| 163. × | 164. √ | 165. √ | 166. √ | 167. √ | 168. × | 169. √ | 170. √ | 171. √ |
| 172. √ | 173. √ | 174. × | 175. √ | 176. √ | 177. × | 178. × | 179. × | 180. √ |
| 181. × | 182. √ | 183. √ | 184. √ | 185. √ | 186. √ | | | |

## 五、简 答 题

1. 答：包括进厂检验、外部清洗（1 分）、汽车及总成的拆卸、零件清洗、零件检验分类、零件修理（2 分）、总成装配、总成试验、汽车总装、出厂检验等（2 分）。

2. 答：(1)机油黏度过大（2 分）。

(2)限压阀调整不当（1 分）。

(3)机油表或机油压力表感传器不良造成误指示（2 分）。

3. 答：是将钢件加热到临界温度以上，保持一段时间后在水、盐或油中（个别材料在空气中）急速冷下来使工件硬度变高，这种热处理方法称为淬火（5 分）。

4. 答：(1)间隙配合（1 分）；(2)过盈配合（2 分）；(3)过渡配合（2 分）。

5. 答：(1)启动装置（1 分）；(2)怠速装置（0.5 分）；(3)加速装置（1 分）；(4)加浓装置（1 分）；(5)主供油装置（1 分）；(6)浮子机构（0.5 分）。

6. 答：是汽车传动系中最后一个总成（2 分）。是将从变速器经传动轴输入的动力最后传给驱动轮，它由减速器、差速器、半轴和驱动桥壳等组成（5 分）。

7. 答：柴油机工作时，喷油泵的供油量随发动机的转速不同而异，即随发动机转速的提高，供油量增大（1 分），当发动机转速增高时，如果没有调速器，喷油泵的供油量就会随之增加，而供油量的增加，又使发动机转速提高（1 分），这种现象的继续，可以在短时间内使发动机超过额定转速而造成“飞车”，引起发动机过热、冒黑烟，以致发生损坏机件的现象（1 分）。反之，当发动机转速降低而喷油量随之减少，直至迫使发动机熄火。因此在柴油机上必须装有可靠的调速器，以保证不同工况时有适当的喷油量，从而稳定或限制柴油机转速能在一定的范围内（2 分）。

8. 答：(1)转向器蜗杆轴承装配过紧或蜗杆与滚轮啮合过紧（1 分）。

(2)横、直拉杆球头销装配过紧或接头缺油（1 分）。

(3)转向节主销和衬套配合过紧或润滑不良（0.5 分）。

(4)转向轴和套筒管弯曲，互相摩擦或卡住（0.5 分）。

(5)前轮定位调整不当（0.5 分）。

(6)前桥或车架弯曲变形（0.5 分）。

(7)转向装置润滑不良（0.5 分）。

(8)转向轮气压过低（0.5 分）。

9. 答:作用:是把转向器传来的力传至转向车轮,使它偏转,从而使汽车的行驶方向被驾驶员控制(3分)。

组成:转向臂、直拉杆、转向节上臂及转向节下臂与横拉杆所构成的梯形机构(2分)。

10. 答:(1)总泵内无油或缺油(1分)。

(2)总泵皮碗被踏翻或损坏(1分)。

(3)某机械联接部位脱开(1分)。

(4)制动油管破裂或接头漏油(1分)。

(5)制动液管路．分泵等处有空气(1分)。

11. 答:由泵体、泵盖、主动齿轮、被动齿轮、主动轴和被动轴等组成(5分)。

12. 答:(1)变速器内缺油或润滑油变质(1分)。

(2)轴承磨损松旷(1分)。

(3)齿轮牙齿或轴上键槽严重磨损,使其啮合不正确(2分)。

(4)齿面金属剥落或轮齿断裂(1分)。

13. 答:要使发动机性能良好,喷油提前角必须恰当,当转速和供油量一定时,能获得最大功率和最小耗油率的喷油提前角叫最佳喷油提前角(2分)。最佳喷油提前角是随曲轴转速、供油量和发动机结构而变化的,供油量大、转速高时,最佳提前角增大(3分)。

14. 答:膜片式汽油泵有两大作用,一是可向气化器供油(0.5分),二是可保持浮子室内具有较恒定的油面高度(0.5分)。因而具体可分4个方面叙述:

(1)吸油:凸轮轴转动,当凸轮顶动摇臂,拉下泵膜拉杆时,弹簧被压缩,泵膜下降。这时泵膜上方的油室容积增大,产生吸力,使出油阀关闭,进油阀开启,汽油便从油箱内吸出并沿着油管、汽油滤清器、进油口再经滤网进入油室(1分)。

(2)送油:当凸轮转过一定角度使摇臂回位时,泵膜弹簧伸张,顶动泵膜上升,油室容积缩小,油压增大,进油阀关闭,出油阀开启,汽油便从出油阀压送到化油器浮子室(1分)。

(3)手泵油:在发动机启动前,要使浮子室内的油面达到所需要的高度,可以搬动手摇臂,使泵膜上下运动进行泵油,此时偏心轮应在不顶动摇臂位置(1分)。

(4)当发动机耗油量小于汽油泵供油量,泵压升高,油压力与泵膜弹簧力相平衡时,由于内外摇臂之间没有刚性联系,致泵膜停止上行,不再泵油,从而保证了气化器浮子室油平面近于恒定(1分)。

15. 答:怠速时,由于发动机转速低,节气门近于全闭,所以节气门前小喉管处真空度很小,以致主喷管未能供油(2分)。但这时节气门后面的真空度却很大,故可利用这条件,在化油器上另开辟一怠速油道,使其喷口开在节气门后面,这样当节气门开度很小,主喷管不供油时,在节气门后面真空度的作用下,汽油从怠速油道喷口被吸出,从而保证了发动机怠速运转的供油(3分)。

16. 答:发动机在工作时,有一部分可燃混合气和废气漏入曲轴箱内,从而产生一系列危害(2分)。采用曲轴箱通风,能使曲轴箱内的可燃混合气、废气、水蒸气和润滑油雾等及时地排出,同时降低了曲轴箱内压力,减轻了润滑油从密封面挤出的趋势(3分)。

17. 答:主供油装置的作用是除了怠速和极小负荷外的所有工况都起供油作用,目前广泛采用的是降低主量孔处真空度的方案,即主供油装置(5分)。

18. 答:有主供油装置(2分)、机械省油装置(1分)、真空省油装置三种装置参加工作(2分)。

19. 答:(1)供油不足或供油过剩(2分);

(2)火花塞工作不良(1分);

(3)分电器白金烧蚀(1分);

(4)点火过早或过迟(1分)。

20. 答:(1)机油黏度过高(1分);

(2)限压阀调整不当(1分);

(3)气缸体润滑油道有堵塞处(1分);

(4)机油滤清器阻塞且旁通阀又不能顶开(1分);

(5)机油表或机油压力表感传器不良(1分)。

21. 答:(1)体积小重量轻(1分)。

(2)结构简单,维修方便使用寿命长(1分)。

(3)发动机低速运转时就可以对蓄电池充电(1分)。

(4)配用的调节器结构简单(1分)。

(5)对无线电干扰小(0.5分)。

(6)铜耗量低(0.5分)。

22. 答:可将蓄电池的火线与发动机的磁场接柱接触2～3 s即可(5分)。

23. 答:引起汽油机突爆的原因:

(1)点火时间过早(1分);

(2)燃烧室积炭过多或发动机温度过高(2分);

(3)汽油辛烷值低(2分)。

24. 答:(1)清晰:尺寸布局要层次分明,数字、代号清晰,尺寸界线整齐,而且必须符合《机械制图》中的规定(2分)。

(2)完整:零件结构形状的定形和定位尺寸必须标注完整,不重复(2分)。

(3)合理:尺寸的标注既要满足设计要求,又要考虑方便制造和测量(1分)。

25. 答:(1)下料(0.5分);(2)锻造(0.5分);(3)正火(0.5分);(4)粗车(0.5分);(5)调质(0.5分);(6)精车(0.5分);(7)拉花键或插花键(0.5分);(8)铣齿(0.5分);(9)渗碳(0.5分);(10)淬火(0.5分)。

26. 答:喷油器由针阀、针阀体、顶杆、调压弹簧、调压螺钉及喷油器壳体等零件组成(5分)。

27. 答:柴油机喷油泵供油系是由油箱、低压油管、输油泵、输油软管、燃油粗滤器、细滤器、高压油管、喷油器、回油管等组成(5分)。

28. 答:(1)当发动机负荷增大时(爬坡,陷入泥坑,在高速挡踏下油门)可听到尖锐、清脆的"嘎嘎嘎"声,响声坚实(3分)。

(2)当发动机空转急加油时,听到"嘎拉拉"的尖锐响声,如钢球相碰且响声随着发动机转速的升高逐渐消失(2分)。

29. 答:(1)个别排气门烧蚀或密封不良(1分);

(2)个别进气门密封不良,漏气严重(0.5分);

(3)个别进、排气门与座圈接合面有积炭(1分);

(4)个别气门脚无间隙(0.5分);

(5)双腔化油器的两个怠速量孔调整不均或有一个堵塞(1 分);

(6)个别缸的喷油器或火花塞不良(1 分)。

30. 答:柴油机因其压缩比高,故气缸盖较同功率汽油机的厚(2 分)。为制造和维修方便,往往把多缸发动机的缸盖分成几块(一般每两缸一块)(2 分)。汽油机的气缸盖较同功率的柴油机的薄,多为单一的整体(1 分)。

31. 答:当化油器节气门迅速开启时,拉杆下行,通过弹簧迫使加速泵活塞迅速下行(1 分)。燃油冲开出油阀经加速喷管喷入化油器喉管(2 分)。出油阀冲开时使空气孔关闭,防止加速燃油外溢,下落时使之开通,以防发动机高速时由加速喷管将燃油吸出(2 分)。

32. 答:(1)多分离杠杆内端高低不一(2 分)。

(2)压盘翘曲不平,压盘弹簧弹力不均(1 分)。

(3)离合器从动盘铆钉松动,摩擦片表面不平(2 分)。

33. 答:汽车差速器是由四个行星齿轮、两个半轴齿轮、一个十字轴和壳体等部件构成的(5 分)。

34. 答:汽油机供给系由汽油箱、汽油滤清器、汽油泵、油管、化油器、进排气歧管和空气滤清器等组成(2 分)。柴油机供给系的组成与汽油机大体相似,其区别是柴油机的供给系没有化油器,而代之的是喷油泵、喷油器及高压油管。汽油机供入气缸的是可燃混合气,而柴油机供给系供入气缸的是纯空气,在压缩行程接近终了时,柴油才从喷油器呈雾状喷入气缸,随即发火燃(3 分)。

35. 答:液压制动系主要由制动主缸(总泵)、轮缸(分泵)、鼓式(车轮)制动器、油管和制动踏板等组成(5 分)。

36. 答:发动机的正常水温应保持在 80～90 ℃之间(1 分)。水温过高或过低都会严重影响发动机的正常工作,造成燃油消耗增多、机件磨损加剧,减少发动机的使用寿命(4 分)。

37. 答:光磨要求:各道主轴颈和连杆轴颈应分别磨成同一级修理尺寸,其公差应按工艺标准的规定来控制(2 分)。各轴颈的同心度、椭圆度和圆柱度,中间主轴颈的径向跳动量、轴颈表面粗糙度、轴颈过渡圆角半径等皆应符合标准(3 分)。

38. 答:根据地区和气候的变化,可改变加速活塞杆上部的开口销位置,增大或减小加速行程,以调节泵油量(5 分)。

39. 答:若预紧力过小,会使制动解除缓慢,残余压力降低,且将使二脚制动失灵(5 分)。

40. 答:指不制动时,总泵活塞与推杆之间的间隙(1～1.5 mm),反映到制动踏板松动量的空隙(10～20mm),称制动踏板自由行程(5 分)。

41. 答:(1)左右轮胎气压不一致(1 分)。

(2)前钢板弹簧左右弹力不一样(1 分)。

(3)一边的车轮制动器拖滞(1 分)。

(4)前轴或车架变形,前轮定位失准(2 分)。

42. 答:利用堆焊、喷涂、电渡和胶粘等方法,增补零件的磨损表面,然后再进行机械加工,以恢复基本尺寸和工作性能的方法,叫基本尺寸修理法(5 分)。

43. 答:原因是:

(1)蓄电池长期充电不足,或放电后长期久置(1 分)。

(2)停驶的车辆电池,未能定期进行补充充电和充放电循环(2 分)。

(3)电解液液面低,极板上部与空气接触硫化(1 分)。

(4)电解液比重过高,环境温度变化剧烈等(1分)。

44. 答:调质可使钢获得良好的综合机械性能,钢件经调质处理后,能获得较高的塑性、韧性、强度和屈强比(2分)。长期以来许多在动载荷下工作的重要零件,如汽车半轴、连杆、齿轮等都采用调质处理(3分)。

45. 答:(1)前轮左右轮胎气压不一致(2分)。

(2)前钢板弹簧左右弹力不一样(1分)。

(3)一边的车轮制动器拖滞(1分)。

(4)前轴或车架变形,前轮定位失准(1分)。

46. 答:就是把熔化的金属用高速汽流喷在已经准备好的零件表面上,使经再加工后恢复其原有的形状或尺寸的一种修理方法(5分)。

47. 答:其工艺过程主要有三个工艺阶段:表面准备、喷涂及喷涂后的加工(5分)。

48. 答:原因有:气门间隙过大;凸轮磨损过甚(2分);气门挺杆固定螺帽松动或调整螺栓端头不平(2分);气门挺杆与导管、气门杆与管磨损过甚而松旷(1分)。

49. 答:是引导气门的运动位置正确,并把气门杆的热量传给水套(5分)。

50. 答:当发电机的转速和负荷不同时,自动地调节发电机的电压(5分)。

51. 答:当发电机的电压高于蓄电池的电压时,接通充电系。当发电机不工作或转速转低时,切断蓄电池和发电机间的电路,防止烧坏发电机(5分)。

52. 答:其作用是:当发动机转速变化时,自动地调节点火提前角,以满足点火正时的需要(5分)。

53. 答:将分火头从分电器内取出并将分火头翻过来,放到气缸盖上,使金属部分接铁(2分)。这时,打开点火开关,用中央高压线的端头,位于离分火头空穴中间约7～8mm处,用手拨动分电器触点臂(1分)。若有高压火花跳过,则表示分火头击穿漏电,应更换(1分)。若无火花跳动则为良好(1分)。

54. 答:由怠速限止螺钉、限止块、怠速喷口、怠速调整螺钉、怠速过渡量孔、怠速空气孔、怠速油道组成(5分)。

55. 答:(1)混合气过稀(1分);(2)点火正时不准(1分);(3)高压分线插错(1分);(4)分电器盖及分火头有裂纹、串电(0.5分);(5)分电器触点间隙调整不当(1分);(6)分电器凸轮角磨损过甚、不均或凸轮轴及套磨损松旷(1分)。

56. 答:转向传动机构是指从转向器至转向轮之间的一整套传动杆件(2分)。其功用是将转向器输出的力传给转向轮,使之偏转,实现汽车按驾驶员的控制方向行驶(3分)。

57. 答:全部是滚动摩擦,传动效率高,操纵轻便,由于采用分段式转向轴,便于整车的布置和保修,提高了行车的安全性,有助于转向器系列化生产(5分)。

58. 答:(1)轴承磨损过甚或缺少润滑油(2分)。

(2)支架胶皮损坏(1分)。

(3)轴承支架螺栓松紧不一致(2分)。

59. 答:特点是:超小型,重量轻,可靠性高,价格便宜,用集成电路做成调节器可以组装在发电机内部(5分)。

60. 答:(1)混合气过稀(1分);(2)加速量孔堵塞(1分);(3)加速泵失效(2分)。

61. 答:属于调节器的故障有:节压弹簧拉力过强、气隙过大,节压器限压电压调整过大,节流器限额电流及气隙调整过大(2.5分)。属于发电机内部的故障有:发电机电枢和磁场接线柱或导线有短路之处(2.5 分)。

62. 答:从结构上可分两种:有触点晶体管点火装置和无触点晶体管点火装置(5 分)。

63. 答:因为正极板机械强度差且化学反应强烈,若两面放电不均,易拱曲,如果负极板多一片,可使所有的正极板均处于负极板之间,以防止极板拱曲(5 分)。

64. 答:其特点有:在整个使用过程中不需补加蒸溜水,自放电少,耐过充电性能好,使用寿命长(5 分)。

65. 答:因为它与断电器触点并联,其作用是吸收触点间的火花,提高次级电压(5 分)。

66. 答:因为:(1)传动比大。(2)采用它激的激磁方法(5 分)。

67. 答:汽车上采用的充电方法一般有:(1)定电压充电法(2 分);(2)使用本车发电机充电(3 分)。

68. 答:指企业全体职工和有关部门同心协力,综合运用管理技术和科学方法,经济地开发、研制、生产和销售用户满意的产品的管理活动(5 分)。

69. 答:因为蓄电池充电时,由于电解液中有水分解为氢气和氧气,发生大量气泡,或因蓄电池内部短路、硫化故障,在充电的电解液温度迅速升高,水大量蒸发,若加液孔盖上的小孔堵塞,气体无法逸出而膨胀,当电池稍遇火星就会引起蓄电池爆炸(5 分)。

70. 答:原因是:

(1)转向器蜗杆轴承间隙过大或蜗杆与滚轮啮合间隙过大(0.5 分)。

(2)横直拉杆球头节松动(0.5 分)。

(3)转向节主销与衬套配合间隙过大(0.5 分)。

(4)前轮轴承装配过松或螺帽松动(0.5 分)。

(5)前束调整不当(1 分)。

(6)前桥或车架弯曲变形(1 分)。

(7)钢板弹簧的骑马螺丝松动等(1 分)。

## 六、综 合 题

1. 答:缺线如图 1 所示。(侧视图错误扣 4 分,正视图和俯视图错误均扣 3 分)

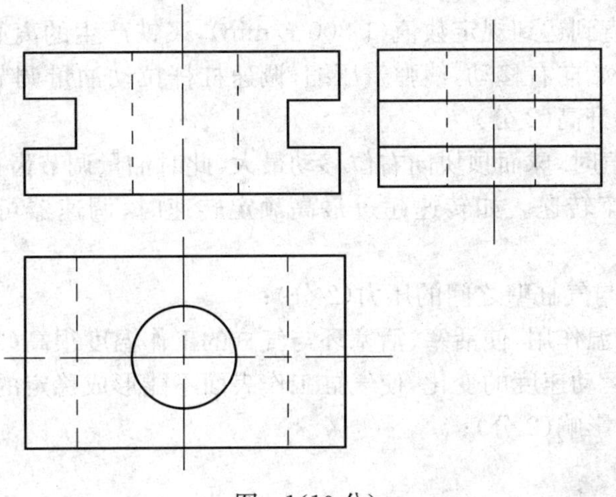

图 1(10 分)

2. 答:第三视图如图 2 所示。(侧视图错误扣 4 分,正视图和俯视图错误均扣 3 分)

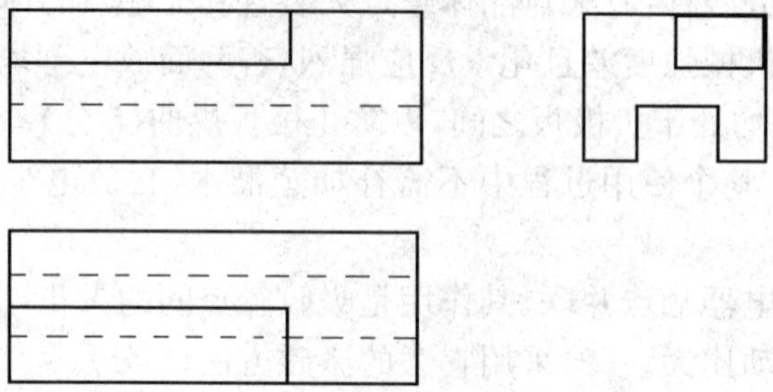

图 2(10 分)

3. 答:零件工作图如图 3 所示。(侧视图错误扣 4 分,正视图和俯视图错误均扣 3 分)

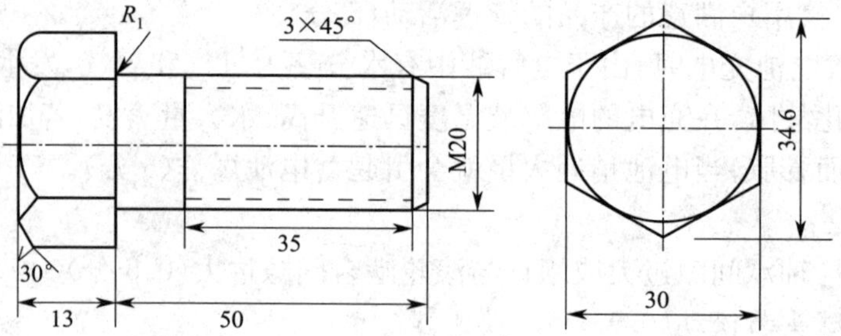


图 3(10 分)

4. 答:6135Q 型发动机采用的是两极调速式调速器,当发动机在最低转速(350～550 r/min)时,飞铁产生的离心力开始克服低速弹簧的压力,使球面顶块向右移动,直到被高速弹簧的压力所限止(2 分)。如转速继续升高,直到达到规定转速时,开始克服高速弹簧的压力,球面顶块随着右移,调速杠杆就拉动油量调节齿杆使供油量减少,发动机转速降低,而被限制在一定的范围内运转(2 分)。

当发动机的转速超过怠速而飞铁产生的离心力不足以克服高速弹簧的压力时,球面顶块不会向右移动,此时,调速器不起作用(2 分)。

如转速继续升高直到达到规定数值(1 800 r/min),飞铁产生的离心力能够克服高速弹簧的压力,球面顶块就开始向右移动,使弹簧压缩,调速杠杆拉动油量调节齿杆使供油量随着减少,发动机转速就不再升高(2 分)。

当转速达到最大值时,球面顶块向右位移动最大,此时油量调节齿杆处于最小供油量位置亦即发动机的最高空车转速。如转速超过最高额定转速时,调速器可使喷油泵停止供油(2 分)。

5. 答:(1)活塞环与气缸壁之间的压力(2 分);

(2)燃烧气体的高温作用,使活塞、活塞环与气缸的工作温度很高(2 分);

(3)活塞、活塞环运动速度的变化,使气缸工作表面不能形成稳定的润滑油膜(2 分);

(4)腐蚀性物质的影响(2 分);

(5)磨料磨损(2 分)。

6. 答:其检查步骤为:

(1)对老旧车特别注意检查冷却水容量是否足够。若散热器良好,应取下发动机水箱,检查水套内水垢沉积情况(2分)。

(2)严寒季节,应特别留意散热器是否结冰。这种故障为水温达100℃,但散热器仍然冰冷(2分)。

(3)冷却水泵泄水孔漏水。这常常误断为散热器主水胶管漏水。可用一洁净木条伸到泄水孔处,木条上有水说明水泵漏水(2分)。

(4)若冷却系外部不漏水,而冷却水消耗甚快,则应检查冷却系内部有无漏水。拔出机油尺发现机油中有水,可能是气门室内壁或进气通道内壁破裂漏水(2分)。

(5)气缸垫冲坏,使气缸盖水道与气缸相通,此时还应检查发动机排气情况(2分)。

7. 原因:

(1)发动机气门间隙不正确(1分)。

(2)低压油路供应不足,输油泵工作不良或油路中有堵塞或有空气产生气阻(2分)。

(3)柴油中有水(1分)。

(4)空气滤清器或柴油滤清器堵塞(1分)。

(5)喷油时间过早或过晚(1分)。

(6)个别缸不工作或工作不良(1分)。

(7)喷油器或喷油泵调节不正确或有磨损而达不到要求(2分)。

(8)气缸因间隙过大,窜气窜油而无力(1分)。

8. 答:(1)调整分电器断电触点间隙(1分)。

(2)找出第一缸压缩行程上止点位置:旋松第一缸火花塞,慢慢摇转曲轴,当听到泄气声时,表示第一缸在压缩行程,并与飞轮上的正时刻度相对照(2分)。

(3)调整辛烷值选择器,使其处于“0”刻度位置(1分)。

(4)确定断电器触点的张开位置,旋松分电器外壳的固定螺丝,将外壳先沿分电器轴转动的方向转动,使两触点处于闭合位置。固定旋松了的螺丝(2分)。

(5)装回分火头,盖上分电器盖,第一缸高压线安在分电器盖上分火头导电片所对准的插孔内,然后按发动机的点火顺序逐个插好高压线(2分)。

(6)起动发动机检查:起动发动机使其运转至正常温度,突然加速,此时发动机发出短促而轻微的爆振声并立即消失即为点火适宜(2分)。

9. 答:这是在装配活塞销时不注意的结果(3分)。活塞销孔铰得太小,达不到规定的尺寸,就把活塞销用锤击入,致使活塞变形(2分)。活塞在沿销孔方向受了压力,因此与销孔平行的裙部尺寸缩小,销孔垂直方向的裙部就因此胀大,影响与气缸的配合(3分)。活塞裙部原来是略呈椭圆形的,将活塞销用锤击入时,使椭圆度超过了规定。所以装活塞销时应保证其配合间隙符合规定(2分)。

10. 答:现象:

(1)机油表读数低于规定数值(1分);

(2)刚发动时机油表读数正常,而后迅速下降到零(1分)。

原因:

(1)油底壳内机油不足(1分);

(2)机油黏度小(1分);

(3)限压阀调整不当或其弹簧折断或弹力不足或限压阀与阀座间有异物将阀芯垫开(2 分)；

(4)机油进油管接头松动或油管破裂(1 分)；

(5)机油泵泵油不良(1 分)；

(6)机油油路严重泄漏(1 分)；

(7)机油集滤器堵塞(1 分)；

(8)曲轴主轴承、连杆轴承或凸轮轴轴承间隙过大(1 分)；

(9)机油表或其感传器失效，此时机油压力虽足够，但表示压力过高过低(1 分)。

11. 答：(1)容易保证前后车轮制动力的正确分配(1 分)；

(2)系统内的密封要求严格，如是单回路系统则一处漏油就可能造成整个系统失效(2 分)；

(3)制动液的黏度受行驶时外界温度的影响，低温时变黏，高温时可能汽化，影响制动效果(2 分)；

(4)不能保持长时间制动(1 分)；

(5)可以设置各种加力器，以获得较大的制动力(2 分)；

(6)制动后释放迅速，一般无滞后现象(2 分)。

12. 答：现象：汽车起步时，车身发抖并能听到“格啦、格啦”的撞击响声，且在车速变化时响声更加明显(2 分)。

原因：

(1)万向节十字轴及滚针磨损松旷或断碎(2 分)。

(2)传动轴花键齿与万向节滑动叉花键槽磨损松旷(2 分)。

(3)变速器第二轴花键齿与突缘花键槽磨损过甚(2 分)。

(4)连接部位的螺栓松动(2 分)。

13. 答：六缸四行程发动机工作循环见表 1。

表 1

<table>
<tr><th>曲轴半转次数</th><th>曲轴回转角度</th><th>第一气缸</th><th>第二气缸</th><th>第三气缸</th><th>第四气缸</th><th>第五气缸</th><th>第六气缸</th></tr>
<tr><td rowspan="3">第一半转</td><td>0°</td><td rowspan="3">作功</td><td rowspan="2">排气</td><td>进气</td><td>作功</td><td rowspan="2">压缩</td><td rowspan="3">进气</td></tr>
<tr><td>60°</td><td rowspan="3">压缩</td><td rowspan="3">排气</td></tr>
<tr><td>120°</td><td rowspan="3">进气</td><td rowspan="3">作功</td></tr>
<tr><td rowspan="3">第二半转</td><td>180°</td><td rowspan="3">排气</td><td rowspan="3">压缩</td></tr>
<tr><td>240°</td><td rowspan="3">作功</td><td rowspan="3">进气</td></tr>
<tr><td>300°</td><td rowspan="3">压缩</td><td rowspan="3">排气</td></tr>
<tr><td rowspan="3">第三半转</td><td>360°</td><td rowspan="3">进气</td><td rowspan="3">作功</td></tr>
<tr><td>420°</td><td rowspan="3">排气</td><td rowspan="3">压缩</td></tr>
<tr><td>480°</td><td rowspan="3">作功</td><td rowspan="3">进气</td></tr>
<tr><td rowspan="3">第四半转</td><td>540°</td><td rowspan="3">压缩</td><td rowspan="3">排气</td></tr>
<tr><td>600°</td><td rowspan="2">进气</td><td rowspan="2">作功</td></tr>
<tr><td>660°</td><td>排气</td><td>压缩</td></tr>
<tr><td></td><td>720°</td><td></td><td></td><td></td><td></td><td></td><td></td></tr>
</table>

(10 分)

14. 答:检查时,用听诊器查听响声的部位、特征、出现时机和变化规律等(1分)。如活塞敲缸和活塞销松旷发响,是在发动机的中上部(2分);连杆轴承和曲轴轴承松旷发响,是在发动机体的中下部(1分);正时齿轮和凸轮轴发响,是在正时齿轮盖处(1分);气门和挺杆发响,则在气门室边盖及其下部(1分)。在利用听诊器检查发动机杂音时,常用改变转速的方法,即在不同转速或突然改变转速时查明声源(2分)。此外,为了缩小判断范围和确定杂音所在部位,用短路火花塞的方法,使一只或两只气缸不工作来判明曲轴连杆机件的响声也颇为切实可行(2分)。

15. 答:搪削量决定后,可根据每次吃刀量的允许值确定搪削的次数(5分)。一般铸铁气缸,第一刀因气缸表面有硬化皮层和气缸圆度误差造成的搪削负荷不均,以及最后一刀为降低气缸表面粗糙度,吃刀量应小一些(一般为0.05 mm左右),中间几次可大些(一般为0.70 mm为限),但不得超过搪缸机规定的吃刀量(切刀量均以直径计算)(5分)。

16. 答:主供油装置:当发动机在中小负荷工作时,高速气流使小喉管的喉部产生真空度,将燃油从主喷管经小喉管的环状喷口吸出(2分)。在主供油装置开始工作后,随着喉部真空度的逐渐增高,渗气油室内的油面随之逐渐下降(2分)。主喷管上的第一、二、三排渗气孔便依次先后露出油面,从主空气量孔进入渗气油室的空气渗入主喷管的通道逐渐增多,使供出的可燃混合气按发动机工况要求逐渐由稍浓变稀(2分)。当喉管真空度高达一定程度时,主喷管第四排小孔周围油室内的油面也降低,使第四排小孔露出,这时自怠速空气量孔进入的空气经通道进入主喷管,怠速空气量孔便成为主供油装置的第二个空气量孔(2分)。渗入的空气与汽油混合,形成泡沫状油液,有利于喷出后的雾化(2分)。

17. 答:气缸不工作的检查方法:可用起子逐缸使火花塞接铁短路,即用起尖触及发动机的气缸盖,起子与火花塞接线柱相接触,根据听觉和视觉来判断(2分)。某缸火花塞短路后,发动机的运转较前不平稳,则说明此缸是工作的(3分)。照此方法将各缸逐一检查。若发现发动机不受影响,便说明这只气缸就是原来不工作的(即缺火)(5分)。

18. 答:汽车在不同转向、不同道路状况下,或驱动车轮在不同转速和扭力不平衡的情况下,差速器起着分速差动作用(2分)。

当汽车转弯行驶时两侧驱动轮所走过的路程就不相等了(3分)。在差速器还未起作用时,两侧车轮以同样的转速滚动,但为了满足外侧车轮的行程大于内侧车轮行程的要求,内侧车轮必然产生滑转的趋势,而外侧车轮则有产生滑拖的趋势(2分)。这样,路面将对滑转车轮作用一向前的附加阻力,而作用在滑拖车轮上的附加阻力的方向却是向后的。此附加阻力转化到行星齿轮上时,行星齿轮受力偶的作用将自转即绕十字轴转动,同时又随十字轴一起公转并带动左右两个半轴齿轮以不同的速度旋转,使内侧车轮的转速减少,外侧车轮的转速增加(2分),使汽车能顺利转弯,这就是差速器的差速作用(1分)。

19. 答:常发生故障的部位是供油系、点火系两个部分(1分)。

(1)供油系时常发生故障的部位有:汽油滤清器、汽油泵、化油器和各连接油管等部分(5分)。

(2)点火系统常发生故障的部位有:蓄电池、点火线圈、分电器、火花塞和连接低、高压的导线等部分(4分)。

20. 答:主要特性:

(1)制动时左右车轮制动力分配均匀(1分)。

(2)易于获得前后车轮制动力的正确分配(1分)。

(3)解除制动时,释放迅速,无滞后现象(2分)。

(4)密封性要求严格,如为单回路时一处漏油就会造成整个系统失效(2分)。

(5)制动液黏度随汽车行驶时外界温度变化而变化,低温时黏度很大,高温时还可能气化,从而影响制动效果(2分)。

(6)不能保持较长时间起制动作用(1分)。

(7)可设置加力器以获得较大的制动力(1分)。

21. 答:气缸在使用中,它的磨损程度是不均匀的,沿气缸的长度方向看(纵断面),磨损是上大下小,失去原来的圆柱形状,从气缸的平面看(横断面),沿圆周的方向磨损后会失去原来的正圆形状,而气缸上口活塞环接触不到的地方,几乎没有磨损,于是形成了"台阶"(10分)。

22. 答:气缸体和气缸盖水套密封性试验在彻底清除油污、积碳、结胶和水套内的水垢后进行,通常采用水压试验,在300～400 kPa的压力下5 min内不应有渗漏现象(2分)。修补过的气缸体及气缸盖,应以400～450 kPa的水压试验(3分)。镶换气缸套、气门座圈及气门导管后,应再次用水压试验(5分)。

23. 答:(1)检查总泵活塞与缸壁的间隙,将活塞装入缸内,如其间隙超过0.15 mm即不能使用(2分)。

(2)检查缸壁有无沟槽、偏磨现象(1分)。

(3)检查活塞表面是否有氧化或磨损过甚现象(1分)。

(4)检查皮碗、皮圈是否过软变形、老化、开裂、卡滞,星形片有无折断、磨损(2分)。

(5)检查总泵回位弹簧长度弹力及歪斜是否符合规定,有无折断(1分)。

(6)检查出、回油阀端面胶片是否平整,有无沟槽或胀大,弹簧是否过软(2分)。

(7)检查贮油罐与泵室通道有无堵塞、变细(1分)。

24. 答:(1)冷磨时,应用稀薄机油(2分)。

(2)冷磨、热试转速应逐渐增加。多阶段的磨合转速应按标准规定,热试负荷也应分阶段按工艺标准执行。磨合时间:应按工艺标准的规定(4分)。

(3)热试过程中应进行必要的调整,使发动机运转正常,无敲击声。水温一般不应超过85 ℃,热试后应更换润滑油及机油细滤芯(4分)。

(4)对经冷磨和热试的发动机,必须进行拆检、清洗,以保证磨合正常,延长其使用寿命。因此,在冷磨、热试过程中必须拆检一次,检查磨合情况,彻底清洗零件及油道。如冷磨后拆检,则在热试后必须抽出全部活塞,检查活塞及气缸壁磨合情况应不偏缸、不拉缸,各配合部位磨合良好(2分)。

25. 答:(1)将已修理完毕并装配完好的液压总泵装回车架托架上,装上推杆和开口销以及回位弹簧,然后装上出油管,扭紧接头,装好制动灯线(2分)。

(2)将前后轮制动器底板装于转向节及后桥突缘上,如有垫片的应加垫片,如有挡油圈应装上旋紧螺栓(2分)。

(3)将经过检验、清洗后的分泵零件涂上制动液,依次将弹簧、皮碗、活塞等装入分泵内,再装上护罩及放气螺钉套和螺塞,然后装于底板上并旋紧固定螺栓(2分)。

(4)将制动蹄支承销及孔涂抹机油并装于制动底板上,然后旋好支承销螺母(2分)。

(5)前、后轮左、右制动蹄回位弹簧拉力应相等,并符合规定要求。连接各分泵油管,不允许有漏油现象(1分)。

(6)加注制动液后按排空气操作要求由远及近逐个逐段排尽油路(分泵、管线)中的空气(1分)。

(7)调整制动蹄与制动鼓的间隙,使之符合技术标准(1分)。

26. 答:气缸的修理尺寸确定后,一般采用按选定的同级活塞搪磨气缸,首先按选定活塞测量裙部外径,然后再结合裙部间隙和预留磨量决定各缸的搪削尺寸(5分)。计算方法是:搪削量=活塞裙部最大直径－气缸最小直径＋配合间隙－磨缸余量(5分)。

27. 答:因为扁形芯管与圆形或矩形相比,散热面积大,气流的阻力小,结构刚度好,同时耐压高,不易碰裂,另外扁形芯管冬天防冻好,制造工艺简单,所以扁形管得到广泛的使用(10分)。

28. 答:汽车发动机散热器盖采用了具有空气-蒸汽阀装置的自动阀门,当冷却系内的压力过高过低时,阀门将会自动开启与大气相通。如果加垫胶皮密封后,当冷却系压力过高时,大量蒸气可能使发动机过热,并可能导致散热器膨胀破裂(5分);当冷却系温度降低,产生真空度时,冷却水循环流动性降低,散热效能减弱,散热器还可能被大气压瘪(5分)。

29. 答:柴油机的热效率高,而汽油机的热效率只有20%～30%(5分)。柴油机的燃油消耗率曲线不仅最低点较低,而且较为平坦,比汽油机在部分负荷时能节省更多的燃料。柴油比汽油的价格便宜(5分)。

30. 答:(1)交流发电机中硅二级管具有单向导电特性,当$V_{发}>V_{蓄}$时,发电机向蓄电池充电(5分)。

(2)而当$V_{发}<V_{蓄}$时,二极管呈反向截止状态阻碍作用且随转速的升高而增大,可自动限制电流,因此可不用节流器(5分)。

31. 答:(1)电容器被击穿损坏(2分);

(2)电容器选择不合适,超过或小于0.17～0.25 μF(3分);

(3)电容器外部连接线和内部引出线断路或接触不良(3分);

(4)断电器触点臂的弹簧弹力调整不当(2分)。

32. 答:(1)加足燃油(1分)。

(2)更换柴油滤清器芯,清洗油路(2分)。

(3)检查输油泵(1分)。

(4)排除空气(1分)。

(5)更换喷油泵的柱塞弹簧(1分)。

(6)检查喷油泵柱塞(1分)。

(7)更换柱塞调节臂(1分)。

(8)更换出油阀副密封铜垫或弹簧(2分)。

33. 答:(1)挂车制动阀必须保证挂车贮气筒中的气压维持在4.9 MPa以上,如不合标准,可通过拧进或拧出挂车制动阀下端的调整螺柱进行调整(5分)。

(2)当挂车制动阀连接主车制动阀的腔室气压升高到3.9 MPa时,接分离开关的气室气压在1.2 s内应从4.9 MPa降到0(5分)。

34. 答:(1)油面过高过低,均会造成混合气过浓或过稀,使发动机工作不良,甚至发动机不易发动,怠速着不住,容易熄火。此外油面过高,发动后,从排气管排出大量黑烟,并有“突突”响声,有时还有放炮现象,造成发动机动力不足,动转不均,油量增多。油面过低还会发生化油器回火现象(3 分)。

(2)检查方法是在发动机怠速工作时,拧开油面螺塞,以汽油不流出且能看到油面为宜(4 分)。

(3)油面高低可通过在三角针阀下增减垫片或将浮子上的小舌片上下弯压(3 分)。

35. 答:(1)直流发电机调节器主要由节压器、节流器和断流器三部分组成(5 分)。

(2)节压器是在发动机转速变化时,自动地调节发电机的电压。节流器的作用是当发电机的负荷变化时,自动地调节发电机的输出电流。断流器是当 $V_{发}>V_{蓄}$ 时,自动接通充电电路,当 $V_{发}<V_{蓄}$ 时,自动切断二者的电路,保护发电机和蓄电池(5 分)。

# 汽车修理工(高级工)习题

## 一、填 空 题

1. 钢的化学热处理工艺较多,在汽车、拖拉机和机床制造中,根据渗入元素的不同,可把钢的热处理分为(　　)、渗氮和氰化。

2. 时效处理方法有(　　)、人工时效两种。

3. 汽车计划预防保修制度的主要内容是(　　)、计划修理。

4. 液力耦合器主要由偶合器外壳、叶轮、(　　)等组成。

5. 热处理的目的是:改变钢的(　　)及性能,使工件具有所需要的性能,而不改变其外形。

6. 将钢件加热到临界点以上(　　),保温一定时间后,取出炉外,在空气中冷却的热处理方法称正火。

7. 调质处理的目的是获得良好的综合(　　),特别是好的冲击韧性。

8. 轴间差速器安装在(　　)内,能使分动器的两根输出轴产生不同的转速。

9. 余压排气法是利用液压制动系统中的(　　)进行排气的一种方法。

10. 汽车小修是一种运行性修理,主要消除汽车运行中发生的(　　)和局部损伤。

11. 汽车或总成修竣出厂时,不论送修时装备状况如何,均应按照有关汽车装的规定配备齐全并安装(　　)。

12. 液力变扭器,不仅能传递扭矩,而且还能在(　　)扭矩不变的情况下,随蜗轮转速的变化而改变输出扭矩。

13. L形燃烧室火焰传播距离长,没有挤气涡流的生成,火焰传播(　　),燃烧初期的火焰面积小。

14. 千分表指针与刻度盘摩擦,应修整指针、(　　)或刻度盘。

15. 金属材料抵抗外力作用而不致破坏的能力,叫(　　)。外力是拉力时,叫抗拉强度;外力是压力时,叫抗压强度;外力是弯曲力时,叫抗弯强度。

16. 常用的淬火方法可分为单液淬火法、(　　)淬火法、分级淬火法、等温淬火法、局部淬火法。

17. 汽油发动机的燃烧室可分为L形燃烧室、(　　)燃烧室、楔形燃烧室、半球形燃烧室四种。

18. 液力变扭器由三个具有叶片的工作轮组成,即可旋转的(　　)、蜗轮以及固定不动的导轮。

19. 预燃式燃烧室分为单半球(　　)燃烧室和双半球涡流燃烧室。

20. 盆形燃烧室利用活塞顶的挤气作用而有(　　)产生,使可燃混合气混合而趋均匀,有利于可燃混合气的完全燃烧,节省燃油。

21. 变速器不能输出动力，若是其本身的故障，一般有：齿轮损坏、拨叉轴卡死、紧固(　　)、变速杆弯曲或拨叉损坏。

22. 液力偶合器的(　　)由发动机曲轴驱动旋转，在离心力的作用下，工作液从叶片内缘向外缘甩出，冲击蜗轮的叶片，使蜗轮转动。

23. HT20-40 其(　　)≥200 N/mm²，抗弯强度≥400 N/mm²。

24. 4Cr10Si2Mo 抗拉强度为 900 N/mm²，屈服点为 700 N/mm²，(　　)为 10%，吸缩率为 35%。

25. 液力变扭器比液力偶合器多了个固定不动的(　　)，在液体循环过程中，它给了蜗轮一个反作用力矩，使蜗轮的输出扭矩与泵轮的输出扭矩有所不同。

26. 单半球紊流燃烧室是先使(　　)混合气预燃，压力急剧上升，气流携带着其余尚未燃烧的油雾以极高的速度冲入主燃烧室。

27. ω 型燃烧室对吸入的气体可形成(　　)的作用，即被吸入燃烧室的气体在惯性力作用下有一定的流速，而 ω 型燃烧室壁对气流有导向作用，于是形成涡流。

28. 发动机在冷态情况下发动，需要供给(　　)的混合气，故要把化油器阻风门关闭，以减少空气的进入量。

29. 化油器浮子室油面过高或过低，均会使发动机工作不良、功率不足、运转不匀、(　　)，甚至发动机怠速着不住、容易熄火，还会造成化油器回火或排气管放炮现象。

30. 3-Q-84 型蓄电池平时补充充电时，第一阶段其电流为(　　)A，时间为 10～12 h，第二阶段其电流为 4 A，时间为 3～5 h。

31. 麻花钻头由柄部、(　　)和工作部分三部分组成。

32. 麻花钻头颈部是工作部分与柄部的连接部分，供磨削时砂轮标记和打钻头(　　)用。

33. 立焊是焊接垂直平面上(　　)的焊缝。

34. 磁力探伤具有不需(　　)、迅速、设备简单等优点。

35. 利用磁力探伤时，必须使磁力线(　　)通过裂纹，否则裂纹便不能发现。

36. 磁力探伤法只适用于(　　)金属的零件，对有色金属的零件则必须寻求另外的方法。

37. 零件经过磁化检验后，会多少留下一部分(　　)，因此须退磁，否则，零件在使用时会因吸引铁屑而造成磨料磨损。

38. 目前用的滑动轴承合金材料分巴氏合金、(　　)合金和铝基合金三大类。

39. 防滑差速器的型式有(　　)式差速器、牙嵌式自由轮差速器和滑块凸轮式高摩擦差速器等。

40. 汽油机和柴油机分别采用(　　)与压缩自燃两种不同的发火方式。

41. 柴油机采用废气增压可提高功率，减少单位功率(　　)，缩小外形尺寸，节约原材料并降低燃料消耗率。

42. 汽车大修质量的好坏，主要用经济性、(　　)和使用可靠性等恢复情况来评价。

43. 轮边减速器分(　　)齿轮式和内啮合齿轮式两种。

44. 柴油发动机调速器的作用是：保证柴油机怠速时的(　　)转速，限制柴油机的最高转速，防止飞车。

45. 在车用柴油机上装用废气蜗轮增压器，还可以增大柴油机的扭矩，提高汽车的(　　)和爬坡能力，还可解决高原行车的吸气不足。

46. 电磁式风扇离合器当冷却水温度低于(　　)℃时,离合器处于分离状况。当水温超过 92 ℃时,离合器处于结合状况。

47. 发动机速度特性系指发动机的(　　)、扭矩和耗油率三者随曲轴转速变化的规律。

48. 东风 EQ-140 型汽车装用了两套(　　)惯性同步器,一套用于变速器 2～3 挡,另一套用于变速器 4～5 挡。

49. 汽车大修就其基本方法,可分为(　　)法和就车修理法两种。

50. 汽油的使用性能指标主要有热值、(　　)和抗爆性等,而抗爆性是汽油的一项主要性能指标。

51. 解放 CA-141 型汽车装用(　　)型化油器,东风 EQ140 型汽车装用 EQH101 型化油器,北京 BJ-212 型汽车装用 BJH201 型化油器。

52. 全速调速器中调速弹簧的张力在发动机工作过程中是(　　)的,而两速调速器中调速弹簧的最大张力是不可调的。

53. 按燃烧室所处的位置不同,热力发动机可分为(　　) 和外燃机两大类。

54. 汽车发动机按活塞运动方方式可分为(　　)和转子式,按点燃方式可分为火花点燃式和压燃式。

55. 四行程发动机的工作包括(　　) 、压缩行程、做功行程和排气行程四个过程。

56. 指示指标是用来衡量工质工作循环进行好坏的指标,常用的动力性指示指标有(　　)和指示功率。

57. 发动机的机构损失主要包括(　　) 、驱动辅助机构的功率消耗和泵气损失三部分。

58. 以(　　) 的功率为基础的指标称为有效指标。

59. 要提高发动机的性能指标,最主要的是提高(　　)。

60. 对汽油机来说发动机的特性主要有(　　)和负荷特性两种特性。

61. 4120F 柴油机表示(　　)。

62. 根据刚度和强度的要求不同,汽缸体一般有(　　)、龙门式汽缸体、隧道式汽缸体三种型式。

63. 多缸发动机的汽缸可以有很多种排列方式,主要的排列方式有(　　) 、V 型对置式等。

64. 发动机的支承方法一般有(　　)、四点支承两种。

65. 活塞连杆组主要起(　　)和传递力的作用。

66. 一般汽车用汽油机的转速为(　　)r/min,活塞的平均速度可达 8～12 m/s。

67. 活塞的构造可分为(　　)、环槽部和裙部三部分。

68. 连杆由(　　)、小头和杆身组成。

69. 曲轴飞轮组由(　　)和飞轮以及其他附件组成。

70. 按照曲轴的主轴颈数,可以把曲轴分为(　　)和非全支承曲轴两种

71. 当飞轮的轮缘圆周速度超过(　　)m/s 时要采用强度较高的球铁或铸钢制造。

72. 根据气道的开启和关闭方式不同,配气结构有(　　)和气门式两种。

73. 凸轮轴的驱动方式主要有(　　)、正时链条式和正时皮带式三种。

74. 气门间隙的大小一般由发动机制造厂根据实验确定,一般在冷态时,进气门的间隙为(　　)mm,排气门的间隙为 0.3～0.35 mm。

75. 气门组包括(　　)、气门导管、气门座以及气门弹簧等零件。

76. 用压力表测得的数值为气体的(　　)。

77. 为保证柴油在发动机中能迅速自行发火,燃烧完全,不产生工作粗暴现象,柴油必须具有适当的(　　)。

78. 混合加热理论循环中,如压缩比与总加热量为定值,若压力开高比增加,则热效率(　　)。

79. 进气迟闭的目的是充分利用进气气流的流动(　　)。

80. 当发动机进气门早开晚关角一定时,充气系数随转速变化的关系为在某一中间转速(　　)。

81. 与汽油机相比柴油机的混合气形成在(　　)。

82. 评价发动机经济性的有效指标是有效燃料率和(　　)。

83. 汽油机的扭矩储备系数(　　)柴油机的扭矩储备系数,所以它在不需换用低挡的情况下,克服阻力的潜力大。

84. 发动机的负荷通常是指发动机的(　　)。

85. 根据点火提前角调整特性,最佳点火提前角随负荷增大而(　　)。

86. 汽车的加速性能与(　　)决定于发动机扭矩 $M_e$、变速器速比 $i_k$、主减速器的传动比 $i_0$。

87. 影响汽车空气阻力的主要因素是对抗汽车前进的(　　)。

88. 变速器挡数越多,发动机便越有可能接近于(　　)时的转速工作,则功率利用平均值越大。

89. 汽车制动时的地面制动力首先取决于(　　)。

90. 子午线花纹和越野花纹轮胎有较好的驱动性,是因为其轮胎(　　)有明显提高所致。

91. 制动距离是指紧急制动时,从驾驶员踩到(　　)时起到完全停车为止,汽车所行驶过的距离。

92. 制动效能的恒定性主要指的是制动器的(　　)。

93. 制动时,汽车左右轮转向轮制动器制动力不相等,会引起(　　)。

94. 在冰雪路面上汽车制动时经常发生(　　)。

95. 当制动时制动器制动力的分配为前、后轮制动器制动力比为(　　)。

96. 汽车拖带挂车后,与单车相比阻力增加,发动机负荷率增加,有效燃油消耗率(　　)。

97. 汽车的接近角和离去角是表示汽车接近和离开障碍的能力,接近角和离去角(　　),汽车的通过性越好。

98. 客车大修送修标志,以(　　)为主。

99. 挂车大修送修标志是车架和车厢符合(　　)。

100. 气缸磨损,当圆度达到(　　)数值时发动机进行大修。

101. 活塞在上下止点处不偏缸,而在行程中部偏缸最大,其原因是(　　)。

102. 传动轴两端的万向节叉在同一平面内,其目的是保证传动轴等(　　)。

103. 汽油机大修后,各缸压力差不应超过平均值的(　　)。

104. 在用车辆的制动力应不低于原厂设计制动力的(　　)。

105. 在使用废气分析仪检测废气时,测量头插入排气管的深度应该(　　)。

106. 汽车前进通过侧滑试验台的侧滑板时,若车轮向内滑说明(　　)。

107. 汽车示波器的(　　)波形可同时显示出多缸发动机各缸的次级点火电压。

108. 当把行星齿轮变速装置中的行星架固定,中心轮作为输入,内齿圈作为输出所对应的挡位是(　　)。

109. 汽车空调系统中的(　　)装置能够讲液态制冷剂变为气态。

110. 关于改造车辆的参数,一般货车宽度应不大于(　　)。

111. 车辆技术管理应坚持的原则是(　　),技术与经济相结合。

112. 对车辆进行清洁、补给和安全检视是(　　)的中心内容。

113. 十六烷值决定了柴油的(　　)。

114. 进气门(　　)充气系数最大值对应转速减少。

115. 为了提高充气系数,应减少进气系统的阻力,而整个进气系统中,(　　)的通过截面最小,而且不断变化,其流动阻力最大,应当首先考虑。

116. 汽油机点火时间越早,发生爆燃的可能将(　　)。

117. 柴油机在燃烧过程中,最高温形成点是在(　　)。

118. 柴油机排气冒黑烟的主要原因之一是(　　)。

119. 汽车发动机应保持在(　　)下工作,其扭距、功率均较大,油耗低。

120. 汽车的最大上坡能力是指汽车满载时头挡的最大(　　)。

121. 汽车行驶的滚动阻力,主要是地面与轮胎的(　　)引起的。

122. 如果能满足具有足够的发动机功率和良好的(　　)的条件,汽车才能正常行驶。

123. 采用无级变速的主要优点是加速时可利用后备功率(　　)。

124. 汽车才松软路上行驶,降低轮胎气压可以使(　　),从而提高其通过性能。

125. 为了提高汽车的经济性,变速器采用适当增加(　　)。

126. 当汽车满足条件时,则汽车高速转向时(　　)。

127. ISO 2631 标准中,汽车行驶平顺性的主要指标是 1/3 倍频率振动加速度(　　)。

128. 气缸磨损,当圆柱度达到(　　)时发动机进行大修。

129. 传动轴在装配时,其伸缩节要对正记号,其目的是保持传动轴原有的(　　)。

130. 汽车示波器中的(　　)波形可诊断分电器凸轮的磨损情况。

131. 液力变矩器中的泵轮与(　　)刚性连接。

132. 汽车空调系统中的(　　)装置能够将气态剂变为液态。。

133. 关于车辆的参数,一般货车长度应不大于(　　)。

134. 关于大修前最后一次二级维护后的车辆属于(　　)基本完好车。

135. 柴油机的理论循环比汽油机的理论循环的热效率高是因为柴油机压缩比(　　)。

136. 进气门迟闭的目的是充分利用进气气流的(　　)。

137. 提高(　　)可以提高充气系数。

138. 当汽车满载爬坡时,发动机往往发出“得、得”的爆燃声,为了消除或减轻爆燃,司机可以采取(　　)措施。

139. 柴油机燃烧过程的喷油提前角是指从喷油始点到(　　)对应的曲轴转角。

140. 汽油机最大扭距时的转速越低,汽车在不换挡的情况下,克服阻力的潜力(　　)。

141. 汽车制动时的方向稳定性是指汽车在制动时按指定轨迹行驶的(　　)。

142. 汽车加速能力常用原地起步加速时间和(　　)表示。

143. 汽车在不平路面上直线行驶时，能不断自动恢复到直线行驶位置的能力，是由(　　)来保证的。

144. 对于双轴驱动的车辆，在驱动力和附着力足够时，所能通过垂直障碍物的最大高度为(　　)。

145. 传动轴在装配时，应使其两端的万向节相差(　　)。

146. 前束值在车轮前进与后退时对地面产生的侧向力是大小相等、方向(　　)。

147. 液力变矩器中的涡轮行星齿轮变速装置(　　)连接。

148. 变速器用(　　)材料制造。

149. 发动机工作时，若切断点火开关后，发动机仍然能够着火运转，这可能是(　　)。

150. 汽车最大驱动力或最大制动力应(　　)附着力。

151. 汽车在行驶过程中，本身的固有频率低于(　　)时，人们会有晕车的感觉。

152. 可作为气体状态参数的量为(　　)。

153. 发动机压缩比增大，则充气系数(　　)。

154. 汽油机爆振燃烧容易发生在(　　)。

155. 在柴油机的燃烧过程中，从第一个火焰中心产生到气缸内混合气迅速燃烧，气缸内的压力达到最高时之间的曲轴转角，称为(　　)。

156. 改变节气门的开度，可以分别测得汽油机下列不同负荷得 $g_e=f(n)$ 曲线，其中(　　)时的 $g_e=f(n)$ 曲线上的 $g_e$ 值最小。

157. 汽车的驱动力必须大于或等于行驶(　　)总和。

158. 汽车的地面制动力不可以超过(　　)。

159. 所谓制动侧滑，是指汽车制动时某一轴车轮或两轴车轮发生(　　)现象。

160. 汽车在良好水平路面上，只有按(　　)经济车速行驶才能保证经济性最好。

161. 按控制运动的方式分类，数控机床可分为点位控制数控机床、(　　)控制数控机床和轮廓控制数控机床三种。

162. 卡盘式数控车床适合车削(　　)，而顶尖式数控车床适合车削较长的轴类。

163. 当数控装置的程序存储空间较小时，为实现程序的连续执行与加工，常采用(　　)或通信输入程序输入方式。

164. 数控加工时对刀点设置的原则为：便于数值计算和简化程序编制，易于找正并在加工过程中便于检查，引起的加工误差(　　)。

165. 在 MC 加工时，常用的高性能刀具材料有硬质合金刀具(涂层)、立方氮化硼刀具和(　　)刀具等。

166. 与数控电火花成形加工相比较，数控电火花线切割加工改善的主要两个方面为(　　)和加工效率高(比电火花成形机床操作更方便)。

167. 衡量数控机床可靠性的指标有(　　)和 A。

168. 数控机床的维修包含日常性维护与保养和(　　)两方面内容。

169. 数控程序的代码标准常用的有(　　)和 EIA 两种，其中应用广泛的为 ISO 代码标准。

170. 数控机床的安装调试工作有(　　)、配合工作和组织工作等。

171. 大修竣工检验单是企业按照质量规定、合同要求对大修竣工车辆的(　　)结果的记录。

172. 整流电路是利用二极管的(　　)把交流电变为直流电的电路。

173. 三极管基极开路时在集射极之间的最大允许电压,称为(　　)。

174. 曲轴主轴颈和连杆轴颈的修理尺寸根据轴颈中(　　)轴颈确定。

175. 在确定工时定额时,旧件修复工时可以按(　　)的30%比例计算。

176. Diagnostic Test Mode 的中文意思是(　　)。

177. 00668 Vehicle Voltage terminal 30 signal outside tolerant 的中文含义是(　　)。

178. Open in sequential ignite circuit 的中文意思是(　　)。

179. 当发电机的双极电磁振动式调节器中高速触点烧蚀时,发电机将(　　)。

180. 柴油机中的调速器能自动根据转速的变化而改变供油量,当转速增大时,供油量应(　　)。

181. 在换档瞬间,自动变速器的主油路油压将会(　　)。

182. 喷油的闭环控制是指用(　　)作为反馈信号,将A/F控制在14.7左右。

183. 四轮转向系统,为保证高速时转向的稳定性前后车轮的偏转方向应(　　)。

184. 满足OBD Ⅱ标准的车型主要是根据(　　)信号来判断发动机是否启动的。

185. 混合气过稀会使点火电压(　　)正常值。

186. 大多数安全气囊系统线束的颜色为(　　)。

187. 全电控动力转向系统的动力源是(　　)。

188. 我国提高汽车排放控制实行I/M制度,即是检测和(　　)。

189. 在速度控制回路中,节流阀安装在回油路上,限制液压卸荷的回油量来控制执行元件运动速度的回路称为(　　)回路。

190. 电子控制单元ECU主要由输入通道、(　　)、输出通道三部分组成。

191. 大修时,常用气缸修理尺寸为+0.50 mm,(　　),+1.50 mm三级。

192. 发动机二级维护前密封性能检测项目包括:气缸压缩压力、(　　)、进气歧管真空度和气缸漏气量。

193. 能够控制液压系统液流的压力、流量和(　　)的元件总称为液压控制阀。

194. 在汽车修理企业设计中最重要的是(　　)设计。

## 二、单项选择题

1. 货车大修标准以(　　)损坏程度为主。

(A)车厢　(B)车架总成　(C)发动机总成　(D)制动

2. 高频率淬火的代号是(　　)。

(A)Z　(B)G　(C)Q　(D)T-G

3. 柴油机球形燃烧室相对于ω型燃烧室(　　)。

(A)制造加工比较困难　(B)工作柔和、热效率高

(C)要求喷油压力较高　(D)燃烧效率高,耐用

4. 产生"狄塞尔"敲击的主要原因是(　　)。

(A)油料喷入过少　(B)油料不能即刻着火燃烧而积聚过多

(C)油料压力升高　(D)油料压力降低

5. 柴油机在燃烧过程中几乎为(　　)。

(A)定容过程　(B)定压过程　(C)定温过程　(D)恒温过程

6. 离合器压盘背面的弹簧座中装置石棉垫是为了(　　)。

(A)隔热　(B)密封　(C)散热　(D)避压

7. 液力偶合器泵轮的运动是由(　　)驱动的。

(A)凸轮轴　(B)电机轴　(C)曲轴　(D)轴承

8. 越野车的前桥属于(　　)。

(A)转向桥　(B)驱动桥　(C)转向驱动桥　(D)支承桥

9. 调质处理是(　　)。

(A)淬火+中温回火　(B)淬火+低温回火

(C)淬火+高温回火　(D)淬火

10. ω形燃烧室,柴油喷注在空壁上形成的油腊厚度是(　　)。

(A)小于 0.15 mm　(B)0.15～0.20 mm　(C)小于 0.12 mm　(D)大于 0.12 mm

11. 汽车变速器常用材料是(　　)。

(A)HT20-40　(B)HT15-33　(C)KT35-10　(D)都不是

12. 液力变扭器和液力偶合器都有(　　)。

(A)蜗轮　(B)导轮　(C)从动轮　(D)主动轮

13. 液力变扭器与液力偶合器相比(　　)有所不同。

(A)能传递扭矩　(B)带动从动轴旋转

(C)蜗轮的输出扭矩和泵轮的输出扭矩　(D)传递扭矩大小

14. 自燃时效可将内应力降低(　　)。

(A)60%以上　(B)30%～40%　(C)20%～30%　(D)50%～60%

15. 汽油机 L 形燃烧室的优点是(　　)。

(A)工作平稳,爆振倾向小,制造加工容易

(B)节省燃油,有利于可燃混合气的完全燃烧

(C)发动机热效率高,充气阻力小

(D)燃烧效率高

16. 北京 BJ130 型汽车的车轮制动器是采用(　　)。

(A)简单非平衡式　(B)平吸式　(C)自动增力式　(D)简单平吸式

17. 液压张开的简单非平衡式车轮制动器,在轮缸内两活塞大小相等的情况下,其两制动蹄摩擦片的长度是(　　)。

(A)前长后短　(B)前后等长　(C)前短后长　(D)不一定

18. 转向系角度传动比愈大,转向操纵就越(　　)。

(A)省力　(B)费力

(C)既不省力,也不费力　(D)省大量的力

19. 东风 EQ140 采用(　　)转向器。

(A)球面蜗杆滚轮式　(B)循环球式

(C)蜗杆曲柄指销式　(D)以上都行

20. 转向轮绕(　　)摆动。

(A)转向节　(B)主销　(C)前梁　(D)车架

21. 正火是将钢件或坯料加热到(　　)。

(A)$Ac_1$ 以上 30～50 ℃　(B)$Ac_3$ 以上 30～50 ℃

(C)$Ac_3$　(D)Acm 以上 30～50 ℃

22. 退火处理是将钢件加热到临界点以上 30～50 ℃(　　)。

(A)保温一段时间后,空冷　(B)保温一段时间后,炉冷

(C)保温一段时间后,水冷　(D)保温一段时间后,自然放冷

23. H54 的含义是(　　)。

(A)火焰加热淬火回火 HRC52-58　(B)高频淬火回火 HRC50-55

(C)调质后高频淬火回火 HRC52-58　(D)低频淬火回火 HRC50-55

24. 化油器回火的主要原因有(　　)。

(A)混合气太浓　(B)混合气过稀

(C)油管无油　(D)进入化油器的油太多

25. 活塞局部尺寸的测量,应在(　　)。

(A)距离活塞底部 10 mm 处进行　(B)在活塞底部进行

(C)在距活塞顶部 10 mm 处进行　(D)在活塞顶部进行

26. 修理尺寸法的特点是(　　)。

(A)只恢复规定配合关系,不恢复原有的尺

(B)只恢复原有的尺寸不恢复正确的规定关系

(C)既恢复原有的尺寸又恢复正确的规定关系

(D)在活塞顶部进行

27. 汽车修理的基本方法是(　　)。

(A)小修、大修　(B)就车修理和总成互换修理

(C)综合作业法　(D)专业分工法

28. 摩擦面之间夹入硬质颗粒引起的磨损是(　　)。

(A)磨料磨损　(B)粘着磨损　(C)疲劳磨损　(D)腐蚀磨损

29. 齿轮的工作面出现磨点坑是属于(　　)。

(A)磨料磨损　(B)黏着磨损　(C)疲劳磨损　(D)腐蚀磨损

30. 铸件发生变形,都是因为在出模后,没有进行(　　)而引起的。

(A)热处理　(B)时效处理　(C)化学处理　(D)氧化处理

31. 影响钢零件可焊性的因素是(　　)。

(A)容易产生白口　(B)易氧化、烧穿

(C)易产生气孔　(D)碳元素的含量

32. 为了获得细小的电镀层组织通常采取的方法是(　　)。

(A)增大电流强度　(B)提高电解液温度

(C)搅动电解液　(D)减小电流强度

33. 彻底检查零件内部隐伤的磁力探伤法是(　　)。

(A)轴向磁化法　(B)环形磁化法　(C)复火磁化法　(D)圆形磁化法

34. KT35-10 的抗拉强度≥(　　)$N/mm^2$。

(A)150　　(B)350　　(C)600　　(D)700

35. 在液压动力转向装置中设置流量阀是为了(　　)。

(A)增大油压　　(B)降低油压　　(C)调整流量　　(D)控制流量

36. 机油泵齿轮工作面小斑点面积应不大于整个齿面的(　　)。

(A)15%　　(B)20%　　(C)25%　　(D)30%

37. 东风 EQ-140 型汽车发动机采用的是(　　)。

(A)干式缸套　　(B)无缸套结构　　(C)湿式缸套　　(D)综合式缸套

38. 当 CA-141 型汽车发动机的一缸从开始作功待曲轴转到 720°时,第五缸处于(　　)行程。

(A)进气　　(B)压缩　　(C)作功　　(D)排气

39. 汽油的蒸发性愈好,(　　)出现所谓的“气阻”。

(A)越不容易　　(B)不可能　　(C)越容易　　(D)可能

40. 运转中的汽车发动机大多数部位的摩擦形式是(　　)。

(A)干摩擦　　(B)半干摩擦　　(C)液体摩擦　　(D)半液体摩擦

41. 手工研磨气门时,气门在座上的旋转角度一般是(　　)。

(A)5°～10°　　(B)10°～15°　　(C)10°～30°　　(D)15°～30°

42. 汽车上常用的金属材料可分为(　　)。

(A)有色金属和黑色金属　　(B)硬合金属和软金属

(C)贵重金属和一般金属　　(D)铝金属和其他金属

43. 汽车在正常使用过程中零件产生磨损是(　　)。

(A)设计制造因素引起的　　(B)维修使用不当引起的

(C)自然现象　　(D)操作不当引起的

44. 气门座边缘的裂纹可采取(　　)。

(A)补板法修理　　(B)焊接法修理　　(C)粘结法修理　　(D)更换新的

45. 发动机在工作过程中将气缸磨成腰鼓形的原因是(　　)。

(A)连杆弯曲引起的　　(B)连杆扭曲引起的

(C)连杆双弯曲引起的　　(D)连杆断裂引起的

46. 连杆变形一般应先校正(　　)。

(A)扭曲　　(B)弯曲　　(C)双弯曲　　(D)以上都得校验

47. 高转速大负荷且要求耐腐蚀性能好的发动机轴承应选用(　　)合金轴承。

(A)巴氏　　(B)铜铝　　(C)高锡铝　　(D)普通

48. 飞轮齿圈在下列情况下可翻转 180°继续使用(　　)。

(A)轮齿单面磨损　　(B)轮齿双面磨损　　(C)轮齿出现裂纹　　(D)都不能使用

49. 气门的材料必须耐高温、耐腐蚀和抗氧化,具有较高的(　　)、蠕变强度和高温强度等。

(A)综合机械性能　　(B)机械疲劳强度　　(C)抗拉强度　　(D)抗压强度

50. 气门弹簧的自由长度缩短值如超过(　　),应更换新弹簧。

(A)1 mm　　(B)3 mm　　(C)5 mm　　(D)6 mm

51. 东风 EQ140 型汽车机油泵齿顶和泵体间隙如大于(　　),应更换泵体。

(A)0.20 mm (B)0.30 mm (C)0.40 mm (D)0.50 mm

52. 输油泵密封性试验,顶杆与套配合处(　　)内不得出现漏油现象。

(A)在 0.5 min (B)在 1 min (C)在 1.5 min (D)在 2.0 min

53. 调整喷油器压力时,如拧紧调压螺钉可使喷油压力(　　)。

(A)下降 (B)上升 (C)不变 (D)过大

54. 活塞直接承受很大的气体压力和惯性力。为了保证可靠传力,要求它有足够的(　　)。

(A)硬度 (B)强度 (C)强度和刚度 (D)强度和硬度

55. 离合器后备系数大可以(　　)。

(A)传递大的扭矩 (B)防止传动系过载

(C)使离合器操纵变轻 (D)便于更好地驾驶

56. 变速器齿轮正常的磨损规律是(　　)。

(A)齿轮齿面磨损比花键磨损快 (B)齿轮齿面磨损比花键磨损慢

(C)齿轮齿面磨损与花键磨损相同 (D)齿轮齿面磨损比花键不会磨损

57. 组装解放 CA-141 传动轴中间支承时,97210 轴承两内圈的隔套(　　)。

(A)可以互换使用 (B)不能互换

(C)隔套也可以不装 (D)可以换别的代替

58. 循环球式转向器的钢球拆下后应(　　)。

(A)将全部钢球清洗后放在一起 (B)按轫道清洗分开放置

(C)测量后按直径大小分开放置 (D)先清洗后再晾干后放到一起

59. 润滑系的基本任务就是将机油不断供给(　　)。

(A)各气缸 (B)各零件

(C)各零件的摩擦表面 (D)油箱

60. 回路的作用是控制液压系统的最高工作压力,使系统压力不超过压力控制阀的调定值(　　)。

(A)调压 (B)减压 (C)增压 (D)换向

61. 将油液的压力转换为机械能带动负载运动(　　)。

(A)液压泵 (B)液压缸 (C)压力阀 (D)方向阀

62. 液压传动的传动比(　　)精确。

(A)很 (B)非常 (C)特别 (D)不很

63. 汽车采用的液力变矩器属于(　　)液压传动。

(A)动力式 (B)容积式 (C)压力式 (D)体积式

64. ""表示(　　)。

(A)换向阀 (B)单向阀 (C)顺序阀 (D)液压缸

65. 滑脂枪用于加注(　　)。

(A)润滑油 (B)润滑脂 (C)机油 (D)齿轮油

66. 浸洗、喷洗和浸喷复合洗属于(　　)。

(A)干洗 (B)湿洗 (C)混合洗 (D)以上都不是

67. 桑塔纳轿车火花塞的间隙为(　　)。

(A)0.7～0.9 mm (B)0.7～0.9 cm (C)0.9～1.1 mm (D)0.9～1.1 cm

68. 发动机点火线圈附加电阻的作用是(　　)低速时的初级电流，改善高速时的点火特性。

(A)增大 (B)减小 (C)改变 (D)不确定

69. 测量发动机火花塞的间隙时，应用(　　)进行。

(A)厚薄规 (B)专用量规 (C)卡尺 (D)百分表

70. 汽车发生碰撞时用来减少乘员在车窗内部振击能量的安全装置的是(　　)。

(A)安全气囊 (B)ABS (C)EFI (D)EGI

71. 常用的(　　)电路是在负载两并联一个滤波电容。

(A)整流 (B)滤波 (C)稳压 (D)放大

72. 表示放大器放大信号电流能力的是(　　)。

(A)电压增益 (B)电流增益 (C)功率增益 (D)电阻增益

73. 线性集成电路属于(　　)集成电路。

(A)模拟 (B)数字 (C)放大 (D)任意

74. 温度传感器是(　　)传感器。

(A)生物 (B)化学 (C)生物和化学 (D)物理

75. 正温度系数热敏电阻随温度升高阻值(　　)。

(A)不变 (B)下降 (C)上升 (D)不确定

76. 二氧化锆管的内侧通(　　)。

(A)大气 (B)排气 (C)进气 (D)冷却水

77. 若电控发动机进气压力传感器出现故障，则 ECU 将采用(　　)。

(A)标准值 (B)当前值 (C)不定值 (D)任意值

78. 锯削钢件时应使用(　　)冷却。

(A)机油 (B)齿轮油 (C)冷却液 (D)酒精

79. 全面质量管理的四个环节是(　　)。

(A)PDCA (B)DPCA (C)CDPA (D)ACDP

80. 评价修复层质量的基本指标是(　　)。

(A)修复层的结合强度 (B)静平衡程度

(C)装配精度 (D)振动

81. 汽车车速表的允许误差范围为(　　)。

(A)＋20％～－5％ (B)＋5％～－20％

(C)＋5％～－5％ (D)＋20％～－5％

82. 柴油机排放的主要有害成分之一是(　　)。

(A)CO (B)HC (C)$NO_x$ (D)炭烟

83. 重型车怠速时，CO 排放不大于(　　)。

(A)3％ (B)6％ (C)4.5％ (D)1％

84. 适当推迟汽油机点火时间，可使(　　)在排气过程中燃烧掉。

(A)CO (B)HC (C)$NO_x$ (D)炭烟

85. 污水可采用(　　)来处理。

(A)倾倒办法 (B)污水净化装置 (C)出售给回收部门 (D)以上答案都不对

86. 中华人民共和国(　　)有休息的权利。

(A)公民 (B)人民 (C)劳动者 (D)工作阶级

87. 确定汽车修理工艺规程的原则不包括(　　)。

(A)技术上的先进性 (B)经济上的合理性
(C)质量上的可靠性 (D)性能上的稳定性

88. 变速器变速叉端面磨损极限不大于(　　)mm。

(A)0.40 (B)0.50 (C)0.60 (D)0.03

89. 发动机汽缸盖上气门座的裂纹最好的修理方法是(　　)。

(A)无机粘结剂法 (B)焊接法
(C)堵漏剂法 (D)堵漏剂法和粘结剂法均可

90. 柴油发动机曲轴中心线径向圆跳动的大修标准是(　　)mm。

(A)≤0.05 (B)≤0.01 (C)≤0.50 (D)≤0.02

91. 汽车变速器齿轮不采用(　　)处理。

(A)渗碳 (B)淬火 (C)低温回火 (D)退火

92. 下列汽车零件中,(　　)是用铸钢材料制造的。

(A)发动机曲轴 (B)变速器壳体 (C)发动机凸轮轴 (D)齿轮

93. 发动机曲轴轴承座孔轴线与汽缸轴线应用(　　)误差评价。

(A)平行度 (B)垂直度 (C)同轴度 (D)位置度

94. 零件产生动不平衡的原因是(　　)。

(A)制造质量不均匀 (B)零件材料强度不够
(C)零件材料硬度不符合要求 (D)零件化学稳定性差

95. 汽车修理过程中,除车架和车身之外,其他零件组合件及总成都装配已修好的备用品,此法为(　　)。

(A)就车修理法 (B)总成互换法 (C)专业分工法 (D)综合作业法

96. 要求修理质量好,生产效率高,且规模较大的汽车修理企业,应选择的作业方式为(　　)。

(A)固定工位作业法 (B)流水作业法
(C)专业分工法 (D)就车修理法

97. 承修车辆多、车型较单一的汽车修理厂应采用(　　)劳动组织形式。

(A)综合作业法 (B)专业分工作业法
(C)就车修理法 (D)固定修理法

98. 汽车零件的裂纹、烧蚀、剥落、老化等缺陷一般是通过(　　)来判断。

(A)外部检视或探伤 (B)量具
(C)水压法 (D)检验器具

99. 发动机汽缸的修复方法可用(　　)。

(A)电镀法 (B)喷涂法 (C)修理尺寸法 (D)铰削法

100. 检验发动机曲轴裂纹的最好方法是选用(　　)。

(A)磁力探伤法或渗透法 (B)敲击法

(C)检视法　　(D)荧光探伤法

101. 下列选项中,不属于曲轴轴承选配检查项目的是(　　)。

(A)根据曲轴轴颈选配　　(B)定位凸起

(C)弹性　　(D)硬度

102. 凸轮轴轴颈的圆度、圆柱度误差不得大于(　　)mm,否则应修磨恢复或更换。

(A)0.010　　(B)0.015　　(C)0.020　　(D)0.025

103. 总成装配质量与下列(　　)无关。

(A)连接件装配质量　　(B)液体的密封

(C)配合表面的清洗　　(D)零部件安装工具

104. 装配尺寸链中,增环属于(　　)。

(A)组成环　　(B)减环　　(C)补偿环　　(D)封闭环

105. 安装桑塔纳2000型轿车AFE发动机正时齿形带,应使凸轮轴齿带轮标记与(　　)平面标记对齐。

(A)曲轴齿轮　　(B)气门室罩盖　　(C)V型带轮盘　　(D)齿带张紧轮

106. 传动轴由于零件的磨损、变形及安装位置不正确等会使得传动轴的临界转速(　　)。

(A)降低　　(B)提高　　(C)不变　　(D)不确定

107. 解放CA1092型汽车车用主减速器主动圆锥齿轮轴承预紧度过紧,甲认为应减少轴承壳与主减速器壳之间的调整垫片,乙认为应增加前轴承与轴肩处调整垫片的厚度,丙认为应增加轴承壳与主减速器壳之间的调整垫片。正确的是(　　)。

(A)甲　　(B)乙　　(C)丙　　(D)甲和乙

108. 用试棒角尺检验汽车前轴时,若两者之间出现间隙,表明前轴存在(　　)变形。

(A)垂直弯曲　　(B)水平弯曲　　(C)扭曲　　(D)扭曲并弯曲

109. 转向垂臂装复到摇臂轴上,其端面应高出摇臂轴花键端面(　　)mm。

(A)2～5　　(B)1～2　　(C)2.5～3　　(D)0.5～1

110. 焊接时,一次施焊长度越长,焊接应力(　　)。

(A)越大　　(B)越小　　(C)不变　　(D)无变化

111. 上海桑塔纳2000型轿车前轮制动器的轮缸内活塞安装前,活塞外表面应涂抹一层(　　)。

(A)制动液　　(B)机油　　(C)润滑脂　　(D)防冻液

112. 解放CA109型汽车变速器的常啮合齿轮啮合间隙一般为(　　)mm。

(A)0.15～0.50　　(B)0.10～0.25　　(C)0.05～0.15　　(D)0.10～0.40

113. 关于发动机活塞环与活塞组装,甲说:“应注意活塞环的安装方向,各气环开口角度要均匀。”乙说:“装油环时一般先装中间衬环。”丙说:“组合油环上下刮片开口应错开120°。”说法正确的是(　　)。

(A)甲　　(B)乙　　(C)丙　　(D)甲和乙

114. 客车大修送修标志,以(　　)为主。

(A)底盘　　(B)车厢　　(C)发动机　　(D)电气设备

115. 挂车车架和货箱是(　　)大修送修标志。

(A)挂车　　(B)定车牵引的半挂车
(C)货车　　(D)铰接式大客车

116. 下列选项中,不是发动机总成大修送修标志的是(　　)。
(A)汽缸磨损　(B)最大功率下降　(C)燃料消耗异常　(D)异响

117. 下列选项中,(　　)不是汽车车架总成大修送修标志。
(A)前桥变形严重　　(B)断裂、锈蚀、变形超限
(C)车架大部分铆钉松动　　(D)车架弯曲变形超限

118. 汽车前轴裂纹、变形,主销承孔磨损严重是(　　)总成大修送修标志。
(A)前桥　(B)中桥　(C)后桥　(D)前轮

119. 客车车身总成大修送修的标志是(　　)。
(A)车身有轻微锈蚀　　(B)蒙皮破损
(C)车厢骨架变形严重　　(D)驾驶室锈蚀

120. 货车车身总成大修送修标志是(　　)。
(A)驾驶室锈蚀、变形、破裂严重　　(B)底板、栏板破损
(C)货箱纵横梁破裂、腐蚀　　(D)车架破损

121. 车辆送修时,承修单位与送修单位应签订合同,商定送修要求、(　　)等。
(A)修理车日和质量保证　　(B)修车时间
(C)修理材料　　(D)工艺卡片

122. 汽车进厂,外部检验项目不包括的是(　　)。
(A)车容　(B)轮胎　(C)电气设备　(D)离合器工作情况

123. 发动机活塞环选配的间隙检验项目至少应有(　　)项。
(A)5　(B)4　(C)3　(D)2

124. 汽车发动机飞轮齿圈配合过量盈应为(　　) mm。
(A)－0.15～－0.10　　(B)－0.40～－0.20
(C)－0.64～－0.25　　(D)－0.25～－0.05

125. 汽车车架的变形检验,用(　　)即可进行。
(A)拉线和直尺　(B)直尺　(C)水平仪　(D)拉线

126. 用百分表检查启动机启动轴是否弯曲,如摆差大于(　　) mm 应进行校正。
(A)0.1　(B)0.2　(C)0.5　(D)0.15

127. 车身划分若干区域,人站立看不到间接表面的是(　　)。
(A)A 区　(B)B 区　(C)C 区　(D)D 区

128. 关于车辆选配和使用的前期管理,甲说:“新车应严格执行走合期的各种规定,做好走合维护工作。”乙说:“新车在投入使用前,应进行一次全面检查,应建立车辆技术档案。”丙说:“进口的新车在索赔期内可视情进行改装。”说法不正确的是(　　)。
(A)丙　(B)甲　(C)乙　(D)甲和乙

129. 检测诊断汽车的主要技术性能一般不包括(　　)。
(A)安全性　(B)可靠性　(C)经济性　(D)乘坐舒适性

130. 带限速装置的大修汽车,以直接挡空载行驶在经济车速下,每百公里燃油消耗量应不高于原设计规定值的(　　)。

(A)80% (B)90% (C)85% (D)95%

131. 下列选项中,属于发动机经济性评价指标的是(　　)。

(A)油耗率 (B)加速性能 (C)发动机功率 (D)底盘测功

132. 汽车大修合格证应有(　　)。

(A)检验记录 (B)走合期规定 (C)技术状况说明 (D)处理意见

133. 汽车发动机大修后,怠速运转稳定,转速波动不大于(　　)r/min。

(A)100 (B)50 (C)80 (D)150

134. 根据客车质量检查评定方法得分值为 80,应评定为(　　)等级。

(A)一等 (B)合格 (C)不合格 (D)优良

135. 汽车冷气系统制冷剂的年泄漏量不得大于充填量的(　　)。

(A)15% (B)10% (C)12% (D)5%

136. 在我国东北、西北及华北等地区环境最低气温在－35°以上的严寒地区应选用(　　)号冷却液。

(A)－20 (B)－25 (C)－35 (D)－45

137. Ⅳ型排放试验即点燃式发动机车辆蒸发排放试验,每次试验蒸发排放量应小于(　　)g。

(A)2 (B)3 (C)4 (D)2.5

138. 下述选项中,(　　)影响发动机的充气效率。

(A)润滑油品质 (B)空燃比

(C)进气终了时压力 (D)汽缸容积

139. 合理选择(　　)可以提高发动机的充气效率。

(A)进气迟开角 (B)排气迟开角 (C)排气早闭角 (D)进气迟闭角

140. 为了不影响汽油发动机的动力性和经济性,应尽量减少(　　)。

(A)着火延迟期 (B)急燃期 (C)补燃期 (D)后燃期

141. 发动机负荷对汽油机燃烧(　　)。

(A)影响较大 (B)无影响 (C)影响较小 (D)可能有影响

142. 关于表面点火,说法不正确的是(　　)。

(A)是一种不正常燃烧 (B)表面点火危害小于爆燃

(C)表面点火形成原因有两种 (D)表面点火危害较大

143. 柴油机在进气行程进入汽缸的是(　　)。

(A)混合气 (B)纯空气 (C)先空气后混合气 (D)雾化的柴油

144. 由柴油机负荷特性可知,随功率的增加排气烟度(　　)。

(A)增加 (B)减小 (C)与速度成正比 (D)与速度成反比

145. 下列不属于车辆检测诊断内容的是(　　)。

(A)主减速器啮合印痕 (B)发动机异响

(C)底盘功率 (D)排放性

146. 柴油机尾气检测的主要项目是(　　)。

(A)烟度 (B)CO 含量 (C)$NO_X$ 含量 (D)HC 含量

147. 车辆技术管理原则要求对车辆定期检测、(　　)、视情修理。

(A)定期维护　(B)自愿维护　(C)强制维护　(D)按需维护

148. 交通部颁布的《汽车运输业车辆技术管理规定》第十一、十二条规定，(　　)在购置车辆时，要进行选型论证，择优选配，以提高车辆投资效益。

(A)运输单位　(B)运输个人

(C)运输单位和运输个人　(D)大型企业

149. 可作为发放、审核营运证的主要依据之一的是(　　)。

(A)汽车生产厂家　(B)车辆技术档案　(C)驾驶员驾龄　(D)市场行情

150. 在评定车辆是否为完好车时对投入运行年限(　　)。

(A)有要求　(B)无要求　(C)未规定　(D)要求在2年内

151. 机动车制动完全释放时间规定不大于(　　)s。

(A)1　(B)0.8　(C)2　(D)3

152. 货车最大爬坡度一般为(　　)左右。

(A)10°　(B)16.7°　(C)25°　(D)28°

153. 汽车加速行驶时(　　)。

(A)$F_t \geqslant F_f + F_w + F_i + F_j$　(B)$F_t = F_f + F_i + F_j$

(C)$F_t > F_f + F_w + F_i + F_j$　(D)$F_t = F_f + F_w + F_i + F_j$

154. 汽车行驶阻力和附着力的关系是(　　)。

(A)汽车行驶阻力大于附着力　(B)汽车行驶阻力等于附着力

(C)汽车行驶阻力小于或等于附着力　(D)汽车行驶阻力小于附着力

155. 在相同的发动机功率下，车速越高汽车驱动力(　　)。

(A)越大　(B)越小　(C)不变　(D)无法确定

156. 在紧急制动时，(　　)情况最危险。

(A)前轮先于后轮抱死　(B)后轮先于前轮抱死

(C)前后轮滑移率很小时　(D)车轮将要抱死时

157. 汽车制动器制动力(　　)。

(A)随踏板力增加而增加　(B)与地面制动力同步增长

(C)与附着力有关　(D)始终小于附着力

158. 汽车在制动过程中横向附着系数随滑移率增加而(　　)。

(A)逐渐变小　(B)逐渐变大

(C)先变小而后增加　(D)先变大后变小

159. 下列选项中，可作为汽车制动效能评价指标的是(　　)。

(A)制动距离　(B)制动释放时间　(C)制动时间　(D)制动协调时间

160. 汽车涉水后，制动效能(　　)。

(A)不受影响　(B)下降　(C)严重下降　(D)不能恢复

161. 下列关于汽车制动跑偏和制动侧滑关系的说法中，正确的是(　　)。

(A)制动跑偏不会引起制动侧滑　(B)制动侧滑不会引起制动跑偏

(C)严重的制动跑偏会引起制动侧滑　(D)二者在概念上是一致的

162. 汽车耗油量的测量采用(　　)。

(A)路试　(B)台架　(C)路试或台架　(D)发动机测功仪

163. 变速器增加了超速挡可以(　　)。

(A)提高发动机转速　(B)降低发动机负荷

(C)提高动力性　(D)提高经济性

164. 子午线轮胎侧偏刚度比普通斜交胎(　　)。

(A)小　(B)大　(C)一样　(D)不能确定

165. 汽车过多转向特性(　　)。

(A)能使转向操纵轻便　(B)能使车轮自动回正

(C)会导致侧滑　(D)为理想转向特性

166. 汽车振动的固有频率的理想值为(　　)次/min。

(A)30～40　(B)40～50　(C)55～70　(D)60～85

167. 越野车要爬很大的坡角道,要求最大动力因数(　　)。

(A)较小　(B)较大　(C)适中　(D)比轿车小

168. 发动机无外载测功仪测得的发动机功率为(　　)。

(A)额定功率　(B)总功率　(C)净功率　(D)机械损失功率

169. 汽车和无轨电车车轮阻滞力均不得大于该轴荷的(　　)。

(A)2%　(B)5%　(C)7%　(D)10%

170. 大部分自动变速器 N-D 换挡延时时间小于(　　)s。

(A)1.0～1.2　(B)0.6～0.8　(C)1.2～1.5　(D)1.5～2.0

171. 汽车转向节臂变形会造成(　　)。

(A)转向沉重　(B)前轮摆头　(C)行驶跑偏　(D)制动跑偏

172. 下列因素中,变速器乱挡的原因之一是(　　)。

(A)轮齿磨成锥形　(B)自锁装置失效　(C)互锁装置失效　(D)倒挡锁失效

173. 对液压制动的汽车连续踏几次制动踏板后,踏板能升高但踏制动踏板感觉有弹性,则是由于(　　)。

(A)主缸皮碗破坏、顶翻　(B)液压系统有空气或制动液气化

(C)液压系统有渗漏　(D)制动液牌号不对

174. 汽车制动解除时,若排气缓慢或不排气而造成全车制动鼓发热,应检查(　　)。

(A)制动气室　(B)制动蹄回位弹簧

(C)制动操纵机构　(D)储气筒

175. 全自动汽车前照灯检测仪要保证(　　)m 的检测距离。

(A)2　(B)3　(C)4　(D)10

176. 发动机废气分析仪取样导管长度规定为(　　)m。

(A)3　(B)4　(C)5　(D)6

177. 在路试检测汽车油耗时,一般采用油耗传感器与(　　)配合使用。

(A)秒表　(B)汽车仪表

(C)第五轮仪　(D)任何计时装置和汽车转速表

178. 关于汽车制动试验台第三滚筒,说法不正确的是(　　)。

(A)当两个第三滚筒有一个压下时,驱动电机电路便接通

(B)既可以自转,又可以上下摆动

(C)可以保护电机

(D)可以防止滚筒剥伤轮胎

179. 汽车侧滑试验台的测量装置主要有(　　)两种。

(A)电位计式和应变仪式　(B)差动变压器式和应变仪式

(C)电磁感应式和电位计式　(D)电位计式和差动变压器式

180. 汽车数字式示波器(　　)。

(A)波形轨迹为即时状态　(B)显示比模拟式示波器快

(C)图像不可以保存记录　(D)图像比较稳定,不会闪烁

181. 当发动机曲轴中心线弯曲大于(　　)mm时,必须加以校正。

(A)0.05　(B)0.10　(C)0.15　(D)0.20

182. 发动机排气管上的三元催化转换器主要降低(　　)的排放。

(A)CO和HC　(B)HC和NOx　(C)CO和NOx　(D)CO、HC和NOx

183. 下列说法中不正确的是(　　)。

(A)汽车轮胎气压偏低会增加油耗　(B)汽车轮胎的形式和规格影响油耗

(C)要充分利用汽车滑行性能节油　(D)尽可能用汽车中间挡行驶

184. 发动机活塞选配时,同一组活塞的直径差不得大于(　　)mm。

(A)0.10~0.15　(B)0.15~0.20　(C)0.01~0.02　(D)0.02~0.025

185. 卡门涡流式空气流量计用(　　)检测。

(A)万用表　(B)频率计　(C)万用表或频率计　(D)电压表

186. 发动机电子点火波形的低压波形,在充磁阶段电压没有上升,说明(　　)。

(A)电路限流作用失效　(B)点火线圈损坏

(C)高压线损坏　(D)传感器故障

187. 表示丰田汽车发动机型号的是17位车身代码的第(　　)位。

(A)4　(B)5　(C)6　(D)7

188. 汽车修理挤压强化用于(　　)的加工。

(A)曲轴曲柄圆角　(B)内孔　(C)气门　(D)连杆

189. 下列选项中,(　　)是汽车系统电路图特点。

(A)仅涉及单个系统　(B)易于阅读

(C)实用性差　(D)符合实际连接关系

190. 下面关于安全用电的传述中,正确的是(　　)。

(A)用铜丝代替保险丝　(B)电气设备运行时维修

(C)用水冲洗电气设备　(D)电气装置由专业电工进行安装或修理

191. 下列选项中,不能用泡沫灭火的是(　　)。

(A)汽油　(B)电失火　(C)氰化钠　(D)酒精

192. 下列选项中,属于遇湿易燃的物品是(　　)。

(A)硫磺　(B)白磷　(C)碳化钙　(D)烧碱

193. 与化油器发动机相比,电控汽油喷射发动机的优点是(　　)。

(A)动力性好　(B)经济性好　(C)排放性好　(D)以上都正确

194. 下列选项中,(　　)措施是为了提高发动机充气效率。

(A)采用长进气管　(B)变进气系统　(C)加装动力腔　(D)以上全是

195. 电控汽油喷射发动机喷油器喷油量由(　　)决定。

(A)喷油时间　(B)进气管真空　(C)系统油压　(D)驱动电压或电流

196. 下面关于微机控制电子点火说法中,正确的是(　　)。

(A)无分电器点火系统即独立点火系统　(B)在小负荷时提供较大的点火提前角

(C)不能实现闭环控制　(D)取消了分电器

197. 汽车 ABS 在紧急制动时有(　　)种工作状态。

(A)一　(B)两　(C)三　(D)四

198. 汽车 ABS 循环式制动压力调节器的电磁阀多采用(　　)电磁阀

(A)二位三通　(B)二位二通　(C)三位三通　(D)三位四通

199. 目前,多数自动变速器有(　　)个前进挡。

(A)2　(B)3　(C)4　(D)5

200. 电控自动变速器脉冲线性电磁阀电阻一般为(　　)Ω。

(A)10～15　(B)15～20　(C)8～10　(D)2～6

## 三、多项选择题

1. 在汽车维修时,应正确执行安全操作规程,下列不符合安全操作规程的是(　　)。

(A)拆卸汽车及总成零件时,不宜使用活动扳手或手锤

(B)拆卸汽车前应进行清洗,清洗后将燃料及润滑油放出

(C)车下作业时,不宜使用活动的卧板

(D)未装好发动机罩前不准试车

(E)试车应在交通不拥挤的道路上进行

2. 汽车上常用的液力传动装置有(　　)。

(A)液压制动装置　(B)方向助力装置　(C)液力耦合器

(D)阻尼器　(E)液力变矩器

3. 一张完整的零件图具有(　　)。

(A)一组图形　(B)装配位置说明　(C)标题栏

(D)尺寸标注　(E)技术要求

4. 同一挡保持油门不变,若汽车所遇到的阻力不同,则汽车(　　)。

(A)发动机转速不变　(B)车速不变　(C)发动机扭矩不同

(D)耗油率不同　(E)发动机输出功率不同

5. 燃烧室的形状对发动机的工作影响很大,一般结构紧凑的燃烧室可以(　　)。

(A)增加火焰行程　(B)减少爆震燃烧　(C)增大散热面积

(D)减少热量损失　(E)形成进气涡流

6. 汽油机化油器喉管处空气流动的方向可分为(　　)。

(A)单腔式　(B)上吸式　(C)下吸式

(D)双腔式　(E)平吸式

7. 汽油发动机点火次序错乱会出现(　　)故障。

(A)化油器回火　(B)发动机抖动　(C)火花塞触点烧蚀

(D)高速时断火　(E)分电器白金烧蚀

8. 发动机机油消耗过快的原因可能是(　　)。

(A)曲轴各轴头与轴承配合松旷　(B)机油黏度过高

(C)机油泵齿轮磨损过大　(D)气缸壁磨损过量

(E)机油黏度过低

9. 车用直流发电机不发电的原因是(　　)。

(A)磁极铁芯剩磁不够　(B)整流子接触不良　(C)磁场线圈接反

(D)电枢接线柱搭铁　(E)磁场线圈短路

10. 可以造成汽车蓄电池电量不足的原因是(　　)。

(A)电压调节器调整不当　(B)风扇皮带打滑　(C)蓄电池极板硫化

(D)电解液量不足　(E)凸轮轴机构磨损

11. 发动机是由冷却系统、润滑系统、起动系统、点火系统、供给系统和(　　)等组成。

(A)机体组　(B)曲柄连杆机构　(C)配气机构

(D)飞轮机构　(E)凸轮轴机构

12. 曲柄连杆机构主要由(　　)组成。

(A)机体组　(B)凸轮组　(C)活塞连杆组

(D)曲轴飞轮组　(E)正时齿轮组

13. 气缸在每个工作循环中受力最大的是(　　)行程。

(A)进气　(B)排气　(C)爆发

(D)作功　(E)压缩

14. 气门传动机构由摇臂轴、摇臂、推杆及(　　)组成。

(A)正时齿轮　(B)导套　(C)挺柱

(D)凸轮轴　(E)弹簧

15. 汽油机化油器有主供油系统及(　　)系统。

(A)超速　(B)加浓　(C)减速

(D)加速　(E)起动

16. 气缸套的形式分为(　　)。

(A)合金套　(B)干式套　(C)干湿套

(D)湿式套　(E)铸铁套

17. 发动机怠速时发生抖动是由于(　　)。

(A)混合气太稀　(B)混合气太浓　(C)点火次序错乱

(D)气门间隙不当　(E)个别缸不工作

18. 柴油机喷油泵一般有(　　)几类。

(A)转子分配泵　(B)叶片泵　(C)柱塞泵

(D)齿轮泵　(E)喷油泵-喷油器

19. 无触点点火装置按使用传感器不同有(　　)等型式。

(A)电容式　(B)磁脉冲式　(C)电感式

(D)霍尔效应式　(E)光电式

20. 曲轴扭转减振器的作用是(　　)。

(A)避免功率损失 (B)避免共振 (C)避免噪声的产生
(D)补偿曲轴扭转角 (E)增加功率

21. 防抱死制动系统 ABS 是在紧急制动时防止车轮抱死,使车轮处于( )状态。
(A)放松 (B)半抱死 (C)滚动
(D)半滚动 (E)不滚动

22. 车辆维护可以分为( )几类维护。
(A)日常 (B)一级 (C)二级
(D)三级 (E)四级

23. 半导体点火系有( )点火系。
(A)半导体辅助 (B)有触点半导体 (C)无触点半导体
(D)集成电路 (E)计算机控制

24. 汽车常用的变矩器主要由( )元件组成。
(A)液压 (B)控制 (C)泵轮 (D)涡轮
(E)导轮 (F)凸轮 (G)飞轮

25. 发动机凸轮轴的布置型式有( )。
(A)下置 (B)左置 (C)上置
(D)右置 (E)中置

26. 发动机零件的润滑采用( )润滑方式。
(A)强制 (B)自流 (C)压力
(D)管路 (E)飞溅

27. 汽油机化油器按空气管腔数目可分为单腔及( )几种型式。
(A)上下腔 (B)双腔并动式 (C)左右腔并动
(D)双腔分动式 (E)左右腔分动

28. 电控燃油喷射系统一般由( )几个子系统组成。
(A)进气系统 (B)燃料系统 (C)控制系统
(D)供给系统 (E)操纵系统

29. 发动机电子控制系统 ECU 主要由( )几部分组成。
(A)输入回路 (B)A/D 转换器 (C)微型计算机
(D)输出回路 (E)控制器

30. 变速器常见故障有( )。
(A)漏油 (B)发响 (C)跳挡
(D)乱挡 (E)发热

31. 自动变速器主要由( )等几部分组成。
(A)液力变扭器 (B)齿轮变速器 (C)油泵
(D)控制系统 (E)液压油散热器

32. 控制自动变速器是通过各种传感器,将( )等参数选转变为电信号,来控制换挡执行机构的动作。
(A)发动机转速 (B)节气门开度 (C)车速
(D)发动机水温 (E)自动变速器液压油温

33. 常见的自动变速器油泵有(　　)几种类型。
(A)内啮合齿轮泵　　(B)摆线转子泵　　(C)叶片泵
(D)柱塞泵　　(E)外啮合齿轮泵
34. 行星齿轮机构由(　　)组成。
(A)齿圈　　(B)行星齿轮　　(C)行星架
(D)太阳轮　　(E)轴承
35. 行星齿轮变速器的换挡执行机构由(　　)组成。
(A)离合器　　(B)制动器　　(C)单向超越离合器
(D)拨叉　　(E)传感器
36. 汽车差速器有(　　)。
(A)普通行星齿轮　(B)强制锁止式　(C)牙嵌自由轮式　(D)滑块凸轮式高摩擦
37. 主减器与差速器常见的故障有(　　)。
(A)发响　　(B)过热　　(C)漏油
(D)跳挡　　(E)乱挡
38. 变速器跳挡的主要原因是(　　)。
(A)变速器齿轮磨损　　(B)变速器齿套磨损　　(C)轮齿磨损呈锥度
(D)变速器箱体发热　　(E)变速器箱体漏油
39. 电控燃油喷射 EFI 主要包括(　　)的控制。
(A)喷油量　　(B)喷射定时　　(C)燃油停供
(D)燃油泵　　(E)点火装置
40. 电控点火提前装置 ESA 的控制主要包括(　　)。
(A)点火提前角　　(B)通电时间　　(C)爆振控制
(D)转速　　(E)负荷
41. 燃油喷射系统可按(　　)等方法分类。
(A)喷射时刻　　(B)喷射部位　　(C)喷射压力
(D)空气量检测　　(E)控制方式
42. 电子控制防抱死制动系统是由(　　)组成。
(A)轮速传感器　　(B)ECU　　(C)液压系统
(D)点火系统　　(E)执行器
43. 发动机的电控主要由(　　)组成。
(A)传感器　　(B)液压系统　　(C)点火系统
(D)ECU　　(E)执行器
44. 气缸盖的结构包括(　　)。
(A)进、排气门座　　(B)气门导管孔　　(C)排气通道
(D)凸轮轴孔　　(E)通气孔
45. 油底壳的作用是(　　)。
(A)贮油　　(B)通气　　(C)封闭曲轴箱
(D)支承　　(E)散热
46. 双向作用筒式减振器上装有(　　)。

(A)伸张阀 (B)导向阀 (C)补偿阀
(D)流通阀 (E)压缩阀

47. 电控点火装置主要是对(  )的控制。
(A)点火提前角 (B)点火正时 (C)通电时间
(D)断电时间 (E)爆振

48. 下列属于位置公差的是(  )。
(A)平行度 (B)平面度 (C)圆度
(D)同轴度 (E)圆跳动

49. 活塞头部的作用是(  )。
(A)承受气体压力 (B)承受摩擦力 (C)密封
(D)传热 (E)隔热

50. 启动机不运转或运转速度低而无力是由于(  )。
(A)启动开关失调 (B)蓄电池电压低
(C)启动接线柱的并联电路短路 (D)发电机电压低
(E)蓄电池接线柱接触不良

51. 按传动比变化方式汽车变速器分为(  )。
(A)有级式 (B)两级式 (C)无级式
(D)多级式 (E)综合式

52. 双向作用筒式减速振器有(  )行程。
(A)压缩 (B)减压 (C)膨胀
(D)伸张 (E)加压

53. 在柴油机的燃烧过程中,如在后燃期继续燃烧,将使(  )。
(A)发动机功率提高 (B)发动机过热 (C)发动机振抖严重
(D)排气冒黑烟 (E)经济性下降

54. 下列燃烧室中,属于喷油器直接喷入燃烧室的有(  )。
(A)涡流室式燃烧室 (B)盆型燃烧室 (C)球型燃烧室
(D)ω型燃烧室 (E)预燃室式燃烧室

55. 对柴油机喷油泵进行油泵试验台试验的内容包括(  )。
(A)供油时刻 (B)供油压力 (C)供油量
(D)调速器 (E)喷油泵转速

56. 型号为6-QA-105G的蓄电池,表示该蓄电池为(  )。
(A)电压为6 V (B)电压为12 V (C)额定容量为105 A·h
(D)启动型 (E)高启动功率

57. 柴油的使用性能指标主要是(  )。
(A)流动性 (B)发火性 (C)蒸发性
(D)黏度 (E)凝点

58. 喷油泵出油阀减压环带的作用有(  )。
(A)使高压油管的油压迅速降低 (B)防止喷油器滴漏
(C)保持高压油管的残余压力 (D)导向作用

(E)刮油作用

59. 如发动机冷却系冷却不足,将使(　　)。

(A)气缸充气量减少　(B)发动机零件加速磨损　(C)发动机功率下降

(D)发动机爆振　(E)发动机怠速不稳

60. 发动机中采用飞溅润滑的部位有(　　)。

(A)气缸壁　(B)配气机构的凸轮表面　(C)主轴承

(D)连杆轴承　(E)曲轴表面

61. 喷油器试验的内容主要包括(　　)。

(A)喷油时刻　(B)喷油量　(C)喷油压力

(D)喷雾质量　(E)密封性

62. 发动机过热可能原因为(　　)。

(A)点火时间过早　(B)点火时间过迟　(C)排气门脚间隙过大

(D)燃烧室积碳过多　(E)风扇皮带松弛

63. 机油压力过低可能的原因是(　　)。

(A)机油黏度小　(B)机油黏度大

(C)机油油路泄漏　(D)主轴承、连杆轴承的轴承间隙过小

(E)限压阀调整不当

64. 曲轴主轴颈或轴承磨损严重,间隙过大,将造成(　　)。

(A)机油压力过高

(B)机油压力过低

(C)气缸上部有金属敲击声

(D)突然加速或减速时,出现低沉、钝哑的“噔噔”声

(E)单缸断火时响声无变化,相邻两缸断火响声减弱或消失

65. 发动机负荷加大时响声明显,通过以下特征,可以判断是连杆轴承出现异响:(　　)。

(A)发动机由怠速加速时,有明显连续的“嗒嗒”敲击声,转速越高,响声越大,急加速时,响声更突出

(B)相邻两缸同时断火,响声明显降低

(C)单缸断火,响声明显降低

(D)机油压力偏低

(E)温度低时响声明显,温度正常时,响声减弱

66. 活塞敲缸的可能原因是(　　)。

(A)活塞环折断　(B)活塞与气缸壁间隙过大　(C)连杆弯曲

(D)活塞销与衬套配合过紧　(E)连杆轴颈磨损过大

67. 通过以下特征,可以判定是活塞敲缸响:(　　)。

(A)温度低时响声明显,温度正常时,响声减弱

(B)与发动机温度变化无关

(C)单缸断火,响声减弱

(D)排气管烟色发蓝

(E)打开加机油口盖,加油口冒烟

68. 当活塞销与销座孔或与连杆衬套配合松旷时,将会(　　)。

(A)单缸断火时,原来的响声不减轻

(B)怠速或中低速时出现明显、清晰、有节奏的"嗒嗒"声

(C)怠速加速时,响声更大

(D)发动机温度升高,响声减弱

(E)钝哑的"啪啪"声

69. 当活塞环折断,环与环槽磨损,气缸磨损严重,都会使活塞环部位出现异响,该异响特征为(　　)。

(A)钝哑的"啪啪"声,随转速的增高而增大

(B)清晰、有节奏的"嗒嗒"声

(C)单缸断火,响声减轻但不消失

(D)发动机温度升高,响声减弱

(E)单缸断火,响声不变

70. 如果气门间隙调整过大,气门脚位置将出现异响,该异响的特征为(　　)。

(A)怠速时出现有节奏的"嗒嗒"声　(B)转速升高,响声增大

(C)单缸断火,响声不变　(D)发动机温度升高,响声减弱

(E)单缸断火,响声减弱

71. 发动机动力不足的原因可能是(　　)。

(A)气缸漏气　(B)排气歧管漏气　(C)个别缸不工作

(D)点火正时不正确　(E)燃油路堵塞

72. 冷却系水泵常见的故障有(　　)。

(A)堵塞　(B)漏水　(C)轴承松旷

(D)泵水量不足　(E)水泵轴锈死

73. 发动机大修竣工验收,必须保证(　　)。

(A)不得有漏水、油、气、电现象　(B)最大功率不低于标准值的75%

(C)气缸压力正常　(D)机油压力正常

(E)怠速平稳,中高速亦平稳运转

74. 发动机总成大修送修标志为(　　)。

(A)气缸孔圆柱度误差达0.05～0.10 mm

(B)最大功率较标准值降低25%以上

(C)水温明显偏高

(D)燃料、润滑油消耗量显著增加

(E)排气管冒黑烟

75. 喷油泵各柱塞的供油量差别要求(　　)。

(A)高速时差别<3%　(B)中速时差别<5%　(C)低速时差别<7%

(D)高速时差别<1%　(E)中速时差别<3%　(F)低速时差别<5%

76. 发动机磨合时要求(　　)。

(A)负荷应从大到小逐渐减少　(B)负荷应从小到大逐渐增加

(C)转速由高到低变化　(D)在一定负荷下适当增加转速

(E)转速由低到高线性变化

77. 发动机磨合时使用的机油应具有(　　)。

(A)较高的黏度　(B)较低的黏度　(C)较好的油性

(D)较好的导热性　(E)较好的流动性

78. 关于量缸表,下列说法正确的是(　　)。

(A)量缸表是一种比较性的间接测量仪表

(B)一般的,表盘刻度为100格,指针转动1格为0.1 mm,转动1圈为10 mm

(C)量缸时当大指针顺时针方向离开"0"位,表示所测气缸直径大于标准尺寸缸径

(D)量缸时,前后摆动量缸表,指针指示最小刻度,即为标准读数

(E)测量气缸同一横断面纵向和横向直径,测得最大和最小两者之差的二分之一即为圆柱度偏差

79. 关于化油器的说法,下列说法错误的是(　　)。

(A)化油器属于汽油发动机燃料供给系中的一个重要部件

(B)理论上1 kg的汽油完全燃料需要15 kg空气,则标准空燃比为15

(C)空气流高速通过化油器喉管时(变小截面),则流速增大,压力降低

(D)在怠速起动过程中,主喷孔不参与任何的供油

(E)化油器机械加浓装置,节气门在60%～65%开度下即开始起作用

80. 属于发动机的重要指标有(　　)。

(A)有效扭矩　(B)最大扭矩　(C)有效功率

(D)耗油率　(E)最大转速

81. 曲柄连杆机构由(　　)等机组组成。

(A)缸体曲轴箱组　(B)气门传动组　(C)活塞连杆组

(D)曲轴飞轮组　(E)活塞

82. 关于铅蓄电池,下列说法正确的是(　　)。

(A)在单格电池中,正极板比负极板数量少1片

(B)正极板的活性物质为$PbO_2$呈棕红色,负极板物质为Pb呈深灰色

(C)铅蓄电池的内电阻主要取决于电解液电阻

(D)铅蓄电池的内电阻主要取决于极板电阻

(E)铅蓄电池的充电方法有定电流、定电压、混合充电三种方法

83. 气门损伤有(　　)。

(A)杆部弯曲　(B)杆部磨损　(C)杆端磨损

(D)主要工作面磨损　(E)杆部破裂

84. 在点火系中,高压电流经的部件有(　　)。

(A)点火初级线圈　(B)点火次级线圈　(C)点火白金

(D)火花塞　(E)分电器

85. 离合器打滑的主要原因是(　　)。

(A)离合器踏板自由行程过小或没有　(B)离合器踏板行程过大

(C)压盘弹簧过软或折断　(D)压盘弹簧过硬

(E)摩擦片磨损弯薄、老化或沾有油污

86. 关于普通齿轮变速器,下列说法正确的是(　　)。
(A)第一轴与第二轴固连　(B)倒挡是依靠两对齿轮传动副组成
(C)中间轴常啮合齿轮一般与中间轴固连　(D)第二轴接离合器的从动轴
(E)变速器一般具有自锁、互锁以及倒挡锁三种装置
87. 变速器的异常声响一般是由(　　)引起的噪声。
(A)轴承磨损松旷　(B)齿轮间不正常啮合
(C)第一轴齿轮的润滑油过多　(D)常啮合齿轮副磨损过多
(E)一、二轴不同心
88. 关于差速器的原理,下列说法正确的是(　　)。
(A)当行星齿轮公转不自转时,左右两侧车轮直线行驶,没有转速差
(B)当行星齿轮既自转又公转时,则左右两侧车轮转速相同,但旋向相反
(C)当行星齿轮既自转又公转时,则车轮两侧存在转速差,汽车在转弯行驶
(D)左右两半轴与行星齿轮固连一起
(E)普通行星齿轮差速器在行星齿轮没有自转时,总是将扭矩 $M_0$ 平均分配给左右两半轴车轮
89. 汽车行驶跑偏的可能原因是(　　)。
(A)两前轮轮胎气压不均匀或轮胎直径不等
(B)前束过大或过小
(C)前钢板弹簧挠度不等
(D)车架变形,铆钉松动
(E)减振器失效或折断
90. 关于废气涡轮增压器说法,下列说法正确的是(　　)。
(A)涡轮增压器包括涡轮、转子轴、压气机叶轮等机件
(B)涡轮机涡轮与压气机叶轮不同轴
(C)采用涡轮增压器可以提高进气量,提高发动机功率
(D)涡轮的动力来源是气缸中排出的废气
(E)当压气机中的叶轮气体压力达一定数值时,减压阀开启,使部分废气排走,保护涡轮机
91. 变速器的常见故障有(　　)。
(A)漏油　(B)发响　(C)跳挡
(D)乱挡　(E)发热
92. 四冲程汽油发动机工作循环包括(　　)。
(A)进气　(B)换气　(C)作功
(D)排气　(E)压缩
93. 汽车耗油量最小的行驶速度是(　　)。
(A)低速　(B)中速　(C)高速
(D)超速　(E)经济车速
94. 汽车发动机的动力性指标主要有(　　)。
(A)燃料消耗率　(B)有效转矩　(C)最小离地间隙
(D)有效功率　(E)最高速度

95. 顶置式气门配气机构的凸轮轴的布置型式有(　　)。
(A)上置　(B)前置　(C)后置
(D)中置　(E)下置
96. 汽油机燃料供给系一般由(　　)装置组成。
(A)汽油供给装置　(B)空气供给装置
(C)可燃混合气形成装置　(D)可燃混合气供给和废气排出装置
(E)喷油泵总成
97. 柴油机燃料供给系的几对偶件是(　　)。
(A)针阀与针阀体　(B)出油阀与出油阀座　(C)喷油器
(D)拔叉与拔叉轴　(E)柱塞与柱塞套筒
98. 摩擦片式离合器基本上是由(　　)组成。
(A)主动部分　(B)从动部分　(C)压紧机构
(D)操作机构　(E)控制机构
99. 驱动桥主要由(　　)组成。
(A)主减速器　(B)差速器　(C)变速器
(D)半轴　(E)桥壳
100. 汽车的装配体是(　　)。
(A)发动机　(B)车身　(C)车架
(D)车轮　(E)大梁
101. 前轮定位包括(　　)。
(A)主销外倾　(B)主销内倾　(C)主销后倾
(D)前轮外倾　(E)前轮前束
102. 蓄电池电解液低于规定标准时,一般应补加(　　)。
(A)井水　(B)电解液　(C)稀硫酸
(D)蒸馏水　(E)纯净水
103. 活塞环选配时应检验环的(　　)。
(A)弹力　(B)粗糙度　(C)端隙
(D)侧隙　(E)背隙
104. 汽油机排出的废气中(　　)是大气的主要污染物。
(A)CO　(B)HC　(C)$CO_2$
(D)NOx　(E)$H_2$
105. 汽车修理可分为(　　)等类型。
(A)车辆大修　(B)总成大修　(C)就车修理
(D)车辆小修　(E)零件修理
106. 现代汽车的基本组成包括(　　)。
(A)发动机　(B)底盘　(C)车架
(D)电气设备　(E)车身
107. 多缸发动机各气缸的工作容积之和称为(　　)。
(A)发动机排量　(B)发动机总容积　(C)发动机工作容积

(D)发动机燃烧室容积 (E)发动机单缸容积

108. 曲轴由(　　)组成。

(A)主轴颈 (B)连杆轴颈 (C)曲柄

(D)前端轴 (E)后端轴

109. 检验气缸磨损时,必须测量气缸的(　　)。

(A)圆度 (B)锥度 (C)粗糙度

(D)圆柱度 (E)圆锥度

110. 车辆一级维护的中心作业内容是(　　)。

(A)检查 (B)调查 (C)清洁

(D)润滑 (E)紧固

111. 喷油泵试验和调试的主要内容是(　　)。

(A)供油时间 (B)供油压力 (C)供油量

(D)调速器 (E)喷油距离

112. 气门间隙过大会造成(　　)。

(A)气门开度不足 (B)排气量减少 (C)气门不密封

(D)气缸漏气 (E)进气不充足

113. 膜片汽油泵供油量不足的原因是(　　)。

(A)油泵膜片漏油 (B)膜片弹簧太软 (C)膜片弹簧过硬

(D)摇臂严重磨损 (E)泵体与缸体之间的垫片太薄

114. 离合器分离不彻底的原因是(　　)。

(A)离合器踏板的自由行程过大 (B)离合器踏板自由行程太小

(C)摩擦片磨损变薄 (D)离合器分离杠杆内端不在同一平面

(E)从动盘铆钉松脱,翘曲

115. 汽车的行驶系由(　　)组成。

(A)车桥 (B)车架 (C)车身

(D)车轮 (E)悬架

116. 转向系包括(　　)。

(A)转向盘 (B)转向器 (C)转向纵拉杆

(D)转向传动机构 (E)横拉杆

117. 车轮制动器主要由(　　)组成。

(A)旋转部分 (B)固定部分 (C)张开机构

(D)控制机构 (E)调整机构

118. 电子防抱死装置主要由(　　)组成。

(A)电子计算机 (B)制动压力调节器 (C)传感器

(D)制动控制图 (E)制动调整臂

119. 发动机分电器触点间隙过大会造成(　　)故障。

(A)发动机抖动 (B)发动机有突爆声 (C)高速断火

(D)发动机过冷 (E)化油器回火

120. 汽车行驶中通常遇到的阻力有(　　)。

(A)空气阻力　(B)上坡阻力　(C)行驶阻力
(D)滚动阻力　(E)下坡阻力

121. 活塞头部的作用是(　　)。
(A)承受气体压力　(B)润滑　(C)密封
(D)传热　(E)隔热

122. 气缸套的形式分为(　　)。
(A)合金套　(B)干式套　(C)干湿套
(D)湿式套　(E)铸铁套

123. 气缸压力下降的主要原因是(　　)。
(A)活塞与气缸严重磨损　(B)气缸垫损坏　(C)各活塞环切口对正
(D)气门弹簧折断　(E)气门间隙太大

124. 气门脚响的故障原因是(　　)。
(A)气门间隙调整过大　(B)凸轮、挺杆、气门脚磨损过多
(C)气门杆与导管松旷　(D)气门与摇臂间隙过小
(E)气门与挺杆间隙太小

125. 分电器主要由(　　)组成。
(A)点火线圈　(B)断电器　(C)电容器
(D)分火头　(E)点火提前调节器

126. 冷却系水温过高是由于(　　)。
(A)水量不足或漏水　(B)节温器失灵　(C)风扇皮带打滑
(D)散热器水管堵塞　(E)散热器内水垢严重

127. 万向传动装置一般由(　　)组成。
(A)万向节　(B)中间支承　(C)传动轴
(D)锥齿轮　(E)半轴

128. 驱动桥的作用是(　　)。
(A)便于换挡　(B)改变力的传递方向　(C)降速增扭
(D)保证汽车平稳起步　(E)能使汽车倒向行驶

129. 评价制动性能的主要指标是(　　)。
(A)制动效果　(B)制动力　(C)制动距离
(D)制动减速度　(E)制动时间

130. 转向沉重的原因是(　　)。
(A)转向器轴承装配过紧　(B)啮合传动副啮合太松
(C)转向节主销与衬套配合过紧　(D)前束调整不当
(E)转向装置润滑不良

131. 汽车行驶跑偏的原因是(　　)。
(A)两前轮轮胎气压不均匀　(B)两前轮轮胎直径不等　(C)前束过大或过小
(D)前钢板弹簧两边弹力不均　(E)有一边车轮制动拖滞

132. 气压制动系制动不灵的原因是(　　)。
(A)踏板自由行程过小　(B)贮气筒内空气压力不足　(C)制动气室膜片损坏

(D)气管破裂或接头松动漏气 (E)制动蹄片与制动鼓间隙过大

133. 自动变速器中的液力变扭器有三个工作轮,它们是( )。

(A)滚轮 (B)泵轮 (C)涡轮

(D)滑轮 (E)导轮

134. 关于发动机冷却系,下列说法正确的是( )。

(A)发动机正常工作温度为80～90℃

(B)发动机过热,会造成气缸进气量减小或爆燃

(C)通常情况下,水冷却系大、小循环均在工作

(D)散热器又称水箱,是将发动机热量通过水传给空气

(E)节温器可分成折叠式或蜡式

135. 下列金属属于有色金属的是( )。

(A)碳钢 (B)灰铁 (C)合金钢

(D)铸铝 (E)锌

136. 在点火系中,低压电流方向是( )。

(A)"一"到火花塞 (B)附加电阻到初级线圈 (C)点火开关到电流表

(D)分火头到分电器中央线 (E)初级线圈到白金触点

137. 锯割时应注意的问题有( )。

(A)工件被锯下时防止跳落在脚下

(B)锯缝歪斜纠偏,应继续开锯,在锯的过程中逐渐复原

(C)锯割钢件时,应在钢锯条和锯缝内加少许机油进行润滑和冷却

(D)工件快锯断时,应减小在钢锯上的用力,防止锯条折断伤人

(E)锯割较硬材料,宜采用粗齿锯条

138. 鼓式制动系中,非旋转元件为( )。

(A)制动鼓 (B)制动蹄 (C)制动底板

(D)制动凸轮 (E)回位弹簧

139. 关于汽车灯系,下列说法正确的是( )。

(A)汽车照明系统由灯具、电源和电路三大部分组成

(B)前照灯远光灯丝位于焦点上方

(C)制动灯属于照明灯具

(D)反射镜作用将灯泡的光线聚合并导向前方

(E)工作灯的灯光一般为白色

140. 东风EQ6100型发动机行程 $S=115$ mm,压缩比 $\varepsilon=6$,则下列说法错误的是( )。

(A)各缸工作容积 $V_n=0.9$ L (B)此为6缸发动机

(C)燃烧室容积 $V_c=4.65$ L (D)气缸总容积/燃烧室容积=1/7

(E)气缸工作容积/气缸总容积=5/6

141. 关于启动机,下列说法正确的是( )。

(A)磁极作用是产生固定不动的磁场 (B)电枢作用是通电后在磁场中产生转矩

(C)换电器作用使电枢内电流方向一致 (D)电刷和刷架向磁极引入励磁电流

(E)当励磁电流较小时,磁路未饱和时,磁通与励磁电流成正比

142. 关于气体排放,下列说法正确的是(　　)。

(A)“PCV”属于强制通风

(B)发动机冒黑烟说明气缸内有烧机油的现象

(C)HC 对人眼及呼吸系统有刺激作用,对农作物有强烈危害

(D)废气中成分为 CO、HC、$NO_X$ 等

(E)在柴油机中,CO 主要是由于燃烧室内局部缺氧或低温造成的

143. 以传动元件划分传动系,可以分为(　　)。

(A)机械传动系　　(B)液力传动系　　(C)电力传动系

(D)动液传动系　　(E)静液传动系

144. 下列说法正确的是(　　)。

(A)活塞环弹力越小,活塞速度越高,越容易引起活塞振动

(B)化油器阻风门关闭时,喉管处真空度变大

(C)排气中氮氧化物是燃料在燃烧过程中遭遇低温作用下形成的

(D)膜片油泵、摇臂和凸轮过度磨损均导致油泵泵油量减小

(E)如果气门间隙过大,可导致进、排气门开启时刻延长

145. 气压制动系统中制动拖滞可能的原因是(　　)。

(A)回位弹簧过软或折断　　(B)摩擦片与制动鼓间隙过大

(C)制动凸轮轴工作不灵活　　(D)制动气室膜片不回位

(E)制动气室推杆过长

146. 关于电子控制汽油喷射系统,下列说法正确的是(　　)。

(A)由进气系统、传感器、燃油系统三大部分组成

(B)传感器中可分为速度-密度控制型以及质量-流量控制型两大类

(C)ECU 对喷油发出相应电脉冲指令,控制喷油

(D)喷油器中电磁阀产生吸力,可以将针阀打开

(E)进气系统中,节气门开度由司机油门踏板控制

147. 轮胎型号为“9.00-20N”,以下说法不正确的是(　　)

(A)此轮胎为高压胎　　(B)此胎帘材料由尼龙制成

(C)此胎断面宽度为 9 英寸　　(D)此胎轮辋直径为 20 英寸

(E)此胎为免充气轮胎

148. 关于减速器,下列说法错误的是(　　)。

(A)减速器的作用之一是将力传动方向改变 90°

(B)减速器主动锥齿轮空套在传动轴上

(C)减速器的从动锥齿轮与桥壳不相连

(D)当传动比过大,采用单级主减速器传动,造成从动锥齿轮直径过大,影响汽车通过性

(E)单级减速器减速比最大不超过 10

149. 车用柴油机喷油器根据作用原理,可分成(　　)等形式。

(A)柱塞式　　(B)喷油泵-喷油器　　(C)转子分配式

(D)齿轮式　　(E)齿条式

150. 曲轴与凸轮轴间的正时传动方式有(　　)。
(A)齿轮传动　(B)蜗轮传动　(C)链传动
(D)齿形皮带传动　(E)皮带轮传动
151. 柴油机的燃烧过程包括(　　)。
(A)备燃期　(B)速燃期　(C)爆燃期
(D)缓燃期　(E)后燃期
152. 冷却系冷却强度主要可通过(　　)装置来调节。
(A)节温器　(B)水泵　(C)百叶窗
(D)散热器　(E)风扇离合器
153. 发动机润滑油所起的作用是(　　)。
(A)密封　(B)清洗　(C)润滑
(D)冷却　(E)减振
154. 气门间隙的调整方法有(　　)。
(A)一次调整法　(B)二次调整法　(C)三次调整法　(D)逐缸调整法
155. 关于汽车双片离合器结构,下列说法正确的是(　　)。
(A)为保持压盘和中间压盘固定最小间隙,增设压盘限位调整螺钉
(B)压盘弹簧位置可以不对称布置
(C)从动盘摩擦片变薄,离合器自由行程变大
(D)前从动盘凸缘朝向发动机,后从动盘凸缘朝向传动轴
(E)分离扛杆不允许在离合器的径向移动
156. 对于 BJ212 三挡变速器,下列说法错误的是(　　)。
(A)一轴前端支承在二轴尾端中心孔内,采用滚针轴承
(B)由于传动力矩相对较小,一、二挡采用锁环(片)同步器
(C)拔最高挡三挡时,一轴、二轴旋转,但中间轴不旋转
(D)须在变速器箱体内加注齿轮油,壳体下部设放油螺塞
(E)由于结构简单,不须增设倒挡锁
157. 关于 ABS(防抱死系统),下列说法正确的是(　　)。
(A)ABS 由控制装置、调节器、车速传感器及制动泵组成
(B)ABS 多采用三通路方式,即前轮左、右独立控制,后轮综合控制
(C)车速传感受器检测车轮转速,并随时向控制装置发出信号
(D)ABS 是单向作用过程,液压增减反作用力不会传给制动踏板
(E)ABS 报警灯亮,ABS 不执行功能,常用制动器工作
158. 等角速万向节包括(　　)。
(A)十字轴式　(B)双联式　(C)球叉式
(D)球笼式　(E)盘式
159. 汽车行驶跑偏,可能的故障是(　　)。
(A)两前轮气压不均匀　(B)两前轮胎直径不等　(C)前后两轴载荷不同
(D)前束值过小　(E)前轴车架变形
160. 制动拖滞的原因是(　　)。

(A)制动踏板自由行程过大　　(B)回位弹簧过软或折断
(C)摩擦片与制动鼓间隙过小　　(D)轮缸活塞运动不灵
(E)制动总泵漏油

161. 关于液力变矩器和偶合器,下列说法正确的是(　　)。
(A)液力偶合器中泵轮主动,涡轮从动
(B)液力变矩器中导轮固定不动
(C)当涡轮转速增大至一定时,变矩器传递力矩下降
(D)当涡轮转速与泵轮相等时,变矩器不传递动力
(E)偶合器不改变转矩大小

162. 行星齿轮传动系中各元件名称包括(　　)。
(A)太阳轮　　(B)行星架　　(C)齿圈
(D)齿环　　(E)行星轮

163. 下列说法错误的是(　　)。
(A)发动机转速越高,点火提前角越大
(B)发动机负荷越大,点火提前角越小
(C)汽油牌号(辛烷值)越大,点火提前角越小
(D)某发动机压缩比为 7.2,应选用"冷型火花塞"
(E)发动机起动时,电流表读数为 7 A,说明低压线路断路

164. 汽车主要由(　　)等部分组成。
(A)发动机　　(B)车身　　(C)电气设备
(D)传动系统　　(E)底盘

165. 下列说法正确的是(　　)。
(A)活塞销中心线向受到压力大的方向偏移 1～2 mm
(B)冷却系在冷却的同时,提高了工作效率
(C)顶置式凸轮轴配气机构取消了挺杆
(D)液力挺柱没有气门间隙
(E)连杆主要由中碳钢或合金钢制成

166. 下列说法正确的是(　　)。
(A)"4×2"型汽车表示汽车车轮有 4 个,其中 2 个是驱动轮
(B)联轴器主要由主动凸缘盘、中间凸缘盘、胶木盘以及从动凸缘盘组成
(C)汽车的附着系数取决于汽车总重量以及路面性质
(D)过量空气系数相当于空燃比 7.5
(E)柱塞的有效行程确定了喷油泵的泵油量

167. 关于离合器,下列说法正确的是(　　)。
(A)当从动盘摩擦片变薄时,踏板自由行程变小
(B)当摩擦片有油污或铆钉外露时,可能导致离合器打滑
(C)为了避免双片离合器中的两个压盘之间的距离,过大采用调整限位螺钉
(D)为了提高效率,可采用一个铆钉同时铆双层摩擦片
(E)当离合器踏板未踩时,离合器的主动盘与从动盘处于结合状态

168. 关于同步器，下列说法正确的是(    )。
(A)普通同步器可分为锁环式和锁销式
(B)在重型汽车上需要传递较大的扭矩，多采用锁环式同步器
(C)只有当锁环与主动轴转速一致时，接合套才可以接合锁环和主动轴上的齿圈
(D)接合过程为渐进的，逐渐结合齿环以及主动轴上的齿圈
(E)当转速相同的两齿轮旋向不相同时，同步器可以将两齿轮接合
169. 关于三相硅整流发电机，下列说法正确的是(    )。
(A)转子的作用是产生旋转磁场
(B)三相定子的作用是切割转子磁场而产生三相交流电
(C)通常采用三相桥式电路对三相交流电整流
(D)整流器中可全部采用正极二极管
(E)电刷的作用是引入励磁电流，流至固定的转子
170. 关于断电器白金，下列说法正确的是(    )。
(A)动、静两触点一般采用硬质合金，俗称"白金"
(B)动触点用绝缘体与机体绝缘，避免接地
(C)静触点用绝缘体与机体绝缘，避免接地
(D)当间隙过大时，对次级电压变化影响不大
(E)触点间隙一般为 0.35～0.45 mm
171. 关于液力变矩器，下列说法正确的是(    )。
(A)液力变矩器既可以传递扭矩，又可以改变扭矩的大小
(B)液力变矩器由涡轮、导轮、泵轮以及推力轴承等组成
(C)在液力变矩器工作时，涡轮从动，泵轮主动
(D)导轮固定在机体上，无论何时不动
(E)当涡轮转速由 0 至最大值，泵轮输出扭矩逐渐由最大值减至 0
172. 关于转子式机油泵，下列说法正确的是(    )。
(A)内转子外齿数比外转子内齿数少
(B)两转子存在偏心矩
(C)工作时，外转子主动，内转子从动
(D)转子机油泵工作时，内外转子旋向相同
(E)工作时，外转子从动，内转子主动
173. 发动机代号"8E430Z"意思为(    )。
(A)"8"表示 8 缸机　　(B)"E"表示四冲程发动机
(C)"430"表示缸径 430 mm　　(D)"Z"表示涡轮增压
(E)该发动机以风冷为主要冷却方式
174. 解放 CA10B 汽车活塞头部尺寸 $\Phi 101^{+0.04}_{-0.22}$ mm，下列说法正确的是(    )。
(A)基本尺寸为 $A=101$ mm
(B)最大极限尺寸 $A_{max}=101.04$ mm
(C)最小极限尺寸为 $A_{min}=100.78$ mm
(D)上偏差 $\sigma_{上}=+0.04$

(E)下偏差 $\sigma_{下}=-0.22$

175. 关于鼓式车轮制动器,下列说法正确的是(　　)。

(A)旋转元件是制动鼓,固定元件是制动蹄、回位弹簧及底板

(B)根据两蹄对制动鼓作用力可分为简单非平衡式、平衡式以及自动增力式

(C)自动增力式中两蹄可分为"增势蹄"和"减势蹄"

(D)当制动器不动时,回住弹簧工作,将两制动蹄拉回,避免制动

(E)一般的,制动蹄圆周半径大于制动鼓圆周半径

176. 改变冷却强度的调节方式通常有(　　)。

(A)改变通过散热器的空气流量　(B)改变冷却水泵的转速

(C)改变冷却风扇的大小　(D)改变冷却液的循环流量和循环范围

177. 目前使用的氧传感器有(　　)。

(A)氧化锆($ZrO_2$)式　(B)氧化钛($TiO_2$)式

(C)宽量程氧传感器　(D)空燃比式

178 一般来讲,常用的电子元件包括(　　)。

(A)二极管型元件　(B)三极管型元件　(C)电阻型元件　(D)电容型元件

179. 电动汽油泵本身最常见的故障有(　　)。

(A)滤网堵塞　(B)泵内阀泄漏

(C)电动机故障　(D)电动汽油泵因磨损而泵油压力不足

180 按车桥上车轮的作用不同,车桥分为(　　)等类型。

(A)转向桥　(B)驱动桥　(C)转向驱动桥　(D)支持桥

181 活塞敲缸响的特征有(　　)。

(A)在突然加速时,有明显连续"铛铛"敲击声

(B)发动机怠速时,在汽缸的上部发出清晰的"嗒嗒嗒"敲击声

(C)该缸"断火"后,响声减弱或消失

(D)冷车时响声明显,热车时响声减弱或消失

182. 影响汽油发动机性能好坏的要素有(　　)。

(A)进气系统密封性的好坏　(B)点火性能的好坏

(C)空燃比的大小　(D)空气流量传感器的好坏

183. 在 VIN 码中,下列(　　)字母或数字不能使用。

(A)I　(B)b　(C)O　(D)Q

184. 链传动具有(　　)等特点。

(A)传动比恒定　(B)压轴力较小　(C)噪声大　(D)能够缓冲吸振

185. 检测进气系统密封性常用的方法有(　　)。

(A)汽缸压缩压力检测法　(B)汽缸漏气量(或漏气率)检测法

(C)曲轴箱窜气量检测法　(D)进气管真空度检测法

186. 造成柴油机运转均匀但发动机无力、大量排黑烟的原因是(　　)。

(A)输油泵泵油量不足　(B)喷油泵柱塞偶件磨损严重

(C)喷油器雾化不良　(D)调速器工作失效

187. 三极管可以处于(　　)等工作状态。

(A)放大　　(B)截止　　(C)导通　　(D)饱和

188. 按车桥上车轮的作用不同,车桥分为(　　)等类型。

(A)转向桥　　(B)驱动桥　　(C)转向驱动桥　　(D)支持桥

189. 充气轮胎按胎内空气压力大小可分为(　　)。

(A)超高压胎　　(B)高压胎　　(C)低压胎　　(D) 超低压胎

190.(　　)是润滑系统的功用。

(A)冷却　　(B)密封　　(C)防锈蚀　　(D)清洗

191. 活塞敲缸响的特征有(　　)。

(A)在突然加速时,有明显连续"铛铛"敲击声

(B)发动机怠速时,在汽缸的上部发出清晰的"嗒嗒嗒"敲击声

(C)该缸"断火"后,响声减弱或消失

(D)冷车时响声明显,热车时响声减弱或消失

## 四、判 断 题

1. 金属材料抵抗扭曲作用而不致被破坏的能力叫抗拉强度。(　　)

2. 金属材料抵抗压力作用而不致破坏的能力叫抗拉强度。(　　)

3. 热处理的任务是改变钢的组织特点及加工特点,使工件具有所需要的性能,从而改变其外形。(　　)

4. 正火的目的是提高钢的机械性能和改善钢的内部组织。(　　)

5. 断面变化较大、形状复杂的铸件,冷却过程中,冷速将不同,故内部常存在着不同程度的应力。(　　)

6. 自然时效可将内应力降低 20%～30%。(　　)

7. 调质是淬火加高温回火,其目的是消除其内应力。(　　)

8. 退火可消除钢中的组织缺陷,如晶粒粗大、成分不均等。(　　)

9. 发动机温度过低会使散热损失和摩擦损失增加,影响发动机的动力性和经济性。(　　)

10. 柴油机的定压燃烧是指作功行程中压力基本上不变。(　　)

11."狄塞尔"敲击是指活塞销松动,敲击缸壁即产生的响声。(　　)

12. 柴油机盆形燃烧室与气缸盖上铸有的切向进气道相配合,能产生中强度的进气涡流。(　　)

13. 对于一些不重要的零件,常可用正火作为最终热处理而代替淬火及回火。(　　)

14. C48 的意思是:淬火至 HRC45-50。(　　)

15. L 形燃烧室和盆形燃烧室均有挤气涡流生成。(　　)

16. 在压缩比相同的情况下,半球形燃烧室较其他燃烧室对所用汽油要求有较高的抗暴性。(　　)

17. 双半球涡流燃烧室是统一式燃烧室,其燃烧室由两个相通的半球形空间组成。(　　)

18. 离合器压盘背面具有棱条,其目的主要是为了隔热。(　　)

19. 余压排气法由于制动系统内压力高,故气体会变成小气泡混在制动液中。(　　)

20. 汽车大修货车以发动机总成的破损程度为主,结合车架总成及其他两个总成的情况。(　　)

21. 汽车或发动机总成修竣出厂时,可据情决定是否安装限速装置。(　　)

22. 作活塞用的灰铸铁其抗拉强度为 300 $N/mm^2$。(　　)

23. 60Si2Mn 为弹簧钢。(　　)

24. 发动机最经济的油耗率是在最大扭矩转速与最大功率转速之间。(　　)

25. 发动机的总容积越大,它的功率也就越大。(　　)

26. 孔式喷油器主要用于具有直接喷射燃烧室的柴油机上。(　　)

27. 浮子室油平面的高低将影响到化油器各装置的工作,其他情况相同时,油平面越高,混合气就越稀,反之变浓。(　　)

28. 汽车大都采用强制循环式水冷却,手扶拖拉机则采用自然循环式水冷却。(　　)

29. 最小稳定车速测定法是客车的道路试验方法。(　　)

30. 柴油机单半球紊流燃烧室对混合气的浓度有较大的适应范围,但对燃油系统要求苛刻,要求喷油压力高。(　　)

31. 汽油发动机温度过低则会造成汽油机混合气形成不良。(　　)

32. 离合器踏板自由行程过小或消失,将引起变速器打滑。(　　)

33. 分离杠杆内端高低不一致将导致离合器分离不彻底,并且汽车在起步时,车身发生颤抖现象。(　　)

34. QT60-2 为可锻铸铁,其 $\sigma_b \geqslant 600\ N/mm^2$,$\sigma_s \geqslant 420\ N/mm^2$。(　　)

35. 65Mn18A14Si2 为合金结构钢。(　　)

36. 汽车技术状况发生变化的主要特征只是动力性下降。(　　)

37. 腐蚀并不能使金属材料变质。(　　)

38. 任何摩擦的磨损都具有一定的共性规律,这种规律称之为磨损特性。(　　)

39. 汽车零件发生变形,都是因未进行时效处理所引起的。(　　)

40. 影响钢零件可焊性的因素主要是碳元素的含量。(　　)

41. 塑性差的材料可以采取冷加工。(　　)

42. 焊接时出现变形是因焊接应力引起的。(　　)

43. 振动堆焊层厚度与焊丝直径无关。(　　)

44. 拆卸气门组件,须在气门打开时进行。(　　)

45. 零件焊后进行热处理的目的,是为了消除焊接应力。(　　)

46. 拆卸皮带盘,可用手锤敲击。(　　)

47. 用固定式搪缸机搪削气缸,应以缸体的上平面作为定位基准。(　　)

48. 车架校正一般尽可能采用冷校,这是为了提高生产效率。(　　)

49. 汽车的运动件之间,因相对运动而产生摩擦磨损是可以避免的。(　　)

50. 频繁的起动和停车,对零件的磨损没有影响。(　　)

51. 汽车上一切部位对摩擦都应加以避免。(　　)

52. 柴油发动机的连杆轴颈可以采用偏心磨法。(　　)

53. 检查凸轮轴弯曲度为 0.05 mm,其修理方法可以采用冷压校正。(　　)

54. 凸轮轴轴承铰削后,其拆卸铰刀方法,应反方向旋转,并向前推出。(　　)

55. 凸轮轴承修理,可分研磨法和挤压法两种。(　　)

56. 对气门和气门座的要求,是保证足够的硬度。(　　)

57. 气门弹簧弹力消失，超过原弹力 1/2，应换用新弹簧。（　）

58. 修理气门座各斜面时，应先修理气门斜面，后修理气门座斜面。（　）

59. 当气门座工作面低于气缸盖或气缸体平面 0.5 mm 时，需要换气门。（　）

60. 东风 EQ140 汽车发动机细滤器分解时，拧开盖形螺母，取下滤清器罩，将转子取下。（　）

61. 输油泵单向阀修复后，可用浸泡水中观察是否有气泡逸出试验其密封性。（　）

62. 喷油器针阀卡死的修理方法，在 70～80 ℃水中煮后，用手拉出。（　）

63. 135 系列 13 型泵供油量调整，若供油量不够，可拧进调节齿杆限制螺钉，使供油量增加。（　）

64. 在装配活塞--连杆组时，如无标志，活塞裙部的纵槽一般开在作功行程受最大侧压力的对面，即发动机前面往后看时的右面。（　）

65. 东风 EQ140 气环外切口角应朝下，环口错开 90°。（　）

66. 变速器壳体的变形会使齿轮等工作时沿轴线方向产生较大的轴向分力，严重时会出现乱挡。（　）

67. 自锁弹簧过软或钢球等磨损，是变速器乱挡时的主要原因。（　）

68. 变速器中互锁销和钢球等磨损，是使其跳挡的主要原因。（　）

69. 中负荷齿轮油适用于低速高转矩，高速低转矩下操作传动箱、螺旋齿轮，特别是多种车用的双曲面齿轮的润滑。（　）

70. 耗油率 $g_e$ 小，表明发动机经济性较好。（　）

71. 当发动机转速达到某一值时，耗油率达到最低。（　）

72. 发动机型号应打印(或铸出)在缸盖易见的部位。（　）

73. 汽车在紧急制动时，不易发生侧滑。（　）

74. 触电者流出电流的灼伤口可能在一个以上。（　）

75. 汽车 ABS 能有效地提高汽车制动时的方向稳定性。（　）

76. 汽车空调系统的转速控制是指发动机在低速运转时自动断开空调设备。（　）

77. 目前汽车上空调系统大多采用立式往复压缩机和斜板盘式压缩机。（　）

78. 当汽车空调制冷系统中有空气时，高压保护可能会起作用。（　）

79. 汽车空调独立热源取暖系统分为气暖和水暖两种。（　）

80. 汽车 CCS 的理想控制要求实际车速与指定车速误差为零。（　）

81. 感应电流的方向，总是要使感应电流所产生的磁场来阻碍原来的磁场变化。（　）

82. 方向阀分为单向阀和换向阀两种。（　）

83. “➡↗⁝”表示液压缸。（　）

84. 千斤顶应垂直放置。（　）

85. 汽车空调冷凝器安装时，从压缩机输出的气态制冷剂一定要从冷凝器下端入口进入。（　）

86. 汽车空调制冷系统主要由压缩机、制冷剂、冷凝器、蒸发器和液压调节器组成。（　）

87. 发动机大修中常用的修理尺寸为＋0.5 mm、＋1.00 mm、＋1.50 mm 三级。（　）

88. 柴油机的活塞销与座孔要求常温下为过盈配合，允许有轻微间隙。（　）

89. CPU 具有逻辑判断功能。(   )

90. 工作质量就是对与产品质量有关的工作的保证程度。(   )

91. 污水可采用污水净化装置来处理。(   )

92. 汽车修理工艺过程是指汽车修理的各项作业,按一定方式组合、顺序、协调进行的过程。(   )

93. 对零件草图进行审核,内容只有尺寸标准、技术要求。(   )

94. 人员少、占地小、成本低的修理厂应选择就车修理法。(   )

95. 检查机械循环球式转向器扇形齿与齿条啮合印迹时,该印迹应处在两齿面中间位置,印迹的方向大致与摇臂轴中心线相平行。(   )

96. 桑塔纳 2000 型轿车转向角左右都应相同。(   )

97. 定车牵引的半挂车和铰接式大客车大修送修标志按照汽车大修的标志或牵引车大修标志进厂大修。(   )

98. 壳体变形、破裂就是汽车后桥总成大修送修标志。(   )

99. 汽车前轴裂纹、变形,主销承孔磨损严重,应进行大修。(   )

100. 货车车身总成大修条件是底板、栏板破损、锈蚀。(   )

101. 汽车半轴齿轮与行星齿轮工作面斑点面积不得超过齿面的 25%。(   )

102. 汽车车身外装饰带分段接口处间隙可用直尺测量。(   )

103. 车长大于 6 m 的客车必须设置电源开关。(   )

104. 为确保客车产品主要方面的质量,特制定四个关键项和四个重要项评定指标。(   )

105. 汽油发动机燃烧是化学能转化为热能的过程。(   )

106. 使用低辛烷值的汽油,可以防止爆燃。(   )

107. 汽车检测诊断制度以 1990 年交通部 13 号令为依据。(   )

108. 柴油机烟度计常采用滤纸式。(   )

109. 一般柴油机耗油率比汽油机高。(   )

110. 一般要求汽车侧滑先于侧翻。(   )

111. 通常采用车身振动的固有频率作为汽车平顺性的评价指标。(   )

112. 汽车前轮定位不准,特别是前束不正确,对燃油消耗影响很大。(   )

113. 汽车电器部件都与车身直接搭铁。(   )

114. 在任何条件下,36 V 电压都是安全的。(   )

115. 汽车用电维修设备接地线一般不少于两根。(   )

116. 汽车电子控制系统一般由电控单元、传感器、执行器三部分组成。(   )

117. 本田车系 ABS 控制液压油与制动液是相通的。(   )

118. 汽车空调系统的转速控制是指发动机在低速运转时自动断开空调设备。(   )

119. 汽车空调独立热源取暖系统分为气暖和水暖两种。(   )

120. 发动机 VTEC 的切换不受车速限制。(   )

121. 在电路中,电流总是从高电位流向低电位,则电流的方向与电压的方向总是一致。(   )

122. 液压式动力转向装置按液流形式可分为常流式和常压式两种。(   )

123. 湿洗就是采用碱性或中性清洗剂清洗汽车零件表面的油类和脏物。(　　)

124. 东风 EQ1090E 型汽车装用的 DQ125 型点火线圈本身不带附加电阻。(　　)

125. 整流滤波后,由 V 和 R 组成放大电路。(　　)

126. 汽车车轮速度传感器安装在曲轴前。(　　)

127. 锉削时,锉刀不可沾水、沾油。(　　)

128. 重型车怠速时,CO 排放不大于 4.5%。(　　)

129. 汽车装用蒸发污染控制系统收集汽油蒸汽。(　　)

130. 中华人民共和国公民有宗教信仰自由。(　　)

131. 汽车修理技术规范主要指零件尺寸、表面粗糙度、精度和配合公差。(　　)

132. 镀铬的电流效率低是因为氢析出量小。(　　)

133. 汽缸体上平面的平面度误差(50 mm×50 mm)使用极限大于 0.10 mm。(　　)

134. 专业分工作业法适用于车辆多、车型较单一的汽车修理企业。(　　)

135. 检查机械循环球式转向器扇形齿与齿条啮合印迹时,该印迹应处在两齿面中间位置,印迹的方向大致与摇臂轴中心线相平行。(　　)

136. 装配自动变速器各部件前,应用 206 kPa 干燥洁净的压缩空气对各油孔依次吹入压缩空气进行检验。(　　)

137. 发动机最大功率比规定降低 15%以下必须进行大修。(　　)

138. 汽车底盘测功检验需在路试中进行。(　　)

139. 货车车架变形检验只进行裂纹、铆钉松动、变形检查即可。(　　)

140. 交流发电机集电环表面如烧蚀严重或失圆,可用细砂布抛光并吹净粉屑。(　　)

141. 汽车大修质量的评定采用关键项次合格率来衡量。(　　)

142. 汽车车身外装饰带分段接口处间隙可用直尺测量。(　　)

143. 车长大于 6 m 的客车必须设置电源开关。(　　)

144. 为确保客车产品主要方面的质量,特制定四个关键项和四个重要项评定指标。(　　)

145. 转向盘自由转动量与汽车的最大设计车速有关。(　　)

146. 通常采用车身振动的固有频率作为汽车平顺性的评价指标。(　　)

147. 发动机进入正常工作温度后,氧传感器的输出电压应为 0~2 V。(　　)

148. 滚压强化通常用来加工零件平面。(　　)

149. 硫磺为黄色晶体,性脆,易研成粉末。(　　)

150. 触电者流出电流的灼伤口可能在一个以上。(　　)

151. 汽车 ABS 系统出现故障时,由 ECU 控制 ABS 警告灯点亮。(　　)

152. 液力变矩器具有降速增扭的作用。(　　)

153. 液力变矩器锁止离合器的作用是防止自动变速器打滑。(　　)

154. 汽车 CCS 的理想控制要求实际车速与指定车速误差为零。(　　)

155. 发动机 VTEC 的切换不受车速限制。(　　)

156. 在一定的温度下,导体的电阻与导体的长度成正比,与导体的横截面积成反比。(　　)

157. 在自然界中磁极可以单独存在。(　　)

158. 液压式动力转向装置按液流形式可分为常流式和常压式两种。(　　)

159. 拆装火花塞应用梅花扳手。(　　)

160. 为了防止水分的凝结,需要对汽车风窗玻璃加热,采用风窗除霜装置。(　　)

161. 全面质量管理的主要特点是突出"全"字。(　　)

162. 汽车装用蒸发污染控制系统收集汽油蒸汽。(　　)

163. 发动机曲轴后端装变速器第一轴轴承孔内径磨损一般不得大于 0.25 mm。(　　)

164. 用游标卡尺也可校正量缸表的尺寸。(　　)

165. 发动机总成大修送修标志以汽缸磨损程度为依据。(　　)

166. 汽车变速器有漏油故障,应进行大修。(　　)

167. 汽车前桥总成的大修送修标志是转向节上轴承损坏。(　　)

168. 因特殊原因汽车不能行驶,以及短缺零部件车辆和总成送修,签订合同要有所说明。(　　)

169. 飞轮壳后端面对曲轴主轴承孔轴线径向跳动一般不大于 0.10 mm。(　　)

170. 发动机飞轮工作面的磨损限度不允许超过 1.0 mm。(　　)

171. 汽车大修质量的评定采用关键项次合格率来衡量。(　　)

172. 汽车车身外装饰带分段接口处间隙可用直尺测量。(　　)

173. 车长大于 6 m 的客车必须设置电源开关。(　　)

174. 为确保客车产品主要方面的质量,特制定四个关键项和四个重要项评定指标。(　　)

175. 进气终了时压力的高低不影响发动机充气效率。(　　)

176. 车辆定期检测结果是汽车检测站纳入车辆技术管理组织的主要依据。(　　)

177. 车辆技术档案的主要内容包括车辆基本情况、检测和维修记录等,但不包括事故处理记录。(　　)

178. 车辆技术等级评定每年进行两次。(　　)

179. 转向盘自由转动量与汽车的最大设计车速有关。(　　)

180. 汽车在车轮抱死时,横向稳定性极差。(　　)

181. 在路试检验汽车制动性能时,可以用第五轮仪测量制动距离。(　　)

182. 发动机曲轴在弯曲校正时,应一次完成。(　　)

183. 汽车前轮定位不准,特别是前束不正确,对燃油消耗影响很大。(　　)

184. 滚压强化通常用来加工零件平面。(　　)

185. 变速杆球部中心到杆下端的距离小于原设计规定,球关节、下端部球头等磨损严重时,会出现乱挡。(　　)

186. 解放 CA-141 变速器装配倒挡锁销时,应使锁销顶端高出导动块的缺口。(　　)

187. 转向节最常见的断裂部位是转向节轴承内轴颈处。(　　)

188. 磁路欧姆定律的表达式为 $\Phi=IN/R_m$(　　)

189. 从油箱蒸发出来的汽油蒸汽,被炭罐吸附后直接被吸进进气管。(　　)

190. 当发动机转速达到某一值时,耗油率达到最低。(　　)

191. 当汽车空调制冷系统中有空气时,高压保护可能会起作用。(　　)

192. 电控燃油喷射发动机 D 型 EFI 采用质量流量的方式测量进气量。(　　)

193. 定车牵引的半挂车和铰接式大客车大修送修标志按照汽车大修的标志或牵引车大修标志进厂大修。( )

194. 镀铬的电流效率低是因为氢析出量小。( )

195. 发动机曲轴轴颈磨损检验,需选取三个载面进行检测。( )

## 五、简 答 题

1. 为什么压盘的弹簧座中装置石棉垫?
2. 汽车配件的代用条件是什么?
3. 载重汽车和越野汽车的道路试验方法主要有哪些?
4. 汽车需要大修的标志是什么?
5. 退火的目的是什么?
6. 什么叫时效?
7. 在真空增压式制动系中,哪些原因会造成制动液增压不良?
8. 怎样正确装配飞轮齿圈?
9. 怎样计算气缸的搪削量?
10. 断电器触点烧损的主要原因是什么?
11. 什么是柴油机的"狄塞尔"敲击?
12. 为什么大多数散热器芯管断面不呈圆形或矩形,而要做成扁形?
13. 调质的目的何在?
14. 用金属电喷涂法修复零件的工艺过程有哪些?
15. 根据地区和气候条件的变化,如何对加速装置进行正确的调整?
16. 简述化油器加速泵的工作原理。
17. 请写出用 18CrMnTi 制造内齿花键齿轮的工艺流程。
18. 在零件图上标注尺寸时有哪些要求?
19. 汽油发动机无怠速的原因大概有哪些?
20. 发动机在全负荷工况下化油器有哪几种装置参加工作?
21. 汽油机与柴油机气缸盖的结构有什么不同?
22. 根据地区和气候条件的变化,如何对加速装置进行正确的调整?
23. 什么叫基本尺寸修理法?
24. 什么是筒式减振器拉伸阻力?
25. 怎样检查调整解放 CA141 汽车挂车制动阀?
26. 汽油机点火系的作用是什么? 蓄电池点火系由哪些机件组成?
27. 散热器(水箱)起什么作用? 它的构造怎样?
28. 如何检查前轮外倾角?
29. 汽油机不能起动,属于油路的原因有哪些? 如何检查?
30. 液压制动系统在什么情况下要排除空气?
31. 楔形燃烧室的最大优点是什么?
32. 柴油机的定压燃烧是指什么?
33. 发动机温度过低有什么危害?

34. 为什么离合器压盘背面具有棱条?
35. 驱动桥起什么作用?它由哪些零件组成?
36. 液力变扭器的工作原理如何?
37. 汽车配件的互换条件是什么?
38. 为什么要安装轴间差速器?
39. 推力盘内锥面磨损严重时如何处理?
40. 球头销磨损后如何修复?
41. 试述东风EQ140-1型汽车转向器的组成和工作情况。
42. 写出下列热处理代号的含义:G52 Q5g D0.3~900。
43. 热处理的任务是什么?
44. 调整转向器配合副啮合间隙时,为什么都必须在中间位置进行?
45. 图1是什么图?其中$M_e$、$N_e$、$g_e$各代表什么?

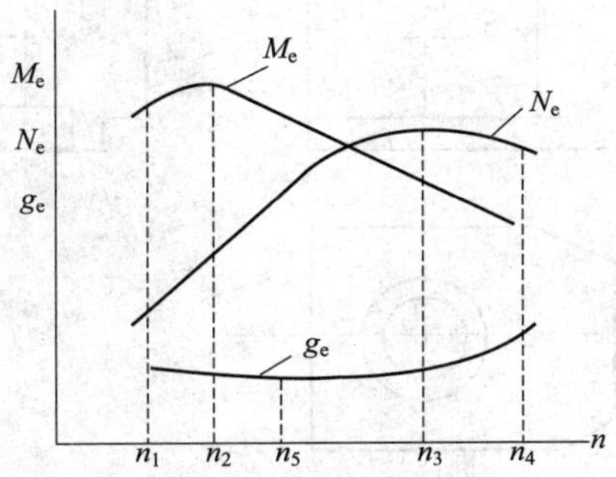


图 1

46. 举例说明零件的相互位置关系改变对汽车工作性能的影响。
47. 气缸体上平面螺栓孔损坏如何修理?
48. 试述用经验法试验水泵总成。
49. 影响汽车技术状况变化的因素有哪些?
50. 汽车零件磨损会产生什么后果?
51. 零件修复的基本方式有哪几种?
52. 如何检查气缸盖平面变形?
53. 选配曲轴轴承(滑动轴承)时有什么要求?
54. 更换飞轮齿圈如何进行?
55. 气门工作面磨损是什么原因?
56. 冷却水温度为什么不能过高或过低?
57. 离合器从动盘的主要损伤是什么?
58. 离合器后备系数过小的危害是什么?
59. 东风EQ140型离合器总成装复后,其调整技术要求是什么?
60. 变速器磨合试验的目的是什么?
61. 汽车在行驶中,液压制动器突然失效,主要原因是什么?
62. 变速器齿轮啮合长度变化主要是由哪些原因引起的?

63. 拆卸铝活塞的活塞销应如何进行？
64. EQ140 气缸盖平面度误差的技术要求如何？
65. 气缸的磨削量是根据什么确定的？
66. 液力偶合器有哪些优点？
67. 简述万向节轴承与轴颈配合间隙的检查方法。
68. 电子点火系有哪几种形式？
69. 用框式图表示东风 EQ6100-1 型发动机机油的循环路线。
70. 试从经济性分析，为什么载货汽车要广泛采用柴油机？（提示，热效率、油耗曲线等）

## 六、综合题

1. 补图 2 中缺线。

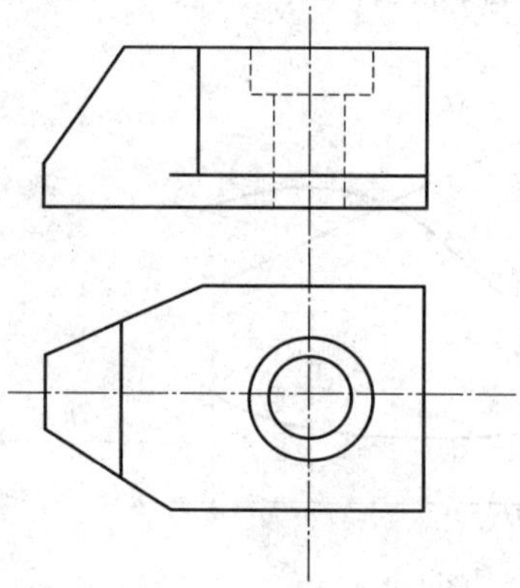

图 2

2. 补图 3 中缺线。

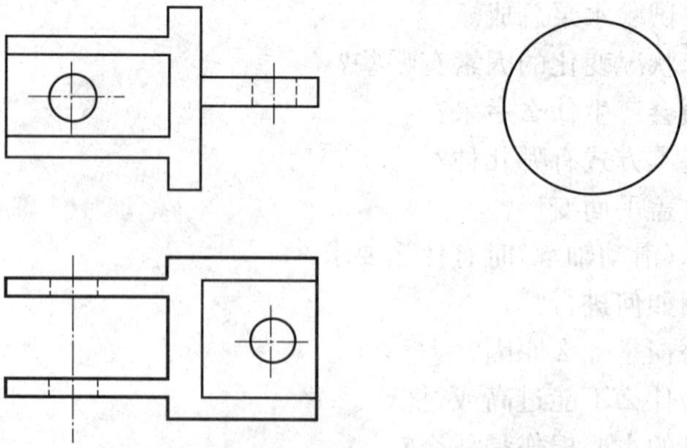

图 3

3. 补图 4 中缺线。
4. 补图 5 中缺线。
5. 对机油泵有什么技术要求？
6. 国产汽车常用化油器分几种系列？用于什么车型？

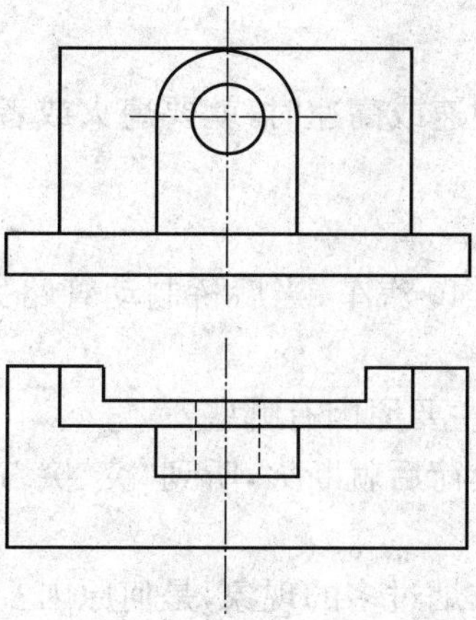

图 4

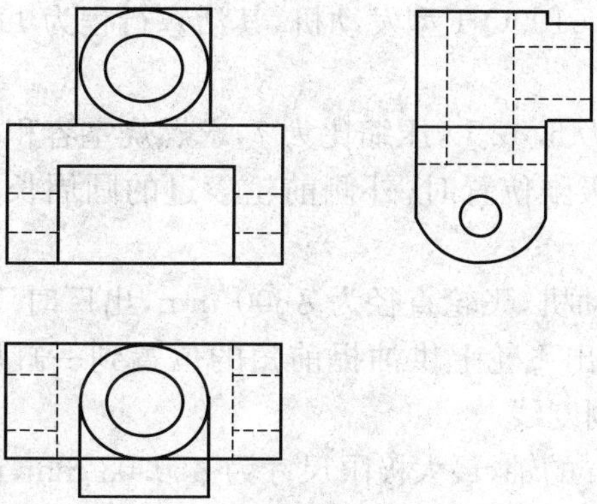

图 5

7. 双管路气压制动传动装置的组成及传动特点是什么?

8. 231 型化油器的怠速装置由哪几部分组成?怎样调整怠速?

9. 修理柴油发动机输油泵有哪些技术要求?

10. 活塞与活塞环的配合有什么要求?

11. 变速器发响的原因有哪些?如何判断与排除?

12. 为什么汽车在积雪泥泞路面上行驶时,要在汽车驱动车轮上绕装防滑链?

13. 写出下列材料各属哪类,机械性能如何。

HT20-40　　20Cr　　45

14. 为什么有些铸件要进行时效处理?时效处理的方法有哪些?效果如何?

15. 发动机温度过高,可能产生哪些危害?

16. 为什么气门不是在上下止点处开闭而需早开迟闭?

17. L 形、盆形燃烧室,各有什么特点?

18. 画简图说明 ω 形燃烧室的特点。

19. 发动机出现活塞环漏气声时有何现象?是何原因?

20. EQ140 型活塞在选择时应注意哪些要求?

21. 试述更换气门导管工艺。

22. 试述气门导管铰削工艺。

23. 发动机怠速运转正常，加油门到中速或高速时，就要熄火或者转速不能提高，同时，汽化器有回火现象，其原因有哪些？

24. 试述变速器故障的基本检查方法。

25. 试述采用双管路布置的东风 EQ-140 汽车，当后桥制动管路失效时，前轮是怎样产生制动作用的。

26. 何谓转向盘自由行程？其过大的主要原因有哪些？

27. 发动机出现空转时正常，但加上负荷后就断火，听到“突、突”声而功率不足，其原因有哪些？

28. 柴油发动机运转尚正常，但出现排烟过多的现象，是何原因？

29. 发动机气缸破裂的主要原因有哪些？

30. 发动机拉缸的主要原因有哪些？

31. 东风 EQ140 型汽车 6100Q-1 型发动机，其活塞行程为 115 mm，试计算该发动机的排量(发动机缸径为 100 mm)。

32. 已知某发动机排量为 5.42 L，压缩比为 7，求燃烧室容积。

33. 某车将方向盘转到极限位置时，外侧前轮滚过的圆周长为 50.3 m，求它的最小转弯半径。

34. 某直列六缸柴油发动机，飞轮直径为 $\phi$600 mm，出厂时飞轮上无供油提前刻度线，但规定供油提前角为 20°，试算出飞轮上供油提前角的位置到一缸压缩上止点/1-6 刻度线的弧长是多少，并作出供油提前刻度线。

35. 基本尺寸为 $\phi$50 mm 的轴，最大极限尺寸为 $\phi$50.08 mm，最小极限尺寸为 $\phi$49.92 mm，试计算轴的上下偏差和公差。

# 汽车修理工(高级工)答案

## 一、填 空 题

1. 渗碳　2. 自然时效　3. 定期保养　4. 涡轮、从动轮
5. 组织结构　6. 30～50 ℃　7. 机械性能　8. 分动器
9. 残余压力　10. 临时故障　11. 限速装置　12. 泵轮
13. 速度低　14. 针轴　15. 强度　16. 双液
17. 盆形　18. 泵轮　19. 紊流　20. 涡流
21. 螺栓松脱　22. 泵轮　23. 抗拉强度　24. 伸长率
25. 导轮　26. 可燃　27. 涡流　28. 浓
29. 耗油增加　30. 8　31. 颈部　32. 退刀
33. 垂直方向　34. 破坏工件　35. 垂直　36. 铁磁
37. 剩磁　38. 铜基　39. 强止锁止　40. 电火花点火
41. 重量　42. 动力性　43. 行星　44. 最低稳定
45. 牵引　46. 92　47. 功率　48. 锁销式
49. 总成互换　50. 蒸发　51. CAH101　52. 可调
53. 内燃机　54. 往复活塞式　55. 进气行程　56. 平均指示压力
57. 摩擦损失　58. 输出轴　59. 升功率　60. 速度特性
61. 四缸、四行程，缸径 120 mm，风冷　62. 一般式汽缸体　63. 直列式
64. 三点支承　65. 承受　66. 4 000～6 000　67. 顶部
68. 大头　69. 曲轴　70. 全支承曲轴　71. 50
72. 气孔式　73. 正时齿轮式　74. 0.25～0.3　75. 气门
76. 表压力　77. 十六烷值　78. 变高　79. 惯性
80. 最大　81. 压缩形成末期　82. 有效热效率　83. 大于
84. 阻力距大小　85. 减少　86. 上坡能力　87. 正压力
88. 最大功率　89. 制动器制动力　90. 附着力　91. 制动踏板
92. 抗热衰退性　93. 跑偏　94. 汽车滑移　95. 常数
96. 下降　97. 越大　98. 车厢　99. 大修条件
100. 0.050～0.063　101. 连杆扭曲　102. 角速传动　103. 5%
104. 90%　105. 不少于 300 mm　106. 前束值过大　107. 直列波
108. 倒挡　109. 蒸发器　110. 3 m　111. 预防为主
112. 日常维护　113. 自燃性　114. 迟闭角减少　115. 进气门处
116. 越大　117. 缓燃期　118. 喷油时间过迟　119. 中速
120. 爬坡度　121. 变形　122. 附着性能　123. 大

| | | | |
|---|---|---|---|
| 124. 滚动阻力减少 | 125. 挡位数 | 126. 先产生侧滑 | 127. 均分值 |
| 128. 0.175～0.250 | 129. 动平衡 | 130. 重叠波 | 131. 飞轮 |
| 132. 冷凝器 | 133. 12 m | 134. M 级 | 135. 高 |
| 136. 流动惯性 | 137. 进气终了压力 | 138. 降低挡位 | 139. 上止点 |
| 140. 越大 | 141. 能力 | 142. 超车加速时间 | 143. 前轮定位 |
| 144. $H=r$ | 145. 0° | 146. 相反 | 147. 输入轴 |
| 148. 灰铸铁 | 149. 表面点火 | 150. 小于或等于 | 151. 60 次/min |
| 152. 内能 | 153. 不变 | 154. 高速大负荷工况 | 155. 着火落后期 |
| 156. 75%负荷 | 157. 阻力 | 158. 地面附着力 | 159. 横向滑移 |
| 160. 直接挡 | 161. 点位直线 | 162. 盘类 | 163. DNC |
| 164. 小 | 165. 金刚石 | 166. 不用成形电极 | 167. MTBF |
| 168. 故障维修 | 169. ISO | 170. 准备工作 | 171. 非强制性 |
| 172. 单向导电性 | 173. 集射极反向击穿电压 | | 174. 磨损最大的一道 |
| 175. 修理工时 | 176. 诊断测试模式 | 177. 00668 汽车 30 号线线路端电压信号超差 | |
| 178. 次级点火线圈断路 | | 179. 不能建立电压 | 180. 减少 |
| 181. 降低 | 182. 氧传感器 | 183. 相同 | 184. 发动机转速 |
| 185. 高于 | 186. 黄色 | 187. 电动机 | 188. 维护 |
| 189. 进油节流调速 | 190. 微型计算机 | 191. +1.00 mm | 192. 曲轴箱串气量 |
| 193. 流动方向 | 194. 工艺 | | |

**二、单项选择题**

| | | | | | | | | |
|---|---|---|---|---|---|---|---|---|
| 1. C | 2. B | 3. B | 4. B | 5. B | 6. A | 7. C | 8. C | 9. C |
| 10. A | 11. B | 12. A | 13. C | 14. C | 15. A | 16. C | 17. A | 18. A |
| 19. C | 20. B | 21. C | 22. B | 23. A | 24. B | 25. A | 26. A | 27. B |
| 28. A | 29. C | 30. B | 31. D | 32. A | 33. C | 34. B | 35. C | 36. B |
| 37. A | 38. B | 39. A | 40. C | 41. C | 42. A | 43. C | 44. C | 45. B |
| 46. A | 47. C | 48. A | 49. B | 50. B | 51. B | 52. B | 53. B | 54. C |
| 55. A | 56. A | 57. B | 58. B | 59. C | 60. A | 61. B | 62. D | 63. A |
| 64. B | 65. B | 66. B | 67. C | 68. B | 69. B | 70. A | 71. B | 72. B |
| 73. A | 74. D | 75. C | 76. A | 77. A | 78. C | 79. A | 80. A | 81. A |
| 82. D | 83. C | 84. B | 85. A | 86. C | 87. D | 88. A | 89. A | 90. A |
| 91. D | 92. B | 93. B | 94. A | 95. B | 96. B | 97. B | 98. A | 99. C |
| 100. A | 101. D | 102. B | 103. D | 104. A | 105. B | 106. A | 107. B | 108. A |
| 109. A | 110. A | 111. A | 112. A | 113. D | 114. B | 115. A | 116. D | 117. A |
| 118. A | 119. C | 120. A | 121. A | 122. D | 123. C | 124. C | 125. A | 126. A |
| 127. D | 128. A | 129. D | 130. C | 131. A | 132. B | 133. B | 134. B | 135. B |
| 136. D | 137. A | 138. C | 139. D | 140. C | 141. A | 142. B | 143. B | 144. A |
| 145. A | 146. A | 147. C | 148. C | 149. B | 150. A | 151. B | 152. B | 153. D |
| 154. C | 155. B | 156. B | 157. A | 158. A | 159. A | 160. B | 161. C | 162. C |

| | | | | | | | | |
|---|---|---|---|---|---|---|---|---|
| 163. D | 164. B | 165. C | 166. D | 167. B | 168. C | 169. B | 170. A | 171. C |
| 172. C | 173. B | 174. C | 175. B | 176. C | 177. C | 178. A | 179. D | 180. D |
| 181. B | 182. D | 183. D | 184. D | 185. C | 186. A | 187. A | 188. B | 189. C |
| 190. D | 191. C | 192. C | 193. D | 194. D | 195. A | 196. B | 197. B | 198. C |
| 199. C | 200. D | | | | | | | |

**三、多项选择题**

| | | | | | |
|---|---|---|---|---|---|
| 1. AE | 2. ABCE | 3. ACDE | 4. CDE | 5. BDE | 6. BCE |
| 7. AB | 8. DE | 9. ABD | 10. ABCD | 11. BC | 12. ACD |
| 13. CD | 14. ACD | 15. BDE | 16. BD | 17. CDE | 18. ACE |
| 19. BDE | 20. AB | 21. BD | 22. ABC | 23. BCD | 24. CDE |
| 25. ACE | 26. CE | 27. BD | 28. ABC | 29. ABCD | 30. ABCD |
| 31. ABCD | 32. BC | 33. ABC | 34. ABCD | 35. ABC | 36. ABCD |
| 37. ABC | 38. ABC | 39. ABCE | 40. AC | 41. ABCDE | 42. ABCE |
| 43. ABCDE | 44. ABC | 45. AC | 46. ACDE | 47. AB | 48. AD |
| 49. ACD | 50. ABCE | 51. ACE | 52. AD | 53. BDE | 54. BCD |
| 55. ACD | 56. BCDE | 57. BCDE | 58. ABC | 59. ABC | 60. AB |
| 61. CDE | 62. BCDE | 63. ACE | 64. BDE | 65. ACD | 66. BCD |
| 67. ACDE | 68. BC | 69. AC | 70. ABC | 71. ACDE | 72. ABCDE |
| 73. ACDE | 74. BD | 75. ABC | 76. BD | 77. BCD | 78. AD |
| 79. DE | 80. ABCD | 81. ACD | 82. ABCE | 83. ABD | 84. BDE |
| 85. ACE | 86. CE | 87. ABC | 88. ACE | 89. ACD | 90. ACDE |
| 91. ABCD | 92. ACDE | 93. BE | 94. BDE | 95. ADE | 96. ABCD |
| 97. ABE | 98. ABCD | 99. ABDE | 100. CE | 101. BCDE | 102. DE |
| 103. ACDE | 104. ABD | 105. ABDE | 106. ABDE | 107. AC | 108. ABCDE |
| 109. AD | 110. CDE | 111. ACD | 112. ABE | 113. ABD | 114. ADE |
| 115. ABDE | 116. ABD | 117. ABCE | 118. ABC | 119. ABCE | 120. ABD |
| 121. ACD | 122. BD | 123. ABCD | 124. ABC | 125. BCDE | 126. ABCDE |
| 127. ABC | 128. BC | 129. CDE | 130. ACDE | 131. ABDE | 132. BCDE |
| 133. BCE | 134. ABDE | 135. DE | 136. BE | 137. ACD | 138. BCDE |
| 139. ADE | 140. CD | 141. BCE | 142. ACDE | 143. ACDE | 144. ABD |
| 145. ACDE | 146. CDE | 147. AE | 148. BC | 149. ABC | 150. ACD |
| 151. ABDE | 152. ACE | 153. ABCDE | 154. BD | 155. AD | 156. ABCE |
| 157. ABCE | 158. CD | 159. ABE | 160. BCD | 161. ADE | 162. ABC |
| 163. CD | 164. ABCE | 165. CDE | 166. ABE | 167. ABCE | 168. ACD |
| 169. ABC | 170. ABE | 171. ABCE | 172. ABDE | 173. ACD | 174. ABCDE |
| 175. ABD | 176. AD | 177. ABC | 178. AB | 179. ABC | 180. ABCD |
| 181. BCD | 182. ABCD | 183. ABCD | 184. BC | 185. ABCD | 186. BC |
| 187. ABD | 188. ABCD | 189. BCD | 190. ABCD | 191. BCD | |

## 四、判 断 题

| | | | | | | | | |
|---|---|---|---|---|---|---|---|---|
| 1. × | 2. × | 3. × | 4. √ | 5. √ | 6. √ | 7. × | 8. √ | 9. × |
| 10. √ | 11. × | 12. √ | 13. √ | 14. × | 15. × | 16. √ | 17. × | 18. × |
| 19. × | 20. √ | 21. × | 22. × | 23. √ | 24. √ | 25. × | 26. √ | 27. × |
| 28. √ | 29. × | 30. √ | 31. × | 32. × | 33. √ | 34. × | 35. × | 36. × |
| 37. × | 38. √ | 39. × | 40. √ | 41. × | 42. √ | 43. × | 44. × | 45. √ |
| 46. × | 47. × | 48. × | 49. × | 50. × | 51. × | 52. × | 53. × | 54. × |
| 55. × | 56. × | 57. × | 58. × | 59. × | 60. × | 61. × | 62. × | 63. × |
| 64. √ | 65. × | 66. × | 67. × | 68. √ | 69. √ | 70. √ | 71. √ | 72. × |
| 73. × | 74. √ | 75. √ | 76. √ | 77. √ | 78. √ | 79. √ | 80. × | 81. × |
| 82. × | 83. × | 84. √ | 85. × | 86. × | 87. √ | 88. √ | 89. √ | 90. √ |
| 91. √ | 92. √ | 93. × | 94. √ | 95. √ | 96. √ | 97. × | 98. √ | 99. √ |
| 100. × | 101. √ | 102. × | 103. × | 104. × | 105. √ | 106. × | 107. √ | 108. √ |
| 109. × | 110. √ | 111. √ | 112. √ | 113. × | 114. × | 115. √ | 116. √ | 117. × |
| 118. √ | 119. √ | 120. × | 121. × | 122. × | 123. × | 124. √ | 125. √ | 126. √ |
| 127. √ | 128. × | 129. √ | 130. √ | 131. √ | 132. √ | 133. √ | 134. × | 135. × |
| 136. √ | 137. √ | 138. √ | 139. × | 140. × | 141. × | 142. × | 143. × | 144. × |
| 145. × | 146. √ | 147. √ | 148. √ | 149. × | 150. × | 151. √ | 152. √ | 153. √ |
| 154. √ | 155. × | 156. × | 157. × | 158. × | 159. √ | 160. √ | 161. × | 162. √ |
| 163. × | 164. × | 165. × | 166. × | 167. √ | 168. × | 169. × | 170. × | 171. √ |
| 172. √ | 173. × | 174. × | 175. × | 176. × | 177. × | 178. × | 179. √ | 180. √ |
| 181. × | 182. √ | 183. √ | 184. √ | 185. √ | 186. × | 187. √ | 188. √ | 189. × |
| 190. √ | 191. √ | 192. × | 193. × | 194. × | 195. × | | | |

## 五、简 答 题

1. 答：离合器压盘背面的弹簧座中装置石棉垫是为了隔热，由于离合器压盘与摩擦片的滑动摩擦产生大量的热，会直接传到弹簧上使弹簧退火而失去弹力，石棉垫能防止压盘的热量传递到到弹簧上，使弹簧保持弹性(5 分)。

2. 答：汽车配件的代用可理解为部分互换性。配件代用会出现两种情况，一是装用代用品应部分地改变了原来的汽车技术状况，但它们仍具有相同的安装尺寸和其它许多相同的技术性能(3 分)，另一情况是装用代用品时，需补充加工和修配，然后才能使用，在使用性能上可维持不变或有少许变化(2 分)。

3. 答：是将钢件加热到临界温度以上，保持一段时间后在水、盐或油中(个别材料在空气中)急速冷下来使工件硬度变高，这种热处理方法称为淬火(5 分)。

4. 答：(1)中型客车以车厢的破坏程度为主，结合发动机总成符合送大修条件时即送大修，以新车到大修及大修与大修之间可以进行发动机大修(3 分)。

(2)货车以发动机总成破损程度为主，结合车架总成或其他两个总成符合送大修条件时，即送大修(2 分)。

5. 答:共有以下 4 点:

(1)降低钢的硬度,使之易于切削加工(1 分)。

(2)提高钢的塑性和韧性,以便于深冲或拉拨加工(1 分)。

(3)消除钢的组织缺陷,如粗大晶粒、成分不均匀等,为热锻热轧或热处理做好准备(2 分)。

(4)消除前一道工序中所产生的内应力,以防产品在加工或停放过程中产生变形(1 分)。

6. 答:对一些断面变化较大或形状复杂的铸件,在冷却过程中,由于各部件冷却速度不同,收缩情况不一样,所以金属内部常存在不同程度的应力。因此,精度要求高的铸件在机械加工之前,都要消除其内应力,这种处理即时效(5 分)。

7. 答:通常大多是由于换制动液或更换主缸、轮缸的皮碗及拆修制动管路和轮缸等情况或其他原因,使空气进入制动系统内,这时,踩下制动踏板时,就会发生松软和弹性现象,使制动不灵,甚至完全失效,因此,需及时加以排除(5 分)。

8. 答:装配前,应将齿端逐一倒角,使其易于啮合。齿圈与飞轮的装配是作热压配合,它们之间的配合过盈为 0.25～0.97 mm(2.5 分)。装配时,是将已加工好的齿圈加热到 300～350 ℃时,热套在加工好的飞轮外圈的突缘上(2.5 分)。

9. 答:气缸的磨削量是在气缸的修理尺寸确定以后,根据选好的同级修理尺寸的活塞裙部尺寸,结合缸壁间隙和必要的磨缸余量的基础上确定的(2.5 分),用计算式表示为:气缸磨削量=活塞裙部最大直径－气缸最小直径＋配合间隙－磨缸余量。(2.5 分)

10. 答:(1)电容器被击穿损坏(1 分);

(2)电容器选择不合适,超过或小于 0.17～0.25 μF(1.5 分);

(3)电容器外部连接线和内部引出线断路或接触不良(1.5 分);

(4)断电器触点臂的弹簧弹力调整不当(1 分)。

11. 答:从喷油嘴喷出的油不能即刻着火燃烧,常延迟到若干数量的油喷出积聚在燃烧室后才突然着火(2.5 分)。因积聚的油较多,燃烧时压力突然增高至很大数值,而发牛类似金属的敲击声,这就是一般所说的“狄塞尔”敲击(2.5 分)。

12. 答:因为扁形芯管与圆形或矩形相比,散热面积大,气流的阻力小,结构刚度好,同时耐压高,不易碰裂,另外扁形芯管冬天防冻好,制造工艺简单,所以扁形管得到广泛的使用(5 分)。

13. 答:调质可使钢获得良好的综合机械性能,钢件经调质处理后,能获得较高的塑性、韧性、强度和屈强比(2.5 分)。长期以来许多在动载荷下工作的重要零件,如汽车半轴、连杆、齿轮等都采用调质处理(2.5 分)。

14. 答:其工艺过程主要有三个工艺阶段:表面准备、喷涂及喷涂后的加工(5 分)。

15. 答:根据地区和气候的变化,可改变加速活塞杆上部的开口销位置,增大或减小加速行程,以调节泵油量(5 分)。

16. 答:当化油器节气门迅速开启时,拉杆下行,通过弹簧迫使加速泵活塞迅速下行(2.5 分)。燃油冲开出油阀经加速喷管喷入化油器喉管。出油阀冲开时使空气孔关闭,防止加速燃油外溢,下落时使之开通,以防发动机高速时由加速喷管将燃油吸出(2.5 分)。

17. 答:(1)下料(0.5 分);(2)锻造(0.5 分);(3)正火(0.5 分);(4)粗车(0.5 分);(5)调质(0.5 分);(6)精车(0.5 分);(7)拉花键或插花键(0.5 分);(8)铣齿(0.5 分);(9)渗碳(0.5 分);(10)淬火(0.5 分)。

18. 答:(1)清晰:尺寸布局要层次分明,数字、代号清晰,尺寸界线整齐,而且必须符合《机械制图》(GB 129—74)中的规定。(2分)

(2)完整:零件结构形状的定形和定位尺寸必须标注完整,不重复。(2分)

(3)合理:尺寸的标注既要满足设计要求,又要考虑方便制造和测量。(1分)

19. 答:(1)供油不足或供油过剩(2分);

(2)火花塞工作不良(1分);

(3)分电器白金烧蚀(1分);

(4)点火过早或过迟(1分)。

20. 答:由主供油装置(1分)、机械省油装置(2分)、真空省油装置三种装置参加工作(2分)。

21. 答:柴油机因其压缩比高,故气缸盖较同功率汽油机的厚(1分)。为制造和维修方便,往往把多缸发动机的缸盖分成几块(一般每两缸一块)(2分)。汽油机的气缸盖较同功率的柴油机的薄,多为单一的整体(2分)。

22. 答:根据地区和气候的变化,可改变加速活塞杆上部的开口销位置,增大或减小加速行程,以调节泵油量(5分)。

23. 答:利用堆焊、喷涂、电渡和胶粘等方法,增补零件的磨损表面,然后再进行机械加工,以恢复基本尺寸和工作性能的方法,叫基本尺寸修理法(5分)。

24. 答:筒式减振器在伸张行程中减振器缸筒上腔液压所形成的阻力称拉伸阻力或伸张阻力(5分)。

25. 答:(1)挂车制动阀必须保证挂车贮气筒中的气压维持在4.9 MPa以上,如不合标准,可通过拧进或拧出挂车制动阀下端的调整螺柱进行调整(2.5分)。

(2)当挂车制动阀连接主车制动阀的腔室气压升高到3.9时,接分离开关的气室气压在1.2 s内应从4.9 MPa降到"0"(2.5分)。

26. 答:点火系的功能是在汽油发动机各个气缸压缩行程将近终了时,产生电火花引燃工作混合气,使发动机作功(2.5分)。

通常由蓄电池、点火线圈、断电器、容电器、分电器、高压导线及火花塞等机件组成(2.5分)。

27. 答:其作用是将水从水套中所吸收的热量,传递到空气中去(2分),并在一定程度内阻止水的蒸发,保证冷却系内有足够的冷却水。散热器由水箱盖、上水室、下水室、散热器芯子、散热片、放水开关等组成(3分)。

28. 答:可用前轮定位仪进行检查(1分)。检查前,轮胎气压应符合规定,先将前轮停置于直线行驶位置,并用仪表的平面与车轮垂直,表面的轴线与胎体纵断面平行。当调整标尺至水平位置时,所指刻度为前轮外侧角度(2分)。

若无测量仪具时,可用90°的大角尺对准车轮中心,测量车轮轮辋上下边缘和角尺之间的距离之差,即由测得的直角三角关系,可求得相当于该厂牌汽车外倾角的相应值(2分)。

29. 答:其原因是混合气过浓或过稀(1分)。

其检查方法是:

(1)检查汽化器起动装置是否调整适当(1分);

(2)浮子室油平面是否过高或过低(1分);

(3)主量孔油道是否堵塞(1分);

(4)汽化器与进气管接口垫是否漏气(1分);

(5)检查供油系供油情况是否正常(1分)。

30. 答:通常大多是由于换制动液或更换主缸、轮缸的皮碗及拆修制动管路和轮缸等情况或其他原因,使空气进入制动系统内,这时,踩下制动踏板时,就会发生松软和弹性现象,使制动不灵,甚至完全失效,因此,需及时加以排除。

31. 答:(1)可燃气体充气阻力小,有利于提高充气系数。(2)充气阻力小,节省燃油。

32. 答:柴油机的柴油常在压缩行程上止点之前即开始喷射,最先喷出的油并不立即燃烧而有一段延迟期,等已喷出的油燃烧时,缸内压力骤增,近似"定容"燃烧(2.5分)。以后再喷出的油即随喷随烧,此时活塞下行,缸内容积也不断增大,气缸内可燃气体的容积也不断增大,但燃气压力不再急剧增高,基本上压强不变,这就叫做柴油机的定压燃烧(2.5分)。

33. 答:发动机温度过低对于汽油机而言,汽油因温度低而挥发困难,会使汽油机混合气形成不良,对于柴油机会使其工作粗暴,散热损失和摩擦损失增加,影响发动机的动力性和经济性,同时使机件磨损加剧,缩短发动机的使用寿命(5分)。

34. 答:离合器压盘背面有棱条,目的是为了散热,压盘后面的盖板,常具有大孔眼,离合器罩壳上也常开有通风孔,有的将分离器杠杆做得略带弯曲,旋转时鼓动气流加强散热(5分)。

35. 答:是汽车传动系中最后一个总成(2分)。是将从变速器经传动轴输入的动力最后传给驱动轮,它由减速器、差速器、半轴和驱动桥壳等组成(3分)。

36. 答:液力变扭器不仅能传递扭矩,还能在泵轮扭矩不变的情况下,随蜗轮转速的变化而改变输出扭矩,即与变速器的功用相同(2分)。其原因是比液力偶合器多了个固定不动的导轮,在液体循环过程中,它给了蜗轮一个反作用力矩,使蜗轮的输出扭矩与泵轮的输出扭矩有所不同(3分)。

37. 答:条件是:零件的材料、结构、形状、尺寸及尺寸精度和公差等级、表面粗糙度、形状和相互位置公差、物理机械性能及其他技术条件都相同,符合上述条件的汽车配件才具有互换性(5分)。

38. 答:在三桥传动的汽车上,当车辆转弯时或在凹凸不平的路面上行驶时,中桥及后桥的轮胎所走的距离是不相同的,也就是说,在同一段时间内,轮胎转数并不完全一致,根据普通分动器的构造,通过中桥及后桥的转速是完全相同(2.5分),因此,势必要引起某些轮胎在地面上滑移,造成轮胎的早期磨损,并将在传动机构内产生很大的应力,因而要装轴间差速器,以避免上述情况的出现(2.5分)。

39. 答:推力盘内锥面磨损严重时,可采用尼龙喷涂来修复。操作时,先清洗干净,加热到210～220 ℃,然后将尼龙1010粉均匀地撒涂在工作锥面上,此时,尼龙粉熔化粒附在塞件上,然后把塞件投入水中冷却,再在车床上把45 ℃锥面车光即可(5分)。

40. 答:磨损轻微时,可用调整式将球头销转90°的方法,恢复正常配合间隙。磨损严重时:

(1)将磨损部分堆焊,然后车削或磨削(1分);

(2)将球头销加热到1 000～1 100 ℃,放在专用模具内,用冲头冲压,以恢复球头直径方向尺寸,然后进行热处理和磨削加工(2分);

(3)最经济有效的方法是将球头涂镀(2 分)。

41. 答:EQ140-1 型汽车采用机械双销式转向器(有时也采用机械循环球式转向器),机械双销式转向器主要由蜗杆、摇臂轴、主销、转向垂臂、主销轴承以及蜗杆两端的轴承、摇臂轴两端轴颈的衬套、密封件、壳体等组成(2 分)。

当具有梯形截面螺纹槽的转向蜗杆转动时,与其螺纹槽啮合的转向主销在主销轴承内即随蜗杆螺纹移动从而使蜗杆的转动变为摇臂轴的转动,摇臂轴转动时带动转向垂臂做前后摆动,从而使转向机构动作,实现了汽车的转向运动(3 分)。

42. 答:G52——高频淬火回火 HRC50-55(2 分)。

Q59——氰化淬火回火 HRC56-62(1 分)。

D0.3～900——氮化深度至 0.3 mm,硬度大于 HV850(2 分)。

43. 答:(1)改变钢的组织结构及性能(2 分)。

(2)获得良好的综合机械性能(0.5 分)。

(3)改变钢的内部组成(0.5 分)。

(4)机油表或机油压力表感传器不良(2 分)。

44. 答:为保证汽车直线行驶的稳定性,防止偶然外力将前轮推离直线位置时驾驶员在转向盘上无明显感觉,即无路感,就要求在其中间啮合位置应是无间隙啮合(1.5 分)。

转向盘转到左(右)端时,其间隙逐渐变大(结构设计保证)而不致卡死。如果不在中间位置调整,可能使转向盘转到中间位置时,会出现卡死的现象(1.5 分)。

某些车型,如 EQ140-1 型,其转向器是采用可变传动比的,即在中间位置(直线行驶)附近的传动比小,因而转向灵活。在两侧即转大弯时,传动比大,故转向轻便,对于这类车型来说,其转向器在调整时,不能只在中间(直线行驶)位置进行,而必须全程检查全程调整(2 分)。

45. 答:此图是发动机外特性图(1 分)。即指发动机的功率、扭矩和耗油率三者随曲轴转速变化的规律(2 分)。

$M_e$、$N_e$、$g_e$ 分别代表发动机的功率、扭矩和耗油率(2 分)。

46. 答:例如:曲轴突缘盘平面应与曲轴轴心线垂直,如果这种关系破坏,将导致装合后的飞轮端面与曲轴轴心线的垂直度随之破坏,造成离合器摩擦盘与飞轮工作面不能均匀接合,会产生打滑、抖动以及分离不彻底等不良现象(5 分)。

47. 答:将螺栓孔扩大一级尺寸,改制出新螺纹,然后制作台阶螺栓,并使台阶螺栓上部扳出与原螺栓相同的螺纹,下部则扳出与扩孔后新改制的螺纹相配合进行修理恢复(5 分)。

48. 答:用手试转皮带轮,应无运动障碍和阻滞现象,转动时无异常感觉,手持皮带轮试试径向和轴向轴承间隙,应毫无旷动(5 分)。

49. 答:自然因素,如磨损、腐蚀、疲劳,有设计和制造加工失误留下的疾症,有使用或维修不当所造成的事故性的损坏等(5 分)。

50. 答:汽车零件磨损产生的后果,不仅会改变零件表面的性质、尺寸形状,还改变零件的配合关系,使某些零件的相对位置也随之发生变化,达一定程度后,可以破坏汽车原有的性能,降低工作能力,增加运行成本,严重时,不仅损坏总成,而且使全车故障增多,甚至造成事故(5 分)。

51. 答:有两种:

(1)恢复原有的配合关系但不恢复原有的尺寸(2.5 分);

(2)既恢复原有的配合关系又恢复原有的尺寸(2.5 分)。

52. 答:用直尺放在气缸盖底平面上,然后用厚薄规测量直尺与气缸盖底平面未接触处的间隙,厚薄规塞入的最大值就是缸盖变形的翘曲量(5 分)。

53. 答:选配曲轴轴承应符合下列要求:

(1)根据曲轴轴颈的修理尺寸选取同级修理尺寸的轴承(1 分)。

(2)轴承的弹力和曲率半径要合适,确保压入承孔后凭借弹力与承孔能够紧密贴合(1 分)。

(3)轴承合金与瓦背结合良好,轻敲瓦背发出清脆声音(1 分)。

(4)榫舌完整,如榫舌过低,可用尖铳铳到理想高度(1 分)。

(5)装入轴孔后其两端应高出座孔接合面 0.03～0.05 mm,以确保装合后能紧密贴合(1 分)。

54. 答:先将旧齿圈铳下,选择过盈量符合规定的新齿圈,将其加热到 300～400 ℃,趁热压上飞轮,为防止飞轮齿圈在工作中松动,可采取每隔 120°在齿圈与飞轮接触面交界处钻孔载入钢销钉加以固定(5 分)。

55. 答:排气门处于较高温度下工作,气门头部的工作温度高达 700 ℃,气门锥面接触带受冲击振动的挤压应力作用,又受气体及气体带有的磨料冲刷作用,还有燃烧气体及排出废气中酸性物质的腐蚀等作用所致(5 分)。

56. 答:冷却水温度过高,会使受热零件温度升高,导致零件变形,硬度降低,零件间的间隙变小(1 分),同时,润滑油在高温下易变质,黏度降低,油膜不易保持而加速零件磨损(1 分)。如果冷却水温度过低,混合气难以汽化,功率下降,耗油量增加,润滑油黏度增大,性能变坏且不易进入运动副之间,零件运动阻力增大,加剧磨损(1 分)。燃料燃烧不完全,增加了零件的腐蚀性损坏,发动机的安全、动力、经济性都受影响(2 分)。

57. 答:离合器从动盘的主要损伤是:花键毂键齿的磨损,钢片与接合盘间减振弹簧过软或拆断,摩擦片的磨损、烧焦、硬化、龟裂及铆钉松动等(5 分)。

58. 答:后备系数过小,不能够传递大的扭矩,使离合器滑磨以致磨损加快,缩短了离合器的使用寿命(5 分)。

59. 答:(1)分离杠杆端面至减振盘之间的距离。老式结构为 35.4 mm,新式结构为 32.4 mm(2 分)。

(2)分离杠杆端面至飞轮表面距离为(56±0.20)mm(1 分)。

(3)四个分离杠杆端面应于同一平面内,相差不得超过 0.20 mm(2 分)。

60. 答:主要是通过磨合改善各运动配合表面工作情况,以增加使用寿命(2.5 分)。其次是检验变速器修理装配质量。检查各挡齿轮的啮合、脱开难易程度和有无自动脱挡现象,轴承的发热情况以及油封、衬垫等处有无漏油现象(2.5 分)。

61. 答:(1)总泵内无制动液(2 分);(2)总泵皮碗损坏或踏翻(1.5 分);(3)各管的接头或钢管、软管破裂(1.5 分)。

62. 答:(1)轴式齿轮的轴向间隙过大(2 分);

(2)拨叉磨损、变形等的影响(2 分);

(3)操纵、控制机械的间隙过大(1 分)。

63. 答:拆卸铝活塞的活塞销,先用尖咀钳将两端的锁环取下,然后应将活塞放在 75～80 ℃

水中加热，使其膨胀，再用铜冲冲出活塞销，以免损坏活塞(5 分)。

64. 答：技术要求是：在 100 mm 长度上的平面度误差应不大于 0.03 mm(1 分)，在全长上应不大于 0.1 mm(1 分)，在 50 mm 范围内均应不大于 0.025 mm(2 分)，在整个平面上应不大于 0.15 mm(1 分)。

65. 答：气缸的磨削量是在气缸的修理尺寸确定以后，根据选好的同级修理尺寸的活塞裙部尺寸，结合缸壁间隙和必要的磨缸余量的基础上确定的(2.5 分)，用计算式表示为：

气缸磨削量＝活塞裙部最大直径－气缸最小直径＋配合间隙－磨缸余量。(2.5 分)

66. 答：液力偶合器的泵轮由发动机曲轴驱动旋转，在离心力的作用下，工作液从叶片内缘向外缘甩出，冲击蜗轮的叶片使蜗轮旋转，因为蜗轮与从动轴连在一起，所以从动轴便跟着一起旋转起来(5 分)。

67. 答：将十字轴夹在虎钳上，滚针轴承套在十字轴颈上，用百分表抵住轴承壳外表面最高点，然后用手上下推动轴承壳，此时，百分表上读数最大和最小数值之差即为其径向间隙值。

68. 答：电子点火系根据储能方式的不同可分为电感应点火系和电容放电点火系两大类(2.5 分)。前者又分有触点和无触点两种类型。有触点的称为半导体辅助点火系统，无触点的称为无触点火系统(2.5 分)。

69. 答：循环路线见图 1

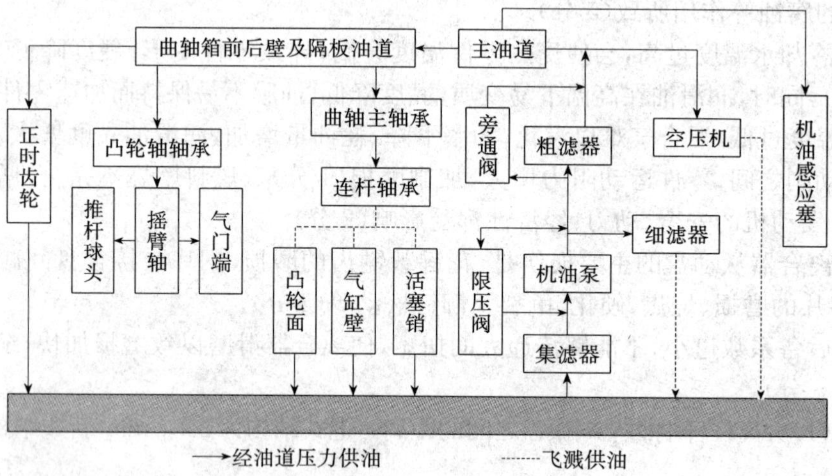


图 1

70. 答：柴油机的热效率高，而汽油机的热效率只有 20％～30％。柴油机的燃油消耗率曲线不仅最低点较低，而且较为平坦，比汽油机在部分负荷时能节省更多的燃料。柴油比汽油的价格便宜。(5 分)

## 六、综 合 题

1. 答：补齐缺线见图 2。
2. 答：补齐缺线见图 3。
3. 答：补齐缺线见图 4。
4. 答：补齐缺线见图 5。
5. 答：(1)泵盖与齿轮端面的不平度不得大于 0.05 mm(4 分)。

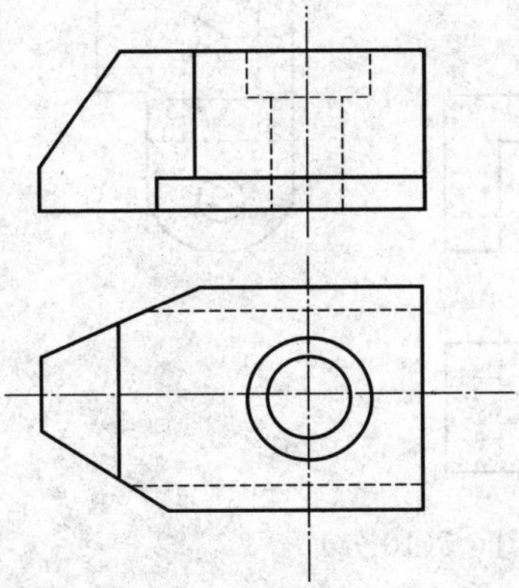

图 2(10分)

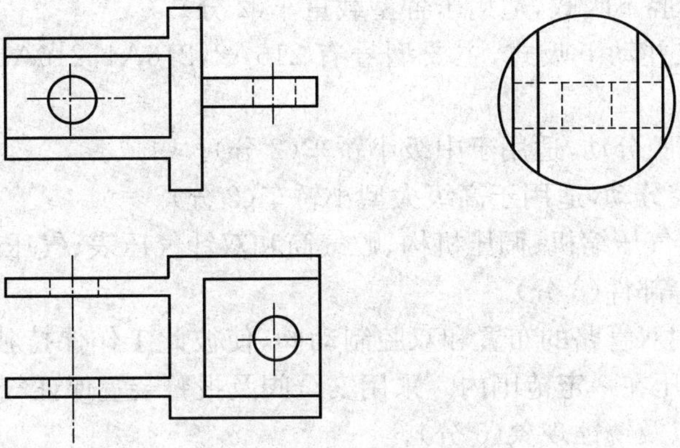

图 3(10分)

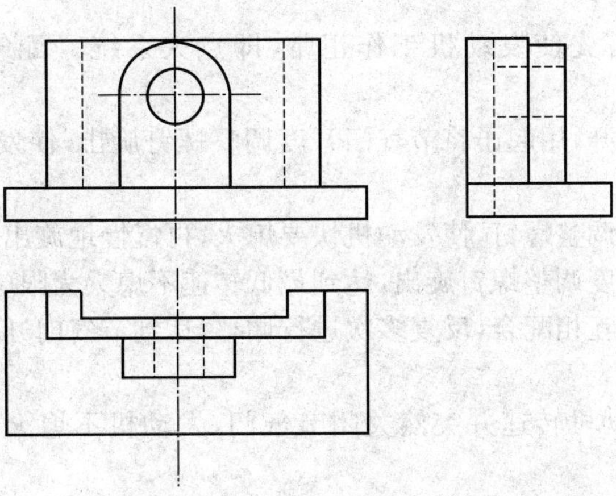

图 4(10分)

(2)主、被动齿轮的啮合间隙应每相隔120°测量,其值相差不超过0.05 mm(4分)。

(3)油泵修理后,经试验台试验,机油泵排量工作极限必须符合标准(2分)。

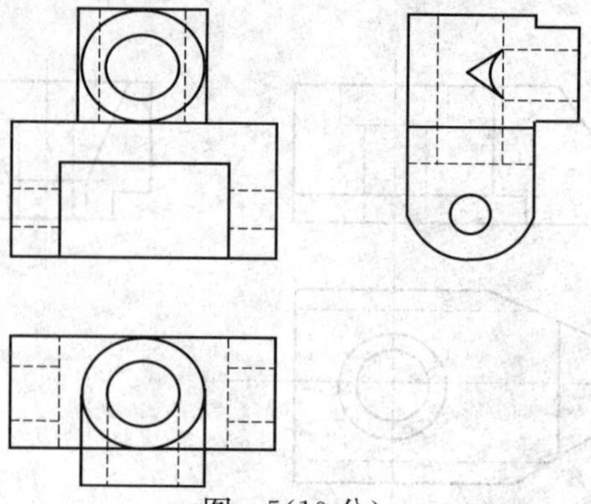

图 5(10分)

6. 答:(1)231系列:单腔下吸式,主要型号有231A2G,231A4G,231S,适用于各型载重车(2分)。

(2)SFQ583型:单腔下吸式,适用于各型载重车(2分)。

(3)216系列:双腔并动下吸式,主要型号有216A2,216A4,216A16,适用于各型越野车(2分)。

(4)SFQ593型:双腔分动,适用于中级小轿车(2分)。

(5)241A2型:四腔分动,适用于高级大型小轿车(2分)。

7. 答:(1)组成:空气压缩机、调压机构、贮气筒和双针气压表、气压过低报警装置、油水放出阀、取气阀、安全阀等部件(5分)。

(2)传动特点:采用双管路的布置和双腔制动阀,使彼此工作保持独立。采用调压机构即空气配套装置,保证气压在一定范围内。采用安全阀及报警装置保证气压管路工作可靠性,避免了管路中结冰堵塞以及锈蚀现象(5分)。

8. 答:组成部分:由怠速限止螺钉、限止块、怠速喷口、怠速调整螺钉、怠速过渡量孔、怠速室气量孔、怠速油道、怠速量孔等组成。

调整怠速:

(1)调整怠速时应首先使发动机工作正常,即点火系统．配气机构的工作必须正常(2分)。

(2)将阻风门全部打开,用起子将节气门开度调整螺钉旋出,使发动机达到最低转速不熄火为限(2分)。

(3)用起子旋入怠速调整螺钉,使发动机快要熄火,再慢慢地旋出,使其稳定运转并达到最高速,然后再将节气门开度调整螺钉旋出,达到最低转速不熄火为限(2分)。

(4)两个调整螺钉应互相配合,反复多次进行调整,达到节气门开度最小,发动机在最低稳定转速运转(2分)。

(5)调整后,提高发动机转速并突然关闭节气门,发动机不熄火并还能稳定运转为合适(2分)。

9. 答:(1)输油泵、体,手泵体均无裂损,活塞弹簧、止回阀弹簧的性能应符合原厂规定(2分)。

(2)输油泵活塞与泵体承孔、手泵活塞与泵体承孔的配合间隙应为0.005～0.025 mm,顶杆与顶杆套的配合间隙应为0.002～0.010 mm(4分)。装合后各部位应密封,运转无卡滞和漏油现象,当转速在620 r/min以上时,油压应不底于147 kPa,当转速为750 r/min时,工作油压为 200 kPa，输油泵应能连续供油，供油应不低于 2 500 mL/min(4 分)。

10. 答:(1)活塞环外周应与缸壁密切接触，活塞环在缸内漏光度在圆周上不得大于 30°，在同一根环上不得超过两处，其漏隙不得超过 0.03 mm(2 分)。

(2)装配时，应注意环不可装反，装入后，能活动自由，配合间隙应符合规定(2 分)。

(3)环表面不允许有裂纹、气孔、疏松、黑斑、伤痕等缺陷(2 分)。

(4)环弹性系数、拉弯强度、硬度应符合规定要求(2 分)。

(5)装配时，开口位置应符合要求(2 分)。

11. 答:(1)原因:变速器内缺油或润滑油变质，轴承磨损松旷，齿轮牙齿和轴上键槽严重磨损，使其配合间隙过大，齿面金属剥落(5 分)。

(2)判断排除:若汽车行驶中有金属摩擦声，应加润滑油或检查润滑油。空挡时有异响，踏下离合器踏板后声音消失，为第一轴轴承磨损或常啮合齿响。如换入任何挡都响，多为第二轴轴承响，齿轮或轴承损坏应予更换(5 分)。

12. 答:雪和泥泞的抗剪切强度很低，剪切下的雪、泥填满轮胎凹纹，附着系数 $\varphi$ 很小，易打滑，尽管汽车在雪泥路上行驶的阻力并不大，驱动力因受到很小附着力的限制而不能进一步增加到足以克服行驶阻力，汽车不能不减速甚至停车(5 分)。为了增大附着力，使汽车驱动力增加到能够克服行驶阻力，汽车在积雪泥泞路面上行驶时，往往要在驱动车轮上绕装防滑链，链条深嵌入路面后，能使附着系数和附着力显著增加，从而使汽车顺利通过(5 分)。

13. 答:(1)HT20-40 灰口铸铁抗拉强度 200 N/mm$^2$，抗弯强度 400 N/mm$^2$(4 分)。

(2)20Cr 合金结构钢抗拉强度为 850 N/mm$^2$。

屈服应力为 550 N/mm$^2$ 伸长率为 10%，收缩率为 40%，冲击韧性为 60 N/mm$^2$(3 分)。

(3)45 优质碳素钢抗拉强度为 610 N/mm$^2$，屈服点为 360 N/mm$^2$，伸长率为 16%，收缩率为 40%，冲击值为 50 N/mm$^2$(3 分)。

14. 答:因为一些折面变化较大，形成复杂的铸件，在冷却过程中，由于各部件冷却速度不同，收缩情况不一样，所以金属内部常存在着不同程度的应力，因此精度要求高的铸件，在机械加工之前通常都要进行一次消除内应力处理——时效(4 分)

时效处理的方法:有人工时效、自然时效两种(2 分)。

自然时效可降低内应力的 20%～30%，时间长，效果差(2 分)。

人工时效可降低内应力的 60%以上，效果较好(2 分)。

15. 答:(1)气缸充气量减少，发动机的功率降低(2 分)。

(2)燃烧不正常，易产生早燃和爆燃，使发动机功率下降，并使机件承受额外的冲击负荷，而造成早期损坏(4 分)。

(3)运动机件可能因受热膨胀而破坏正常间隙，使机件不能正常运行(2 分)。

(4)润滑油在高温下黏度变小且容易使润滑油膜破坏，造成“拉缸、烧瓦”等事故(2 分)。

16. 答:进气门早开迟闭的目的是:使更多的新鲜混合气或空气进入气缸，提高充气效率，从而增加发动机功率，改善发动机经济性，具体说:

(1)可以增加进气时间(1 分);

(2)早开可保证在活塞达到上止点时气门有最大开度，保证混合气或空气进入气缸的量增多(1 分);

(3)迟关，可以利用进气惯性增加进入气缸的混合气或空气数量(1 分)。

排气门早开迟闭目的使废气排除干净,从而提高充气效率,具体说:

(1)早开可利用余压先排出部分废气,使气缸内压力及早降低(1 分);

(2)由于早开,废气自行排出,从而使气缸内压力降低,减少活塞上行的阻力(2 分);

(3)早开可迅速降温,防止发动机过热(2 分);

(4)迟闭利用废气惯性,使部分废气迅速排出(2 分)。

17. 答:如图 6 所示,L 形燃烧室火焰传播距离长,没有挤气涡流生成,火焰传播速度低,燃烧初期的火焰面积小,因此,其工作平稳,爆振倾向小,对燃烧室的制造加工较容易(5 分)。

盆形燃烧室有利于火焰传播,利用活塞顶的挤气作用而有涡流产生,使可燃混合气而趋均匀,有利于可燃混合气的空气燃烧,节省燃油,但盆形燃烧室的容积不能很大,它受发动机长度限制(5 分)。

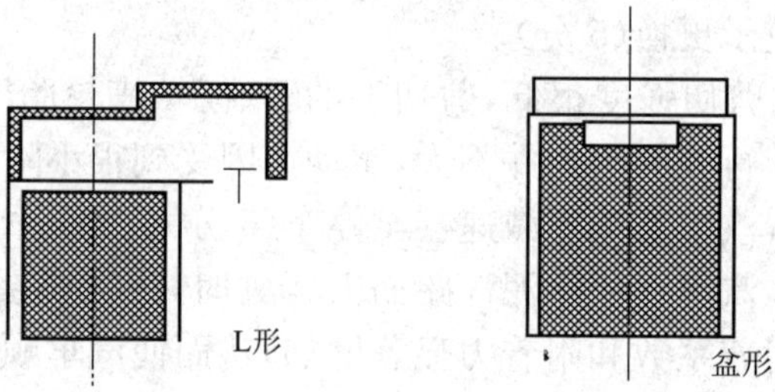


图 6

18. 答:如图 7 所示,ω 形燃烧室对吸入的气体有形成涡流的作用,即被吸入燃烧室的气体在惯性力作用下有一定的流速,而 ω 形燃烧室壁对气流有导向作用,于是形成了涡流(5 分)。另外,ω 形燃烧室开口处较小,在活塞上行时,有明显的挤气作用,将气全挤到 ω 形燃烧室内,挤气气流的流速较大,可将废气排除得较干净,新鲜空气吸入得较多,柴油雾化混合较均匀,气体被加热的机会更多,使混合气体容易被压爆,降低了对供油系统的要求,同时也降低了最高燃烧压力的增长速度,发动机工作柔和,而且热效率较高(5 分)。

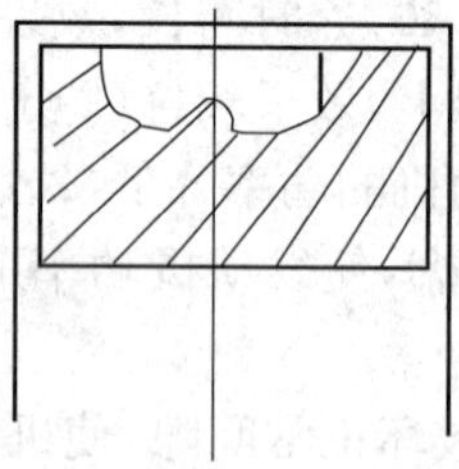

ω形燃烧室

图 7

19. 答:有如下现象:

(1)严重漏气,响声类似敲缸声(2 分)。

(2)在加机油口听响声特别清晰并有大量气体冒出,将机油口盖好后,声音显然减弱(2 分)。

原因:

(1)活塞环弹性过弱或缸壁有沟槽(2分)。

(2)活塞环开口对口(2分)。

(3)活塞环质量不好或失圆等(2分)。

20. 答:应注意以下几点:

(1)活塞的修理尺寸应和气缸的修理尺寸相同(2分);

(2)检查外观应无缺陷(2分);

(3)应检查活塞裙部圆度和圆柱度误差不得超过允许范围(2分);

(4)同一台发动机需用同一厂牌的活塞,使材质和膨胀系数保持一致(2分);

(5)同组活塞的质量差应不大于8 g(2分)。

21. 答:应用直径小于导管外径1~1.5 mm具有台阶的冲子(头),用压床或手锤,将旧导管从压入时相反方向压出(5分)。

检查气门导管承孔圆度和圆柱度公差应不大于0.01 mm,清洁承孔及导管后,将选定的新导管外壁涂上一层机油,用冲头冲入或压力机压入导管承孔内至规定的位置(5分)。

22. 答:根据气门杆直径来铰削气门导管内孔将导管专用铰刀放入导管孔内,用扳钳夹住刀柄,双手用均等力顺时针方向转动刀杆,开始时应严格掌握铰刀方向不可偏斜,每次绞削量为0.03~0.04 mm,一直调铰至所需配合尺寸(10分)。

23. 答:其原因有:

(1)混合气过稀(2分);(2)喷管堵塞(2分);(3)主量孔堵阻或调节针调整不当(2分);(4)节气阀轴磨损过甚而松旷(2分);(5)油门拉杆调整不当,节气阀不能全开(2分)。

24. 答:某挡发响,应检查该挡齿轮,空挡响应检查常啮齿轮,无负荷不响有负荷发响,则大多数是由于轴承松旷所致,当齿轮啮合、磨损均良好时,应检查操纵机构的装配和壳体变形的情况(10分)。

25. 答:当后桥制动管路破裂时,由于制动控制阀中的后桥腔室平衡气室无气压,相应的该端平衡臂下移至消除两用阀内腔和密封柱部的间隙后,便以此为支点使平衡臂另一端下移而推开前腔室的进气阀,使压缩空气进入前制动气室,即使前轮产生制动(10分)。

26. 答:转向盘自由行程就是指不使转向轮发生偏转而转向盘所能转过的角度(2分),其过大的主要原因有以下几方面:

(1)转向器传动副啮合间隙过大(2分);

(2)转向传动机构各部连接松旷(2分);

(3)转向节主销与衬套的配合间隙过大(2分);

(4)转向轮的轮毂轴承松旷(2分)。

27. 答:出现上述现象的原因有:火花塞绝缘体有裂纹,击穿跑电,火花塞电极间隙过大。在增加负荷时,压缩终了的压力就增加,随之电极间跳火的阻力增大,因此,火花跳不过或从跑电处漏过形成断火(10分)。

28. 答:排黑烟的原因:

(1)喷油时间过早(0.5分);

(2)喷油泵喷油量过大(0.5分);

(3)喷油泵各缸喷油不均(0.5分);

(4)喷油嘴雾化不良(0.5分);

(5)负荷过大(1 分);

(6)调速器失效而喷油过多,最大油量限止螺钉调整不当(1 分);

(7)柱塞在调整时改变了原位,加大喷油量而冒黑烟(1 分);

(8)空气滤清器堵塞(1 分)。

排白烟的原因:

(1)喷油时间过迟(1 分);

(2)喷油各缸间隙角度不一致(1 分);

(3)喷油嘴喷油时的滴油,雾化不良,喷油压力低,而使燃油没有得到完全燃烧而排出(1 分);

(4)燃料系中有水或空气(1 分)。

29. 答:(1)发动机过热或因缺水而温度过高,当时即加冷水,使温度急速下降而崩裂(4 分)。

(2)发动机没有加水,而发动车辆时间过长,温度升高各加冷水,也容易崩裂(4 分)。

(3)冬季寒冷,停放车辆时间较长,没有将冷却水放掉,致缸体冻裂(2 分)。

30. 答:(1)发动机过热(1 分)。

(2)机油不足(1 分)。

(3)活塞与缸壁配合间隙不当(1 分)。

(4)活塞膨胀过大而咬住拉伤(1 分)。

(5)活塞环折断而拉伤气缸(2 分)。

(6)活塞销卡簧脱掉,而活塞销窜出,把气缸拉伤(2 分)。

(7)装配时,清洗不干净,活塞与缸壁间夹有沙粒、铁屑等,也容易拉伤气缸(2 分)。

31. 答:已知 $S=11.5$ cm,$D=10$ cm,$i=6$

$V_{总}=(\pi D^2 S \cdot i)/(4\times 10^3)$

$=(3.14\times 10^2\times 11.5\times 6)/(4\times 10^3)$

$=5.416\ 5$(L)(5 分)

答:发动机的排量为 5.416 5 L。(5 分)

32. 答:已知:$Vn=5.42$ L,$\varepsilon=7$

$\varepsilon=V_a/V_c=V_n/V_c+1$

$V_c=V_n/(\varepsilon-1)=5.42/(7-1)=0.903\ 3$(L)(8 分)

答:燃烧室容积为 0.903 3 升。(2 分)

33. 答:已知 $L=50.3$ m

$L=2\pi r$

$r=L/(2\pi)=50.3/(2\times 3.14)=8$(m)(8 分)

答:该车的最小转弯半径为 8 m。(2 分)

34. 答:已知:$D=600$ mm,$r=(1/2)\times 600=300$ mm,$\theta=20°$

$L=\pi r\theta/180=3.14\times 300\times 20/180=104.7$ mm(5 分)

供油提前角位置到上止点/(1—6)缸刻线的弧长是 104.7 mm,并在飞轮圆周长上止点/(1—6)缸刻线逆曲轴旋转方向量取 104.7 mm 的弧长,并刻出供油提前角刻度线(5 分)。

35. 答:上偏差=最大极限尺寸—基本尺寸

=50.08−50=0.08(mm)(4 分)

下偏差=最小极限尺寸−基本尺寸

=49.92−50=0.08(mm)(2 分)

公差=最大极限尺寸−最小极限尺寸

=50.08−49.92=0.16(mm)(2 分)

答:轴的上下偏差均为 0.08 mm,公差为 0.16 mm。(2 分)

# 汽车修理工(初级工)技能操作考核框架

## 一、框架说明

1. 依据《国家职业标准》注，以及中国中车确定的“岗位个性服从于职业共性”的原则，提出汽车修理工(初级工)技能操作考核框架(以下简称:技能考核框架)。

2. 本职业等级技能操作考核评分采用百分制。即:满分为 100 分，60 分为及格，低于 60 分为不及格。

3. 实施“技能考核框架”时，考核制件(活动)命题可以选用本企业的加工件(活动项目)，也可以结合实际另外组织命题。

4. 实施“技能考核框架”时，考核的时间和场地条件等应依据《国家职业标准》，并结合企业实际确定。

5. 实施“技能考核框架”时，其“职业功能”的分类按以下要求确定:

(1)“汽车二级维护作业”属于本职业等级技能操作的核心职业活动，其“项目代码”为“E”。

(2)“汽车一级维护作业”、“简单故障排除”属于本职业等级技能操作的辅助性活动，其“项目代码”分别为“D”和“F”。

6. 实施“技能考核框架”时，其“鉴定项目”和“选考数量”按以下要求确定:

(1)按照《国家职业标准》有关技能操作鉴定比重的要求，本职业等级技能操作考核制件的“鉴定项目”应按“D”+“E”+“F”组合，其考核配分比例相应为:“D”占 15 分，“E”占 55 分，“F”占 30 分。

(2)依据中国中车确定的“核心职业活动选取 2/3，并向上取整”的规定，在“E”类鉴定项目——“汽车二级维护作业”的全部 3 项中，至少选取 2 项。

(3)依据中国中车确定的“其余‘鉴定项目’的数量可以任选”的规定，“D”和“F”类鉴定项目——“汽车一级维护作业”、“简单故障排除”中，至少分别选取 1 项。

(4)依据中国中车确定的“确定‘选考数量’时，所涉及‘鉴定要素’的数量占比，应不低于对应‘鉴定项目’范围内‘鉴定要素’总数的 60%，并向上取整”的规定，考核制件(活动)的鉴定要素“选考数量”应按以下要求确定:

①在“D”类“鉴定项目”中，在已选定的 1 个鉴定项目中，至少选取已选鉴定项目所对应的全部鉴定要素的 60%项，并向上保留整数。

②在“E”类“鉴定项目”中，在已选定的至少 2 个鉴定项目所包含的全部鉴定要素中，至少选取总数的 60%项，并向上保留整数。

③在“F”类“鉴定项目”中，在已选定的至少 1 个鉴定项目中，至少选取已选鉴定项目所对应的全部鉴定要素的 60%项，并向上保留整数。

举例分析:

按照上述"第 6 条"要求,若命题时按最少数量选取,即:在"D"类鉴定项目中的选取了"一级维护作业"1 项,在"E"类鉴定项目中选取了"二级维护作业"、"汽车的小修作业"2 项,在"F"类鉴定项目中选取了"诊断与排除汽油发动机油路、电路的简单故障"1 项,则:

此考核制件所涉及的"鉴定项目"总数为 4 项,具体包括:"一级维护作业","二级维护作业","汽车的小修作业","诊断与排除汽油发动机油路、电路的简单故障";

此考核制件所涉及的鉴定要素"选考数量"相应为 10 项,具体包括:"一级维护作业"鉴定项目包含的全部 5 个鉴定要素中的 3 项,"二级维护作业"、"汽车的小修作业"2 个鉴定项目包括的全部 8 个鉴定要素中的 5 项,"诊断与排除汽油发动机油路、电路的简单故障"鉴定项目包含的全部 2 个鉴定要素。

7. 本职业等级技能操作需要两人及以上共同作业的,可由鉴定组织机构根据"必要、辅助"的原则,结合实际情况确定协助人员的数量。在整个操作过程中,协助人员只能起必要、简单的辅助作用。否则,每违反一次,至少扣减应考者的技能考核总成绩 10 分,直至取消其考试资格。

8. 实施"技能考核框架"时,应同时对应考者在质量、安全、工艺纪律、文明生产等方面行为进行考核。对于在技能操作考核过程中出现的违章作业现象,每违反一项(次)至少扣减技能考核总成绩 10 分,直至取消其考试资格。

注:按照中国中车规定,各《职业技能操作考核框架》的编制依据现行的《国家职业标准》或现行的《行业职业标准》或现行的《中国中车职业标准》的顺序执行。

## 二、汽车修理工(初级工)技能操作鉴定要素细目表

| 职业功能 | 鉴定项目 | | | | 鉴定要素 | | |
|---|---|---|---|---|---|---|---|
| | 项目代码 | 名　　称 | 鉴定比重(%) | 选考方式 | 要素编码 | 名　　称 | 重要程度 |
| 汽车一级维护作业 | D | 一级维护作业 | 15 | 任 选 | 001 | 能正确使用常用工具,会使用扭矩扳手 | X |
| | | | | | 002 | 按车型要求完成润滑和补给作业 | X |
| | | | | | 003 | 按车型要求完成紧固作业 | X |
| | | | | | 004 | 按车型规定完成机油维护作业 | X |
| | | | | | 005 | 按车型规定完成空气和燃油滤清器维护作业 | X |
| 汽车二级维护作业 | E | 二级维护作业前的检查 | 55 | 至少选 2 项 | 001 | 能按车型、技术要求使用仪器进行检验与技术评定 | Y |
| | | | | | 002 | 能按车型、技术要求确定维护作业中的小修项目 | X |
| | | 二级维护作业 | | | 001 | 能按车型技术要求及检验结果完成调整气门间隙 | Y |
| | | | | | 002 | 能按车型技术要求及检验结果调整怠速 | X |
| | | | | | 003 | 能按车型技术要求及检验结果调整点火正时 | X |
| | | | | | 004 | 能按车型技术要求及检验结果调整离合器踏板自由行程作业 | X |
| | | | | | 005 | 能按车型技术要求及检验结果能检查和调整汽车前轮前束 | X |
| | | | | | 006 | 能按车型技术要求及检验结果调整车轮制动器的制动间隙 | X |
| | | 汽车的小修作业 | | | 001 | 能完成更换气门导管、气门座圈等小修作业 | X |
| | | | | | 002 | 能更换气缸垫、铰削转向节主销衬套 | X |

续上表

| 职业功能 | 鉴定项目 | | | | 鉴定要素 | | |
|---|---|---|---|---|---|---|---|
| | 项目代码 | 名　称 | 鉴定比重（%） | 选考方式 | 要素编码 | 名　称 | 重要程度 |
| 简单故障排除 | F | 诊断与排除汽油发动机油路、电路的简单故障 | 30 | 任选 | 001 | 能诊断与排除一般油路的故障 | X |
| | | | | | 002 | 能诊断与排除一般电路的故障 | X |
| | | 诊断与排除汽车底盘的简单故障 | | | 001 | 能诊断与排除离合器的简单故障 | X |
| | | | | | 002 | 能诊断与排除变速器漏油 | X |
| | | | | | 003 | 能诊断与排除轮载轴承异响 | X |
| | | | | | 004 | 能诊断与排除制动过热 | X |

注：表中 X 表示核心要素，Y 表示一般要素，Z 表示辅助要素，下同。

中国中车
CRRC

# 汽车修理工(初级工)
# 技能操作考核样题与分析

职 业 名 称：____________________

考 核 等 级：____________________

存 档 编 号：____________________

考核站名称：____________________

鉴定责任人：____________________

命题责任人：____________________

主管负责人：____________________

中国中车股份有限公司劳动工资部制

**职业技能鉴定技能操作考核制件图示或内容**

解放汽车发动机打不着火，无法启动，请分析原因，并解决。

| | |
|---|---|
| 职业名称 | 汽车修理工 |
| 考核等级 | 初级工 |
| 试题名称 | 修车作业 |
| 材质等信息 | |

**职业技能鉴定技能操作考核准备单**

| 职业名称 | 汽车修理工 |
|---|---|
| 考核等级 | 初级工 |
| 试题名称 | 修车作业 |

## 一、材料准备

1. 车辆所用场地。
2. 待修车辆。

## 二、设备、工、量、卡具准备清单

| 序号 | 名　称 | 规　格 | 数量 | 备　注 |
|---|---|---|---|---|
| 1 | 对讲机 | | 1 | |
| 2 | 安全带 | | 1 | |
| 3 | 修车专用工具 | | 1 | |

## 三、考场准备

1. 相应的公用设备、设备与器具的润滑与冷却等。
2. 相应的场地及安全防范措施。
3. 其他准备。

## 四、考核内容及要求

1. 考核内容(按考核制件图示及要求制作)。
2. 考核时限
3. 考核评分(表)

**修车作业考核评分表**

编号：　　　　　　　　　　　　得分：

| 考核项目 | 考核内容 | 配分 | 评分标准 | 扣分说明 | 得分 |
|---|---|---|---|---|---|
| 一级维护作业 | 能正确使用常用工具,会使用扭矩扳手 | 5 | 未正确使用常用工具扣5分 | | |
| | 按车型要求完成紧固作业 | 5 | 未完成紧固作业扣5分 | | |
| | 按车型规定完成机油维护作业 | 3 | 未完成机油维护作业扣5分 | | |
| | 按车型规定完成空气和燃油滤清器维护作业 | 2 | 未完成空气和燃油滤清器维护作业扣5分 | | |
| 二级维护作业前的检查 | 能按车型、技术要求使用仪器进行检验与技术评定 | 10 | 使用仪器未能检验与技术评定,每个项点扣3～5分 | | |
| | 能按车型、技术要求确定维护作业中的小修项目 | 15 | 未能确定维护作业中的小修项目扣15分 | | |
| 二级维护作业 | 能按车型技术要求及检验结果完成调整气门间隙 | 5 | 未能检验出结果扣5分,未能完成调整气门间隙扣5分 | | |
| | 能按车型技术要求及检验结果调整怠速 | 15 | 检验结果未能调整怠速扣15分 | | |
| | 能按车型技术要求及检验结果调整点火正时 | 10 | 检验结果未能调整点火正时扣10分 | | |

续上表

| 考核项目 | 考核内容 | 配分 | 评分标准 | 扣分说明 | 得分 |
|---|---|---|---|---|---|
| 诊断与排除汽油发动机油路、电路的简单故障 | 能诊断与排除一般油路的故障 | 10 | 未能排除一般油路的故障扣10分 | | |
| | 能诊断与排除一般电路的故障 | 20 | 未能排除一般电路的故障扣10分 | | |
| 质量、安全、工艺纪律、文明生产等综合考核项目 | 考核时限 | 不限 | 每超时10分钟，扣5分 | | |
| | 工艺纪律 | 不限 | 依据企业有关工艺纪律管理规定执行，每违反一次扣10分 | | |
| | 劳动保护 | 不限 | 依据企业有关劳动保护管理规定执行，每违反一次扣10分 | | |
| | 文明生产 | 不限 | 依据企业有关文明生产管理规定执行，每违反一次扣10分 | | |
| | 安全生产 | 不限 | 依据企业有关安全生产管理规定执行，每违反一次扣10分，有重大安全事故，取消成绩 | | |

**职业技能鉴定技能考核制件(内容)分析**

| | |
|---|---|
| 职业名称 | 汽车修理工 |
| 考核等级 | 初级工 |
| 试题名称 | 修车作业 |
| 职业标准依据 | 国家职业标准 |

试题中鉴定项目及鉴定要素的分析与确定

| 分析事项 \ 鉴定项目分类 | 基本技能“D” | 专业技能“E” | 相关技能“F” | 合计 | 数量与占比说明 |
|---|---|---|---|---|---|
| 鉴定项目总数 | 1 | 3 | 2 | 6 | 核心职业活动占比大于2/3 |
| 选取的鉴定项目数量 | 1 | 2 | 1 | 4 | |
| 选取的鉴定项目数量占比 | 100% | 66.7% | 50% | 66.7% | |
| 对应选取鉴定项目所包含的鉴定要素总数 | 5 | 8 | 2 | 15 | 鉴定要素数量占比大于60% |
| 选取的鉴定要素数量 | 4 | 5 | 2 | 11 | |
| 选取的鉴定要素数量占比 | 80% | 62.5% | 100% | 73.3% | |

所选取鉴定项目及相应鉴定要素分解与说明

| 鉴定项目类别 | 鉴定项目名称 | 国家职业标准规定比重(%) | 《框架》中鉴定要素名称 | 本命题中具体鉴定要素分解 | 配分 | 评分标准 | 考核难点说明 |
|---|---|---|---|---|---|---|---|
| D | 一级维护作业 | 15 | 能正确使用常用工具,会使用扭矩扳手 | 正确使用常用工具 | 5 | 正确操作 | 作业合规,时间符合 |
| | | | 按车型要求完成紧固作业 | 完成紧固作业 | 5 | 正确操作 | |
| | | | 按车型规定完成机油维护作业 | 完成机油维护作业 | 3 | 正确操作 | |
| | | | 按车型规定完成空气和燃油滤清器维护作业 | 完成空气和燃油滤清器维护作业 | 2 | 正确操作 | |
| E | 二级维护作业前的检查 | 55 | 能按车型、技术要求使用仪器进行检验与技术评定 | 使用仪器进行检验与技术评定 | 10 | 正确操作 | 作业合规,时间符合 |
| | | | 能按车型、技术要求确定维护作业中的小修项目 | 确定维护作业中的小修项目 | 15 | 正确操作 | |
| | 二级维护作业 | | 能按车型技术要求及检验结果完成调整气门间隙 | 检验结果完成调整气门间隙 | 5 | 正确操作 | |
| | | | 能按车型技术要求及检验结果调整怠速 | 检验结果调整怠速 | 15 | 正确操作 | |
| | | | 能按车型技术要求及检验结果调整点火正时 | 检验结果调整点火正时 | 10 | 正确操作 | |
| F | 诊断与排除汽油发动机油路、电路的简单故障 | 30 | 能诊断与排除一般油路的故障 | 排除一般油路的故障 | 10 | 正确操作 | 作业合规,时间符合 |
| | | | 能诊断与排除一般电路的故障 | 排除一般电路的故障 | 20 | 正确操作 | |
| 质量、安全、工艺纪律、文明生产等综合考核项目 | | | | 考核时限 | 不限 | 每超时10分钟,扣5分 | |
| | | | | 工艺纪律 | 不限 | 依据企业有关工艺纪律管理规定执行,每违反一次扣10分 | |

续上表

| 鉴定项目类别 | 鉴定项目名称 | 国家职业标准规定比重(%) | 《框架》中鉴定要素名称 | 本命题中具体鉴定要素分解 | 配分 | 评分标准 | 考核难点说明 |
| --- | --- | --- | --- | --- | --- | --- | --- |
| 质量、安全、工艺纪律、文明生产等综合考核项目 | | | | 劳动保护 | 不限 | 依据企业有关劳动保护管理规定执行,每违反一次扣10分 | |
| | | | | 文明生产 | 不限 | 依据企业有关文明生产管理规定执行,每违反一次扣10分 | |
| | | | | 安全生产 | 不限 | 依据企业有关安全生产管理规定执行,每违反一次扣10分,有重大安全事故,取消成绩 | |

# 汽车修理工(中级工)技能操作考核框架

**一、框架说明**

1. 依据《国家职业标准》注,以及中国中车确定的“岗位个性服从于职业共性”的原则,提出汽车修理工(中级工)技能操作考核框架(以下简称:技能考核框架)。

2. 本职业等级技能操作考核评分采用百分制。即:满分为 100 分,60 分为及格,低于 60 分为不及格。

3. 实施“技能考核框架”时,考核制件(活动)命题可以选用本企业的加工件(活动项目),也可以结合实际另外组织命题。

4. 实施“技能考核框架”时,考核的时间和场地条件等应依据《国家职业标准》,并结合企业实际确定。

5. 实施“技能考核框架”时,其“职业功能”的分类按以下要求确定:

(1)“汽车维修”属于本职业等级技能操作的核心职业活动,其“项目代码”为“E”。

(2)“汽车零件检测分类”、“汽车故障诊断排除”属于本职业等级技能操作的辅助性活动,其“项目代码”分别为“D”和“F”。

6. 实施“技能考核框架”时,其“鉴定项目”和“选考数量”按以下要求确定:

(1)按照《国家职业标准》有关技能操作鉴定比重的要求,本职业等级技能操作考核制件的“鉴定项目”应按“D”+“E”+“F”组合,其考核配分比例相应为:“D”占 10 分,“E”占 60 分,“F”占 30 分。

(2)依据中国中车确定的“核心职业活动选取 2/3,并向上取整”的规定,在“E”类鉴定项目——“汽车维修”的全部 3 项中,至少选取 2 项。

(3)依据中国中车确定的“其余‘鉴定项目’的数量可以任选”的规定,“D”和“F”类鉴定项目——“汽车零件检测分类”、“汽车故障诊断排除”中,至少分别选取 1 项。

(4)依据中国中车确定的“确定‘选考数量’时,所涉及‘鉴定要素’的数量占比,应不低于对应‘鉴定项目’范围内‘鉴定要素’总数的 60%,并向上取整”的规定,考核制件(活动)的鉴定要素“选考数量”应按以下要求确定:

①在“D”类“鉴定项目”中,在已选定的 1 个鉴定项目中,至少选取已选鉴定项目所对应的全部鉴定要素的 60%项,并向上保留整数。

②在“E”类“鉴定项目”中,在已选定的至少 2 个鉴定项目所包含的全部鉴定要素中,至少选取总数的 60%项,并向上保留整数。

③在“F”类“鉴定项目”中,在已选定的至少 1 个鉴定项目中,至少选取已选鉴定项目所对应的全部鉴定要素的 60%项,并向上保留整数。

举例分析:

按照上述“第 6 条”要求,若命题时按最少数量选取,即:在“D”类鉴定项目中的选取了“汽车零件检测分类”1项，在“E”类鉴定项目中选取了“汽车总成部门的检修”、“汽车总成竣工验收”2项，在“F”类鉴定项目中分别选取了“诊断与排除发动机和底盘异响”1项，则：

此考核制件所涉及的“鉴定项目”总数为4项，具体包括：“汽车零件检测分类”，“汽车总成部门的检修”，“汽车总成竣工验收”，“诊断与排除发动机和底盘异响”；

此考核制件所涉及的鉴定要素“选考数量”相应为17项，具体包括：“汽车零件检测分类”鉴定项目包含的全部4个鉴定要素中的3项，“汽车总成部门的检修”、“汽车总成竣工验收”2个鉴定项目包括的全部17个鉴定要素中的11项，“诊断与排除发动机和底盘异响”鉴定项目包含的全部4个鉴定要素中的3项。

7. 本职业等级技能操作需要两人及以上共同作业的，可由鉴定组织机构根据“必要、辅助”的原则，结合实际情况确定协助人员的数量。在整个操作过程中，协助人员只能起必要、简单的辅助作用。否则，每违反一次，至少扣减应考者的技能考核总成绩10分，直至取消其考试资格。

8. 实施“技能考核框架”时，应同时对应考者在质量、安全、工艺纪律、文明生产等方面行为进行考核。对于在技能操作考核过程中出现的违章作业现象，每违反一项(次)至少扣减技能考核总成绩10分，直至取消其考试资格。

注：按照中国中车规定，各《职业技能操作考核框架》的编制依据现行的《国家职业标准》或现行的《行业职业标准》或现行的《中国中车职业标准》的顺序执行。

## 二、汽车修理工(中级工)技能操作鉴定要素细目表

| 职业功能 | 鉴定项目 | | | | 鉴定要素 | | |
|---|---|---|---|---|---|---|---|
| | 项目代码 | 名称 | 鉴定比重(%) | 选考方式 | 要素编码 | 名称 | 重要程度 |
| 汽车零件检测分类 | D | 汽车零件检测分类 | 10 | 任选 | 001 | 能看懂较复杂的汽车零件图 | X |
| | | | | | 002 | 运用公差配合与技术测量的有关知识检测发动机、各总成的基础零件 | X |
| | | | | | 003 | 能对汽车零件进行检测、分类 | X |
| | | | | | 004 | 能分析典型零部件的损坏原因 | X |
| 汽车维修 | E | 汽车总成部门的检修 | 60 | 至少选2项 | 001 | 能够完成发动机缸体组件的装配与调整 | X |
| | | | | | 002 | 能够完成缸盖组件的装配与调整 | X |
| | | | | | 003 | 能够完成离合器的装配与调整 | X |
| | | | | | 004 | 能够完成发动机配气机构的装配与调整 | X |
| | | | | | 005 | 能够完成鼓式制动器的装配与调整 | X |
| | | | | | 006 | 能够完成盘式制动器的装配与调整 | X |
| | | | | | 007 | 能够完成变速器的分解、组装与调试 | X |
| | | | | | 008 | 能够完成主减速器、差速器的分解、组装与调整 | X |
| | | | | | 009 | 能够完成转向器的检测与维修 | X |
| | | | | | 010 | 能够完成启动机的检测与维修 | X |
| | | | | | 011 | 能够完成交流发电机的检测与维修 | X |
| | | | | | 012 | 能够完成空调系统的检测与调整 | X |

续上表

<table>
<tr><td rowspan="2">职业功能</td><td colspan="4">鉴定项目</td><td colspan="3">鉴定要素</td></tr>
<tr><td>项目代码</td><td>名 称</td><td>鉴定比重(%)</td><td>选考方式</td><td>要素编码</td><td>名 称</td><td>重要程度</td></tr>
<tr><td rowspan="6">汽车维修</td><td rowspan="6">E</td><td>总成的大修</td><td rowspan="20"></td><td rowspan="6">至少选2项</td><td>001</td><td>能独立完成发动机及底盘各总成大修</td><td>X</td></tr>
<tr><td rowspan="5">汽车总成竣工验收</td><td>001</td><td>能对发动机、变速器、主减速器等总成进行竣工验收</td><td>X</td></tr>
<tr><td>002</td><td>能对发动机尾气排放进行检测与调试</td><td>X</td></tr>
<tr><td>003</td><td>能对发电机进行竣工验收</td><td>X</td></tr>
<tr><td>004</td><td>能对启动机进行竣工验收</td><td></td></tr>
<tr><td>005</td><td>能对空调进行竣工验收</td><td></td></tr>
<tr><td rowspan="14">汽车故障诊断排除</td><td rowspan="14">F</td><td rowspan="4">诊断与排除发动机和底盘异响</td><td rowspan="14">任选</td><td>001</td><td>能诊断和排除发动机异响</td><td>X</td></tr>
<tr><td>002</td><td>能诊断和排除万向传动装置异响障</td><td>X</td></tr>
<tr><td>003</td><td>能诊断和排除变速器异响</td><td>X</td></tr>
<tr><td>004</td><td>能诊断和排除差速器异响</td><td>X</td></tr>
<tr><td rowspan="8">诊断与排除汽车发动机燃料供给系和点火系的综合故障</td><td>001</td><td>能诊断与排除化油器式发动机油耗过高故障</td><td>X</td></tr>
<tr><td>002</td><td>能诊断与排除发动机点火系高、低压电路故障</td><td>X</td></tr>
<tr><td>003</td><td>能诊断与排除化油器式发动机启动困难故障</td><td>X</td></tr>
<tr><td>004</td><td>能诊断与排除化油器式发动机转速不稳故障</td><td>X</td></tr>
<tr><td>005</td><td>能诊断与排除电控喷射汽油发动机油耗过高故障</td><td>X</td></tr>
<tr><td>006</td><td>能诊断与排除电控喷射汽油发动机启动困难故障</td><td>X</td></tr>
<tr><td>007</td><td>能诊断与排除电控喷射汽油发动机运转不稳故障</td><td>X</td></tr>
<tr><td>008</td><td>能诊断与排除柴油发动机启动困难、运转不稳等故障</td><td>X</td></tr>
<tr><td rowspan="2">运用仪器仪表对车辆进行检测</td><td>001</td><td>能对发动机点火提前角进行检测</td><td>X</td></tr>
<tr><td>002</td><td>能对电控喷射汽油发动机的燃油压力进行检测</td><td>X</td></tr>
</table>

注：鉴定比重列中 E、F 两项合并为一格，印有"30"。

中国中车
CRRC

# 汽车修理工(中级工)
# 技能操作考核样题与分析

职 业 名 称：________________

考 核 等 级：________________

存 档 编 号：________________

考核站名称：________________

鉴定责任人：________________

命题责任人：________________

主管负责人：________________

中国中车股份有限公司劳动工资部制

**职业技能鉴定技能操作考核制件图示或内容**

解放汽车制动器失灵,发动机异响,请分析原因,并解决。

| | |
|---|---|
| 职业名称 | 汽车修理工 |
| 考核等级 | 中级工 |
| 试题名称 | 修车作业 |
| 材质等信息 | |

**职业技能鉴定技能操作考核准备单**

| | |
|---|---|
| 职业名称 | 汽车修理工 |
| 考核等级 | 中级工 |
| 试题名称 | 修车作业 |

## 一、材料准备

1. 车辆所用场地。
2. 待修车辆。

## 二、设备、工、量、卡具准备清单

| 序号 | 名　称 | 规　格 | 数量 | 备　注 |
|---|---|---|---|---|
| 1 | 对讲机 | | 1 | |
| 2 | 安全带 | | 1 | |
| 3 | 修车专用工具 | | 1 | |

## 三、考场准备

1. 相应的公用设备、设备与器具的润滑与冷却等。
2. 相应的场地及安全防范措施。
3. 其他准备。

## 四、考核内容及要求

1. 考核内容(按考核制件图示及要求制作)
2. 考核时限
3. 考核评分(表)

**修车作业考核评分表**

编号：　　　　　　　　　　　　得分：

| 考核项目 | 考核内容 | 配分 | 评分标准 | 扣分说明 | 得分 |
|---|---|---|---|---|---|
| 汽车零件检测分类 | 能看懂较复杂的汽车零件图 | 2 | 未能看懂汽车零件图扣2分 | | |
| | 运用公差配合与技术测量的有关知识检测发动机、各总成的基础零件 | 3 | 未能完成检测发动机、各总成的基础零件扣3分 | | |
| | 能对汽车零件进行检测、分类 | 2 | 未能完成检测汽车零件扣2分 | | |
| | 能分析典型零部件的损坏原因 | 3 | 未能分析损坏原因扣3分 | | |
| 汽车总成部门的检修 | 能够完成发动机缸体组件的装配与调整 | 5 | 未能完成发动机缸体组件的装配与调整扣5分 | | |
| | 能够完成缸盖组件的装配与调整 | 5 | 未能完成缸盖组件的装配与调整扣5分 | | |
| | 能够完成离合器的装配与调整 | 5 | 未能完成离合器的装配与调整扣5分 | | |
| | 能够完成发动机配气机构的装配与调整 | 5 | 未能完成发动机配气机构的装配与调整扣5分 | | |

续上表

| 考核项目 | 考核内容 | 配分 | 评分标准 | 扣分说明 | 得分 |
|---|---|---|---|---|---|
| 汽车总成部门的检修 | 能够完成鼓式制动器的装配与调整 | 5 | 未能完成鼓式制动器的装配与调整扣5分 | | |
| | 能够完成盘式制动器的装配与调整 | 5 | 未能完成盘式制动器的装配与调整扣5分 | | |
| | 能够完成变速器的分解、组装与调试 | 6 | 未能完成变速器的分解、组装与调试扣6分 | | |
| | 能够完成主减速器、差速器的分解、组装与调整 | 7 | 未能完成主减速器、差速器的分解、组装与调整扣7分 | | |
| | 能够完成转向器的检测与维修 | 7 | 未能完成转向器的检测与维修扣7分 | | |
| 汽车总成竣工验收 | 能对发动机、变速器、主减速器等总成进行竣工验收 | 5 | 未能完成发动机、变速器、主减速器等总成进行竣工验收每项扣5分 | | |
| 诊断与排除发动机和底盘异响 | 能诊断和排除发动机异响 | 5 | 未能完成诊断和排除发动机异响扣5分 | | |
| | 能诊断和排除万向传动装置异响障 | 5 | 未能完成诊断和排除万向传动装置异响障扣5分 | | |
| | 能诊断和排除变速器异响 | 5 | 未能完成诊断和排除变速器异响扣5分 | | |
| | 能诊断和排除差速器异响 | 5 | 未能完成诊断和排除差速器异响扣5分 | | |
| 运用仪器仪表对车辆进行检测 | 能对发动机点火提前角进行检测 | 5 | 未能完成对发动机点火提前角进行检测扣5分 | | |
| | 能对电控喷射汽油发动机的燃油压力进行检测 | 5 | 未能完成对电控喷射汽油发动机的燃油压力进行检测扣5分 | | |
| 质量、安全、工艺纪律、文明生产等综合考核项目 | 考核时限 | 不限 | 每超时10分钟,扣5分 | | |
| | 工艺纪律 | 不限 | 依据企业有关工艺纪律管理规定执行,每违反一次扣10分 | | |
| | 劳动保护 | 不限 | 依据企业有关劳动保护管理规定执行,每违反一次扣10分 | | |
| | 文明生产 | 不限 | 依据企业有关文明生产管理规定执行,每违反一次扣10分 | | |
| | 安全生产 | 不限 | 依据企业有关安全生产管理规定执行,每违反一次扣10分,有重大安全事故,取消成绩 | | |

**职业技能鉴定技能考核制件(内容)分析**

| 职业名称 | 汽车修理工 | | | | |
|---|---|---|---|---|---|
| 考核等级 | 中级工 | | | | |
| 试题名称 | 修车作业 | | | | |
| 职业标准依据 | 国家职业标准 | | | | |
| 试题中鉴定项目及鉴定要素的分析与确定 | | | | | |
| 鉴定项目分类<br>分析事项 | 基本技能“D” | 专业技能“E” | 相关技能“F” | 合计 | 数量与占比说明 |
| 鉴定项目总数 | 1 | 3 | 3 | 7 | 核心职业活动占比大于2/3 |
| 选取的鉴定项目数量 | 1 | 2 | 2 | 5 | |
| 选取的鉴定项目数量占比 | 100% | 66.7% | 66.67% | 71.43% | |
| 对应选取鉴定项目所包含的鉴定要素总数 | 4 | 17 | 6 | 27 | 鉴定要素数量占比大于60% |
| 选取的鉴定要素数量 | 4 | 11 | 6 | 19 | |
| 选取的鉴定要素数量占比 | 100% | 64.7% | 100% | 70.37% | |

所选取鉴定项目及相应鉴定要素分解与说明

| 鉴定项目类别 | 鉴定项目名称 | 国家职业标准规定比重(%) | 《框架》中鉴定要素名称 | 本命题中具体鉴定要素分解 | 配分 | 评分标准 | 考核难点说明 |
|---|---|---|---|---|---|---|---|
| D | 汽车零件检测分类 | 10 | 能看懂较复杂的汽车零件图 | 看懂汽车零件图 | 2 | 正确操作 | 作业合规,时间符合 |
| | | | 运用公差配合与技术测量的有关知识检测发动机、各总成的基础零件 | 检测发动机、各总成的基础零件 | 3 | 正确操作 | |
| | | | 能对汽车零件进行检测、分类 | 检测汽车零件 | 2 | 正确操作 | |
| | | | 能分析典型零部件的损坏原因 | 分析损坏原因 | 3 | 正确操作 | |
| E | 汽车总成部门的检修 | 60 | 能够完成发动机缸体组件的装配与调整 | 发动机缸体组件的装配与调整 | 5 | 正确操作 | 作业合规,时间符合 |
| | | | 能够完成缸盖组件的装配与调整 | 缸盖组件的装配与调整 | 5 | 正确操作 | |
| | | | 能够完成离合器的装配与调整 | 离合器的装配与调整 | 5 | 正确操作 | |
| | | | 能够完成发动机配气机构的装配与调整 | 发动机配气机构的装配与调整 | 5 | 正确操作 | |
| | | | 能够完成鼓式制动器的装配与调整 | 鼓式制动器的装配与调整 | 5 | 正确操作 | |
| | | | 能够完成盘式制动器的装配与调整 | 盘式制动器的装配与调整 | 5 | 正确操作 | |
| | | | 能够完成变速器的分解、组装与调试 | 变速器的分解、组装与调试 | 6 | 正确操作 | |
| | | | 能够完成主减速器、差速器的分解、组装与调整 | 主减速器、差速器的分解、组装与调整 | 7 | 正确操作 | |
| | | | 能够完成转向器的检测与维修 | 转向器的检测与维修 | 7 | 正确操作 | |

续上表

| 鉴定项目类别 | 鉴定项目名称 | 国家职业标准规定比重(%) | 《框架》中鉴定要素名称 | 本命题中具体鉴定要素分解 | 配分 | 评分标准 | 考核难点说明 |
|---|---|---|---|---|---|---|---|
| E | 汽车总成竣工验收 | | 能对发动机、变速器、主减速器等总成进行竣工验收 | 发动机、变速器、主减速器等总成进行竣工验收 | 5 | 正确操作 | 作业合规，时间符合 |
| | | | 能对空调进行竣工验收 | 能对空调进行竣工验收 | 5 | 正确操作 | |
| F | 诊断与排除发动机和底盘异响 | 30 | 能诊断和排除发动机异响 | 诊断和排除发动机异响 | 5 | 正确操作 | 作业合规，时间符合 |
| | | | 能诊断和排除万向传动装置异响障 | 诊断和排除万向传动装置异响障 | 5 | 正确操作 | |
| | | | 能诊断和排除变速器异响 | 诊断和排除变速器异响 | 5 | 正确操作 | |
| | | | 能诊断和排除差速器异响 | 诊断和排除差速器异响 | 5 | 正确操作 | |
| | 运用仪器仪表对车辆进行检测 | | 能对发动机点火提前角进行检测 | 对发动机点火提前角进行检测 | 5 | 正确操作 | |
| | | | 能对电控喷射汽油发动机的燃油压力进行检测 | 对电控喷射汽油发动机的燃油压力进行检测 | 5 | 正确操作 | |
| 质量、安全、工艺纪律、文明生产等综合考核项目 | | | | 考核时限 | 不限 | 每超时10分钟，扣5分 | |
| | | | | 工艺纪律 | 不限 | 依据企业有关工艺纪律管理规定执行，每违反一次扣10分 | |
| | | | | 劳动保护 | 不限 | 依据企业有关劳动保护管理规定执行，每违反一次扣10分 | |
| | | | | 文明生产 | 不限 | 依据企业有关文明生产管理规定执行，每违反一次扣10分 | |
| | | | | 安全生产 | 不限 | 依据企业有关安全生产管理规定执行，每违反一次扣10分，有重大安全事故，取消成绩 | |

# 汽车修理工(高级工)技能操作考核框架

**一、框架说明**

1. 依据《国家职业标准》注,以及中国中车确定的“岗位个性服从于职业共性”的原则,提出汽车修理工(高级工)技能操作考核框架(以下简称:技能考核框架)。

2. 本职业等级技能操作考核评分采用百分制。即:满分为100分,60分为及格,低于60分为不及格。

3. 实施“技能考核框架”时,考核制件(活动)命题可以选用本企业的加工件(活动项目),也可以结合实际另外组织命题。

4. 实施“技能考核框架”时,考核的时间和场地条件等应依据《国家职业标准》,并结合企业实际确定。

5. 实施“技能考核框架”时,其“职业功能”的分类按以下要求确定

(1)“汽车大修验收”属于本职业等级技能操作的核心职业活动,其“项目代码”为“E”。

(2)“汽车大修”、“解决汽车疑难故障”、“培训与指导”属于本职业等级技能操作的辅助性活动,其“项目代码”分别为“D”和“F”。

6. 实施“技能考核框架”时,其“鉴定项目”和“选考数量”按以下要求确定:

(1)按照《国家职业标准》有关技能操作鉴定比重的要求,本职业等级技能操作考核制件的“鉴定项目”应按“D”+“E”+“F”组合,其考核配分比例相应为:“D”占10分,“E”占60分,“F”占30分。

(2)依据中国中车确定的“核心职业活动选取2/3,并向上取整”的规定,在“E”类鉴定项目——“汽车大修验收”的全部3项中,至少选取2项。

(3)依据中国中车确定的“其余‘鉴定项目’的数量可以任选”的规定,“D”和“F”类鉴定项目——“汽车大修”、“解决汽车疑难故障”、“培训与指导”中,至少分别选取1项。

(4)依据中国中车确定的“确定‘选考数量’时,所涉及‘鉴定要素’的数量占比,应不低于对应‘鉴定项目’范围内‘鉴定要素’总数的60%,并向上取整”的规定,考核制件(活动)的鉴定要素“选考数量”应按以下要求确定:

①在“D”类“鉴定项目”中,在已选定的至少1个鉴定项目中,至少选取已选鉴定项目所对应的全部鉴定要素的60%项,并向上保留整数。

②在“E”类“鉴定项目”中,在已选定的至少2个鉴定项目所包含的全部鉴定要素中,至少选取总数的60%项,并向上保留整数。

③在“F”类“鉴定项目”中,对应“解决汽车疑难故障”,在已选定的至少1个鉴定项目中,至少选取已选鉴定项目所对应的全部鉴定要素的60%项,并向上保留整数。对应“培训与指导”,在已选定的至少1个鉴定项目中,至少选取已选鉴定项目所对应的全部鉴定要素的60%项,并向上保留整数。

举例分析：

按照上述“第6条”要求，若命题时按最少数量选取，即：在“D”类鉴定项目中的选取了“主持汽车整车或总成的大修”1项，在“E”类鉴定项目中选取了“接车验收”、“过程验收”2项，在“F”类鉴定项目中分别选取了“诊断发动机疑难故障”、“指导初级、中级工技能操作”2项，则：

此考核制件所涉及的“鉴定项目”总数为5项，具体包括：“主持汽车整车或总成的大修”，“接车验收”，“过程验收”，“诊断发动机疑难故障”，“指导初级、中级工技能操作”；

此考核制件所涉及的鉴定要素“选考数量”相应为8项，具体包括：“主持汽车整车或总成的大修”鉴定项目包含的全部2个鉴定要素，“接车验收”、“过程验收”2个鉴定项目包括的全部5个鉴定要素中的3项，“诊断发动机疑难故障”、“指导初级、中级工技能操作”鉴定项目包含的全部5个鉴定要素中的3项。

7. 本职业等级技能操作需要两人及以上共同作业的，可由鉴定组织机构根据“必要、辅助”的原则，结合实际情况确定协助人员的数量。在整个操作过程中，协助人员只能起必要、简单的辅助作用。否则，每违反一次，至少扣减应考者的技能考核总成绩10分，直至取消其考试资格。

8. 实施“技能考核框架”时，应同时对应考者在质量、安全、工艺纪律、文明生产等方面行为进行考核。对于在技能操作考核过程中出现的违章作业现象，每违反一项(次)至少扣减技能考核总成绩10分，直至取消其考试资格。

注：按照中国中车规定，各《职业技能操作考核框架》的编制依据现行的《国家职业标准》或现行的《行业职业标准》或现行的《中国中车职业标准》的顺序执行。

## 二、汽车修理工(高级工)技能操作鉴定要素细目表

<table>
<tr><th rowspan="2">职业功能</th><th colspan="4">鉴定项目</th><th colspan="3">鉴定要素</th></tr>
<tr><th>项目代码</th><th>名　称</th><th>鉴定比重(%)</th><th>选考方式</th><th>要素编码</th><th>名　称</th><th>重要程度</th></tr>
<tr><td rowspan="4">汽车大修</td><td rowspan="4">D</td><td rowspan="2">编制汽车各总成主要零部件的修理工艺卡</td><td rowspan="4">10</td><td rowspan="4">任选</td><td>001</td><td>能编制曲轴、汽缸体零件的修理工艺卡</td><td>X</td></tr>
<tr><td>002</td><td>能编制变速器壳体、差速器壳体等零件的修理工艺卡</td><td>X</td></tr>
<tr><td rowspan="2">主持汽车整车或总成的大修</td><td>001</td><td>能主持汽车发动机的大修作业</td><td>X</td></tr>
<tr><td>002</td><td>能主持汽车底盘及整车的大修作业</td><td>X</td></tr>
<tr><td rowspan="7">汽车大修验收</td><td rowspan="7">E</td><td rowspan="3">接车验收</td><td rowspan="7">60</td><td rowspan="7">任选</td><td>001</td><td>了解仪器、仪表</td><td>X</td></tr>
<tr><td>002</td><td>能使用仪器、仪表对送修车辆的技术状况进行检测</td><td>X</td></tr>
<tr><td>003</td><td>能使用仪器、仪表对送修车辆的技术状况进行检测，确定维修项目</td><td>X</td></tr>
<tr><td rowspan="2">过程验收</td><td>001</td><td>能使用量具、仪器、仪表检测已修复的零件</td><td>X</td></tr>
<tr><td>002</td><td>能按工艺规程监控维修质量</td><td>X</td></tr>
<tr><td rowspan="2">竣工验收</td><td>001</td><td>能根据竣工验收标准，会使用仪器、仪表</td><td>X</td></tr>
<tr><td>002</td><td>能根据竣工验收标准，使用仪器、仪表检测修竣车辆的质量</td><td>X</td></tr>
</table>

续上表

| 职业功能 | 鉴定项目 | | | | 鉴定要素 | | |
|---|---|---|---|---|---|---|---|
| | 项目代码 | 名　称 | 鉴定比重（%） | 选考方式 | 要素编码 | 名　称 | 重要程度 |
| 解决汽车疑难故障 | F | 诊断发动机疑难故障 | 30 | 任选 | 001 | 能用仪器检测、分析油耗超标等故障 | X |
| | | | | | 002 | 能用仪器检测、分析汽缸异常磨损等故障 | X |
| | | | | | 003 | 能用仪器检测、分析排放超标等故障 | X |
| | | 诊断底盘疑难故障 | | | 001 | 能用仪器检测、分析前轮异常磨损和摆振 | X |
| | | | | | 002 | 能用仪器检测、分析汽车驱动桥异响 | X |
| | | | | | 003 | 能用仪器检测、分析自动变速器打滑等故障 | X |
| | | | | | 004 | 能用仪器检测、分析汽车制动防抱死装置失效 | X |
| 培训与指导 | | 指导初级、中级工技能操作 | | | 001 | 能够指导初级、中级工完成汽车、总成的大修 | X |
| | | | | | 002 | 能够指导初级、中级工完成汽车排除常见故障 | X |
| | | 安全技术培训 | | | 001 | 能对初级进行安全、技术培训 | X |
| | | | | | 002 | 能对中级工进行安全、技术培训 | X |

中国中车
CRRC

# 汽车修理工(高级工)
# 技能操作考核样题与分析

职业名称：____________________

考核等级：____________________

存档编号：____________________

考核站名称：____________________

鉴定责任人：____________________

命题责任人：____________________

主管负责人：____________________

中国中车股份有限公司劳动工资部制

**职业技能鉴定技能操作考核制件图示或内容**

解放汽车的刮瓦、研气门、绞连杆铜套、换气门导管的操作，及离合器打滑，制动失灵。

| | |
|---|---|
| 职业名称 | 汽车修理工 |
| 考核等级 | 高级工 |
| 试题名称 | 修车作业 |
| 材质等信息 | |

**职业技能鉴定技能操作考核准备单**

| | |
|---|---|
| 职业名称 | 汽车修理工 |
| 考核等级 | 高级工 |
| 试题名称 | 修车作业 |

## 一、材料准备

1. 车辆所用场地。
2. 待修车辆。

## 二、设备、工、量、卡具准备清单

| 序号 | 名　称 | 规　格 | 数量 | 备　注 |
|---|---|---|---|---|
| 1 | 对讲机 | | 1 | |
| 2 | 安全带 | | 1 | |
| 3 | 修车专用工具 | | 1 | |

## 三、考场准备

1. 相应的公用设备、设备与器具的润滑与冷却等。
2. 相应的场地及安全防范措施。
3. 其他准备。

## 四、考核内容及要求

1. 考核内容(按考核制件图示及要求制作)
2. 考核时限
3. 考核评分(表)

**修车作业考核评分表**

编号：　　　　　　　　　　得分：

| 考核项目 | 考核内容 | 配分 | 评分标准 | 扣分说明 | 得分 |
|---|---|---|---|---|---|
| 主持汽车整车或总成的大修 | 能主持汽车发动机的大修作业 | 5 | 主持汽车发动机的大修作业未完成，扣5分 | | |
| | 能主持汽车底盘及整车的大修作业 | 5 | 主持汽车底盘未完成，扣5分 | | |
| 接车验收 | 能使用仪器、仪表对送修车辆的技术状况进行检测 | 10 | 未完成使用仪器、仪表对送修车辆，扣10分 | | |
| | 能使用仪器、仪表对送修车辆的技术状况进行检测，确定维修项目 | 10 | 未完成确定维修项目，扣10分 | | |
| 过程验收 | 能使用量具、仪器、仪表检测已修复的零件 | 10 | 未完成检测已修复，扣10分 | | |
| | 能按工艺规程监控维修质量 | 10 | 未完成监控维修质量，扣10分 | | |
| 竣工验收 | 能根据竣工验收标准，会使用仪器、仪表 | 10 | 未完成会使用仪器、仪表，扣10分 | | |
| | 能根据竣工验收标准，使用仪器、仪表检测修竣车辆的质量 | 10 | 未完成使用仪器、仪表检测修竣车辆的质量，每项扣5分 | | |

续上表

| 考核项目 | 考核内容 | 配分 | 评分标准 | 扣分说明 | 得分 |
| --- | --- | --- | --- | --- | --- |
| 诊断发动机疑难故障 | 能用仪器检测分析汽缸异常磨损等故障 | 20 | 未完成用仪器检测分析，扣10分 | | |
| 指导初级、中级工技能操作 | 能够指导初级、中级工完成汽车、总成的大修 | 5 | 能够指导初级、中级工完成汽车、总成的大修 | | |
| | 能够指导初级、中级工完成汽车排除常见故障 | 5 | 能够指导初级、中级工完成汽车排除常见故障 | | |
| 质量、安全、工艺纪律、文明生产等综合考核项目 | 考核时限 | 不限 | 每超时10分钟，扣5分 | | |
| | 工艺纪律 | 不限 | 依据企业有关工艺纪律管理规定执行，每违反一次扣10分 | | |
| | 劳动保护 | 不限 | 依据企业有关劳动保护管理规定执行，每违反一次扣10分 | | |
| | 文明生产 | 不限 | 依据企业有关文明生产管理规定执行，每违反一次扣10分 | | |
| | 安全生产 | 不限 | 依据企业有关安全生产管理规定执行，每违反一次扣10分，有重大安全事故，取消成绩 | | |

## 职业技能鉴定技能考核制件(内容)分析

| 职业名称 | 汽车修理工 | | | | |
| --- | --- | --- | --- | --- | --- |
| 考核等级 | 高级工 | | | | |
| 试题名称 | 修车作业 | | | | |
| 职业标准依据 | | | | | |
| 试题中鉴定项目及鉴定要素的分析与确定 | | | | | |
| 分析事项 \ 鉴定项目分类 | 基本技能“D” | 专业技能“E” | 相关技能“F” | 合计 | 数量与占比说明 |
| 鉴定项目总数 | 2 | 3 | 4 | 9 | 核心职业活动占比大于2/3 |
| 选取的鉴定项目数量 | 1 | 3 | 2 | 6 | |
| 选取的鉴定项目数量占比 | 50% | 100% | 50% | 66.7% | |
| 对应选取鉴定项目所包含的鉴定要素总数 | 2 | 9 | 5 | 16 | 鉴定要素数量占比大于60% |
| 选取的鉴定要素数量 | 2 | 6 | 3 | 11 | |
| 选取的鉴定要素数量占比 | 100% | 66.7% | 60% | 68.75% | |

所选取鉴定项目及相应鉴定要素分解与说明

| 鉴定项目类别 | 鉴定项目名称 | 国家职业标准规定比重(%) | 《框架》中鉴定要素名称 | 本命题中具体鉴定要素分解 | 配分 | 评分标准 | 考核难点说明 |
| --- | --- | --- | --- | --- | --- | --- | --- |
| D | 主持汽车整车或总成的大修 | 10 | 能主持汽车发动机的大修作业 | 主持汽车发动机的大修作业 | 5 | 正确操作 | 作业合规,时间符合 |
| | | | 能主持汽车底盘及整车的大修作业 | 主持汽车底盘 | 5 | 正确操作 | |
| E | 接车验收 | 60 | 能使用仪器、仪表对送修车辆的技术状况进行检测 | 使用仪器、仪表对送修车辆 | 10 | 正确操作 | 作业合规,时间符合 |
| | | | 能使用仪器、仪表对送修车辆的技术状况进行检测,确定维修项目 | 确定维修项目 | 10 | 正确操作 | |
| | 过程验收 | | 能使用量具、仪器、仪表检测已修复的零件 | 检测已修复 | 10 | 正确操作 | |
| | | | 能按工艺规程监控维修质量 | 监控维修质量 | 10 | 正确操作 | |
| | 竣工验收 | | 能根据竣工验收标准,会使用仪器、仪表 | 会使用仪器、仪表 | 10 | 正确操作 | |
| | | | 能根据竣工验收标准,使用仪器、仪表检测修竣车辆的质量 | 使用仪器、仪表检测修竣车辆的质量 | 10 | 正确操作 | |
| F | 诊断发动机疑难故障 | 30 | 能用仪器检测分析汽缸异常磨损等故障 | 用仪器检测分析 | 20 | 正确操作 | 作业合规,时间符合 |
| | 指导初级、中级工技能操作 | | 能够指导初级、中级工完成汽车、总成的大修 | 能够指导初级、中级工完成汽车、总成的大修 | 5 | 正确操作 | |
| | | | 能够指导初级、中级工完成汽车排除常见故障 | 能够指导初级、中级工完成汽车排除常见故障 | 5 | 正确操作 | |

续上表

| 鉴定项目类别 | 鉴定项目名称 | 国家职业标准规定比重(%) | 《框架》中鉴定要素名称 | 本命题中具体鉴定要素分解 | 配分 | 评分标准 | 考核难点说明 |
|---|---|---|---|---|---|---|---|
| 质量、安全、工艺纪律、文明生产等综合考核项目 | | | | 考核时限 | 不限 | 每超时10分钟，扣5分 | |
| | | | | 工艺纪律 | 不限 | 依据企业有关工艺纪律管理规定执行，每违反一次扣10分 | |
| | | | | 劳动保护 | 不限 | 依据企业有关劳动保护管理规定执行，每违反一次扣10分 | |
| | | | | 文明生产 | 不限 | 依据企业有关文明生产管理规定执行，每违反一次扣10分 | |
| | | | | 安全生产 | 不限 | 依据企业有关安全生产管理规定执行，每违反一次扣10分，有重大安全事故，取消成绩 | |